理想， 永不冷场
——民办幼儿园高质量发展之路

范怡 著

上海教育出版社
SHANGHAI EDUCATIONAL
PUBLISHING HOUSE

序一

XU YI

　　上海市民办东展幼儿园已创办20年了。20年来，东展幼儿园在创园园长赵赫的引领和现任园长范怡的领导下，取得了令人瞩目的成绩，获得了社会的广泛认可。东展幼儿园成立之初，正值民办教育体制改革之际，放弃公办体制，投身民办新体制是要有勇气的！20年成功办园的经验，从大的方面讲，体现了我国多种体制办学政策的成功实践；从具体方面讲，探索了一条民办体制下成功办园的路径。

　　2003年，赵赫老师创办了东展幼儿园。她的教育理念的核心是对幼儿朴素纯真的爱。基于此，她主张幼儿园首先要创设促进孩子（和教师）全面成长的良好氛围，在人际环境中充满着激励与关怀、宽容与合作，把幼儿园办成师生喜爱的幼儿园。她在专业上追求精深，且十分重视实验与实践。赵老师虽然早已退休，且已年过八旬，但她仍然是学校改革发展的引领者和支持者。

　　现任园长范怡接任赵赫老师的园长岗位，她的办园理念的核心是继往开来。继承什么，怎样继承，是虚做还是实做？对此，本书中有相关的叙说。

　　就继承而言，本书中有许多生动的案例。比如，范园长结合20周年园庆，组织了曾被赵赫老师指导过的老师，以叙事的方式说说"我和奶奶老师的故事"。2023年暑期，范园长又专门带着核心团队对赵赫老师做了两次访谈，倾听了她的教育初心与理想。这些内容被总结成文，就是本书的第一部分。从倾听、学习到认同，这其实就是"继往"的实质。

　　对于"开来"，本书中也有精彩的叙说。

　　"一路走来，我对幼儿园管理的认识也从逐步熟悉到不断迭代。尤其是近5年，我更关注对'人'的管理。我相信：只有幸福的老师才能给予儿童无限的关爱！因此，我一直尽力给予园内不同年龄段的教职工温暖的呵护。充满爱的团队，不是园长一个人在管理，而是整个核心团队的默契互补、各展所长。很庆幸，在东展幼儿园，我们建设了这样一个极具凝聚力和向心力的合作共同体。"

　　"如果说办园的前10多年我们注重幼儿园的规范建设，力求幼儿园的平稳发展，近5年则是将对教师专业发展的重视度提到了一个新高度。比如，园方开展了多领域、多层次的培训和专家带教，也设计了多样化的研训方式——线上研修、体验式实地教研、社团建设等……尊重教师各自在专业领域的追求，尤其鼓励年轻教师在专业领域进行创新实践……由此形成了'各美其美，美美与共'的发展态势。"

"民办幼儿园的长远发展，需要良好的社会教育生态。从组织体系及社会关联角度看，上海市教育委员会、长宁区教育局、上海市托幼协会等，以及新长宁集团和东展教育集团为东展幼儿园的发展提供了实质性支持。"

"东展幼儿园的家长年轻、思维活跃，也敢于表达表现。在筹备此书时，我曾与家长们进行了深入交流……家长的学习能力远超出我的预期。只要给他们一个正确的引导，达成一定的共识，他们很快就能找到适用的教育方法，形成正确、科学的教育理解。"

本书中还有不少精彩的内容，反映了这所办学历史不长的民办幼儿园为实践初心、回应社会所做出的种种努力。虽然所叙说的事情大多是幼儿园的家常事，平凡而真实，但其中令人动心的是对初心、对前辈、对儿童、对同伴、对社会的那份责任心，以及由责任转化的自觉。我作为先读者，也产生了一份责任，那就是分享与推荐。希望有更多的人能参与阅读，并从中获益。

国家教育咨询委员会委员、上海市教育委员会原副主任
2023年9月

序二

XU ER

　　2012年，我通过上海市民办优质幼儿园创建项目结识了范怡园长。这个特殊缘分让我们从陌生变得熟悉，从彼此客气变得无比默契。她常常说我对她和她的团队帮助很大，但事实上，十多年前，东展幼儿园是我去过为数不多的幼儿园之一。范园长和她的团队不仅点燃了我的学术热情，也给予了我更多的自信。

　　最初，由于不是十分了解学前教育，也未能见过前辈赵赫园长，更不知道东展幼儿园在上海滩的地位，只是在教育部中学校长培训中心的一次情景模拟教学活动中，我领略了范园长的与众不同。她在角色扮演中的那份投入、在危机处理中的那种淡定、在剖析问题中的那种深刻无不打动着我。强烈的好奇心驱使着我走近这个年纪不大但有点"霸气"的园长，渴望走进她"执掌"的东展幼儿园。

　　坦率地说，初次走进东展幼儿园，它的外观环境真的不会让人有眼前一亮的感觉。可是，当你边走边听边看时，你会被一个个场域、一个个角落、一个个项目震撼着，并慢慢为之折服。东展幼儿园作为一所民办幼儿园，20年来专注于儿童运动。她们踏踏实实、无怨无悔地让每一个孩子都在这里享受到"我运动我健康，我健康我快乐"的童年时光，这也正是赵赫园长的创办初心——"要让孩子们高高兴兴上幼儿园"。对于这件看起来简单实际不简单的事情，范园长和她的团队大胆尝试，通过一次又一次的改进，让丰富多彩的晨间体育大活动和贯通一日生活的儿童运动成为品牌。不仅赢得了家长和社会的广泛赞誉，而且范园长也先后三次作为仅有的民办幼儿园代表在全市范围展示"激趣健体，玩出智慧"等诸多课程设计，分享"让孩子们享受运动的过程，在运动中感悟成长，提升生命的智慧与意义"等相关做法。

　　《理想，永不冷场——民办幼儿园高质量发展之路》一书以84个片段展示了她办园的心路历程与教育思考，凝聚着她的教育初心与热爱，也彰显了卓越园长应对挑战的情怀与智慧。既有她和小伙伴们创新实践的描述，也有她和孩子们互动时深邃的教育反思，更有她开拓进取的坚韧。她尊重教师，理解教师的个人喜好，激励教师的专业发展；她尊重儿童，关注和遵循儿童的成长规律。正是这些做法，才让儿童的优先发展变成现实。我为之感动的是，她教育初心的纯粹、公心担当的无悔、爱心投入的无怨、同心奋斗的无畏。

最后，我要特别感谢范园长给我机会，作为她的成长伙伴，见证了她和她的团队专业成长的一次次迭变。我为上海民办幼儿教育领域中有这样一群执着的人感到骄傲，我更为她们永不停歇地探索和创新的精神感到鼓舞。她们无愧为创造上海民办学前教育奇迹的人，她们也将用爱和智慧续写中国民办学前教育发展的新篇章。

刘莉莉

华东师范大学教授、教育部中学校长培训中心副主任

2023 年 10 月

目录
MU LU

第三辑 爱心怡园
101

第四辑 同心向园

179

第一辑

初心绘园

赵赫

　　在东展幼儿园，大家都亲切地称呼赵赫老师为"奶奶老师"。她是东展幼儿园的创办者。

　　我和赵赫老师很有缘，1991年我就认识赵赫老师了。在学前教育专业领域，她赫赫有名，是沪上首位幼教界特级教师，获得全国劳动模范、上海市劳动模范等称号。她领衔的幼儿园"综合性主题教育"实践，实现了幼儿园课程由分科向综合的转化，其研究成果获得全国中小学教学改革金钥匙奖、上海市教育科研成果奖一等奖。

　　东展幼儿园建园20周年之际，我召集了曾被赵赫老师带教、指导过的老师，以讲述的方式说说"我和奶奶老师的故事"，这是以往关于赵赫老师的报道中不曾出现的鲜活事例。2023年暑期，我又专程带着核心团队对赵赫老师做了两次访谈。赵赫老师虽已年过八旬，但始终关注、支持着学前教育的发展。我们和赵赫老师一起，从东展幼儿园创办的故事谈起，聆听了她的教育初心与理想。

　　让我们共同致敬特级教师、首任园长、首席顾问——赵赫老师！

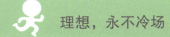

理想，永不冷场

葆有朴素纯真的爱

陆 婧　奶奶老师的眼睛总是亮晶晶的，因为她的眼睛里总是有孩子！当她看着孩子们的时候，那双眼睛比星星还闪亮。从她眼睛里透出的是对孩子的爱、对幼教事业的热情。

刘 蕾　奶奶老师每次来园之前，就已经在小本子上记下了许多有趣的游戏，有时还会夹一张报纸、图片。她会将幼儿园中的自然美景编成儿歌，让小班孩子们边散步边唱；也会带着大班孩子们在地图上寻找酒泉卫星发射中心，掀起讲新闻的热潮；还会直接拿起绳子演示花式跳绳，激发孩子跳绳的兴趣。在孩子们心中，奶奶老师永远是个很好的玩伴。

刘 蕾　奶奶老师常说，不仅要像妈妈那样爱孩子，还要用自己的专业知识去促进孩子全面发展。当奶奶老师遇到"特殊"幼儿的无理取闹时，会严肃地谈话；当幼儿控制住行为时，也会及时表扬……

温倩影　是的，奶奶老师是一个"老小孩"。1998年，我已从教近20年，却要在这一年第一次带托班了。这对我这个"老教师"来说，是一个新课题。当时，幼儿园正式有托班也只是第二年，一切都是新的开始，没教材、没经验、没方法……特别是对2岁孩子的年龄特点不熟悉，一开始和他们无法交流，叫他们的名字也不理我，我感到从未有过的焦虑……

　　这时，奶奶老师来到了我的身边。从开学第二天起，她常常和

3

我一起带班，观察孩子们的日常活动，和孩子们一起玩玩具。我发现，有奶奶老师在的时候，孩子们很开心也特别乖。奶奶老师会给孩子们讲"老奶奶的房子"的故事，会教孩子们一起唱"大象伯伯"的歌曲。这些时候，我看到的不是一名德高望重的老教师，而是一个和孩子们一般大的"老小孩"。这些看似随意编的故事、歌曲，孩子们都很喜欢（之后也被我们放入托班教材里）。在我带托班的一年时间里，奶奶老师每周都会来指导。我们根据孩子的年龄特点制作各种教玩具，设计适合年龄特点又亲近自然的各种活动。在奶奶老师的感染下，我从一个在孩子们面前严格的老师转变为一个热爱生活、亲近自然、受孩子们信赖的老师和玩伴。

张 蕾 　奶奶老师常说："孩子的天性就是玩。"基于孩子们的天性，奶奶老师教了我们许多小游戏，告诉我们要做一名幼儿园老师，首先要和孩子们玩在一起。

记得我第一次带小班时，对于孩子们的年龄特点和教学方法都不了解，处在摸索阶段。赵奶奶走进教室，用她特有的略带沙哑的声音，即兴和孩子们做了一个"种西瓜"的歌表演游戏。孩子们的眼睛齐刷刷地看着赵奶奶，而她是那么投入、那么开心。奶奶老师还将唱唱玩玩的过程与之后的午餐活动做了衔接，因为多多吃饭才能有力气搬西瓜。不仅是孩子，我也折服于奶奶老师高超的教学技巧。为什么这么多的孩子都超级喜欢奶奶老师？孩子们都期待着奶奶老师来园，因为奶奶老师一直站在他们的立场，与他们玩在一起！"老法师"不愧是"孩子王"！

陈佳燕 　奶奶老师真的有许多好玩的游戏！

要让孩子们"纹丝不动"地站着，你就可以和他们玩"木头人"的游戏。当孩子们一听到要玩游戏时，精神立马就来了，比老师说一百次"站稳、站好"的效果要好。果然，孩子们从刚开始只能保持三秒不动，慢慢地能坚持十秒不动，自控能力大幅提升。

要让孩子们"手伸直，放身体两侧"，你就可以和他们玩"解放军叔叔拿大刀"的游戏。两把大刀（小手）放在身体两侧，大刀的刀锋要直直的，要有力气。游戏过程中，要引导孩子们将自己的手指并拢伸直。如果有东摇西晃的小朋友，就是"敌人"了。小朋友们都不愿意当"敌人"，自然就会稳稳地站着。

孩子的注意力不集中怎么办？奶奶老师也有做游戏的好办法。她说，对于这类孩子，通常要先让他们的眼睛找到老师，要和老师对视着说话。可是，如果你说"眼睛看着我，眼睛找到老师"，他们往往听不进去，眼睛照样看着别处。如果和他们做游戏，告诉他们"老师眼睛里有颗小星星，你不看我，它就逃走了"，他们就会立即看着老师的眼睛，来找老师眼睛里的小星星了。

"猜猜我是谁""传悄悄话""听音辨物""节奏游戏"等，都是奶奶老师教给我们的好办法。

陆婧　奶奶老师每次来听课、指导时，从来不以专家自居，而是时刻保持童心，和孩子们玩在一起。区域活动时，奶奶老师总是能沉下心来，与小朋友们一起做游戏。记得有次奶奶老师来园指导时，发现孩子们正在进行角色扮演游戏，她便走上前询问孩子："你们在做什么?"孩子们天真地回答："我们在过生日呀!"看到几个孩子围坐在一个用雪花片搭出来的蛋糕前，奶奶老师说了一句："过生日除了要吃蛋糕外，还要吃面条。你们做面条了吗?"就是这样一句简单的话，让娃娃家里平淡的过生日气氛一下子活跃了起来。孩子们忙碌起来，"刷锅"的"刷锅"，拿碗的拿碗。可是家里没有面条怎么办呢?奶奶老师提醒小朋友："可以做呀!"孩子们又忙活着"做面条"啦。孩子们在美工区拿起剪刀和手工纸，咔嚓咔嚓，一碗"面条"就做好啦!孩子们一起唱生日歌、吃蛋糕、吃面条，这个生日真有趣。

走进班级的奶奶老师和孩子们玩了个"十个手指变变变"的游戏。游戏很简单，孩子们也能跟着玩得不亦乐乎。这些手指游戏我们已经玩过很多次，但奶奶老师的玩法很有趣。她没有像常规的玩法那样让孩子跟着她做，而是伸出手指，一脸茫然地问孩子："两根手指可以变成什么?"孩子们被奶奶老师的问题激起了好奇心，一个个开始掰着手指变呀变。看到奶奶老师学着孩子们的样子，我发现奶奶老师的魅力真是不同寻常。

刘蕾　确实，在进班看活动时，当老师讲到有趣的地方，她会跟着孩子一起开心;当老师讲到有疑问的地方，她也会跟着孩子一起露出疑惑的表情。奶奶老师一直有着一颗童心。

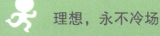

追求专业精深

范 恰

奶奶老师从我1991年上班就开始带教我了。我记得小班下学期6月的一天，赵老师走进教室看我随堂带班。对于小班孩子，上学期初入园时，为缓解他们的分离焦虑，我们经常叫孩子的小名，如"萌萌""亮亮"等。这天，我依然叫着孩子们的小名，赵老师当场就说："范老师，小班孩子长大了，请叫大名!"我点了点头，但一时半会儿也改不过来。于是，这场集体教育活动就变成了我叫孩子小名，赵老师立刻严肃地打断我说"叫孩子大名"，我硬生生地在15分钟的活动中被"拗"了过来。

事后，我很生气，觉得赵老师太不尊重我了。可赵老师却耐心地说："打断你组织活动，是我着急了，抱歉!已经是6月份了，小班孩子不久要上中班了，你要让他们意识到自己长大了。叫大名也是激励孩子长大，促进其自我意识发展的一个途径。"被奶奶老师这么一道歉、一解释，我便顿悟了。

我做新教师时，赵老师进班看随堂活动很频繁。每次看完活动后，她都会和我细细分析，比如，如何调整环境创设，如何规范带班指导语，如何一步步地抛出问题，如何与孩子互动等。每次赵老师走出教室，我都会长吁一口气，暗想："这下好了，赵老师要下一周才会来看我们班级呢，环境就慢慢调整吧，不着急。"没想到，第二天我就傻眼了，赵老师又走进了我们班级："小范，为什么还没有调整环境? 你不知道孩子的发展是不能等待的吗?"赵老师严肃地批评了我。听说赵老师的徒弟没有一个是没被她说哭过的，但我硬是屏住了眼泪，当天留下来加班，完成了环境的调整、备课的完善。

现在想来，当我到管理层后，布置的事情不会忘记，且会快速落实，这就是当年奶奶老师严格培养出来的好品质。我想，奶奶老师对幼教专业孜孜不倦的追求、对教育业务的精益求精，大家都是感同身受的吧！

吴威 　1992年，我从卢湾区的幼儿园调入上海市长宁实验幼儿园。这一年，我已经是一名有12年教龄、自认为有经验的老师了。

美术教学一直是我擅长的，因此当园领导让我承担公开课展示活动时，我毫不犹豫地答应了。当我把教案背得滚瓜烂熟时，赵赫老师走了过来，对我说："吴老师，在试教前，我们一起说一说这次的活动。"没想到，这可说了好久。

赵老师说："开场语怎么说？光背出来还不行，你说的时候要有语气语调，要能吸引住孩子！"

赵老师说："各环节的过渡语要流畅，不能卡壳。来，反复说几遍，得说顺了！"

赵老师问："小朋友这么问时，你准备怎么回答？"（这个问题我背课时没想过）

赵老师问："如果孩子把'球'抛过来了，你准备怎么回应？"（师生互动问题我没仔细想过）

赵老师说："总结语很重要，可你说得太长了，要精练。我们再想想要怎么说。"

就是在一言一语的反复指导中，我被赵老师专业认真的态度所折服，领悟到原来"备课不是背课"。在备课时，要充分预设和思考师生互动的状态，努力做出有效的回应，确保每一次集体教育活动的高质量开展。

在赵老师的指导下，这次公开课展示活动很成功！赵老师知道我喜欢美术，就积极为我创造学习的机会，让我师从美术特级教师李慰宜老师，拓展了我的专业视野；同时，她又积极发挥我的长项，在学校装修、改建时听取我的建议，让我在设计、色彩、表达方面一展所长。

任懿 　30年前，赵老师指导了刚成为幼师的我的第一个学习活动——"杯子展览会"。当时，已是特级教师的赵老师，对每一个新老师都是手把手带教。试教前，赵老师指导我通过基于幼儿已有经验及兴趣点来设计活动和撰写教案。试教时，从关注每一个幼儿在不同的座位上所观察到的高低不同、功能不同的杯子的摆放设计，到活动中如何通过指向清楚的身体语言来引导和激发幼儿更好地观察及大胆表述，以及如何预设活动中的问题并做出回应，如何依据幼儿的现场表现来组织提炼小结等，赵老师都耐心、细致地先示范，再让我反复试教。赵老师还特别叮嘱我们，活动过程中要面向全体幼儿。我从中发现，30年前，赵老师就已经关注到了儿童视角、全面发展。

朱银琴　　　一直听闻奶奶老师对工作的严格、敬业和专业，因此，我会莫名地产生一种敬畏感，生怕奶奶老师会进班。好不容易"躲"了几年，2007年11月，奶奶老师真的来了！当时的我刚接了一个新托班，奶奶老师点名要看托班的点名活动。我的脑袋有些蒙，不知道点名活动是怎样的一个流程，但没有框架也好，凭借自己的想法去做就是了。抱着奶奶老师来指导、帮助我的心态，我又不那么紧张了。

终于，奶奶老师来了，手里拿着一本小本子。我给奶奶老师准备了一把大椅子，可奶奶老师却对我说："小朋友小，我坐得那么高，和他们太有距离了！"于是，奶奶老师自己拿了一把小椅子，坐在小朋友们的身边。全程我只瞟了一眼，只见奶奶老师不停地在本子上写着。奶奶老师认真的模样，让我再一次被她感动。于是，我不再关注奶奶老师，而是眼里只有班里的孩子。或动或静，说说又玩玩，小朋友们不亦乐乎。在愉快的歌声中，我们结束了点名活动。这时，我又看了看奶奶老师的表情，发现赵老师一直在笑，一颗心终于定了下来。

奶奶老师拉着我的手，高兴地说："我没想到，小小的点名活动竟然这么生动有趣。你看，小朋友们都很开心，都积极表现自我。"听到奶奶老师肯定的话语，不知不觉我的眼眶有点湿润了。奶奶老师语重心长地说："托班是幼儿口语发展的关键时期，也为以后的小、中、大班语言打好基础。这一年，老师需要多下功夫。东展幼儿园的教育一定要根据幼儿的年龄特点，勿瞎搞！"奶奶老师建议我根据不同幼儿的发展水平，在托班这一学年梳理出点名活动的脉络。一方面是为了积累经验，另一方面也是为后续托班语言活动的开展做好铺垫。2008年7月，我基于奶奶老师的建议完成了初稿，包括日常托班主题活动的安排、幼儿的兴趣点及语言发展需要等方面。

走上行政岗位后，我始终铭记奶奶老师的话语，在托班幼儿语言的培养上，帮助并指导老师们尽可能地抓住一日活动的契机。多年来，点名活动也始终在传承的基础上有所创新。之后，奶奶老师每次来托班时，我们总是不忘请她来指点。奶奶老师依然是在表扬肯定的同时，给予我们一些宝贵的建议，让我们备受鼓励。

感谢奶奶老师始终以积极的肯定来帮助我，我也始终铭记"专业"二字的重要意义！

陆婧　　　奶奶老师每一次来看我的半日活动时，都会带一本小本子，仔细观察并记录每一个细节。在观察了我的几次区域活动后，奶奶老师给了我这样的提升建议：幼儿园的孩子年龄小，这个时候的活动种类一定要尽可能多。只有这样，孩子们长大以后可以选择的方向才会更广阔。尤其要关注男孩子的兴趣点，为男孩子创设感兴趣的活动。在区域活动中，发现每个孩子的兴趣点，通过"我知道、我提问、我来说"的活动，鼓励孩子大胆提问、勇于表达，挖掘每个孩子的潜力，帮助他们提升自信心。

根据奶奶老师的建议，我在区域环境的创设中更加注重拓展游戏的多样性，根据孩子们的兴趣点自制活动材料。如用幼儿喜欢的卡通人物"超级飞侠""海底小纵队""汪汪队"设计制作计算、思维等领域的游戏，大大激发了幼儿参与区域活动的兴趣。在语言区，我投放了根据班级孩子自己表演的故事制作的绘本。孩子们看着自己表演故事的照片，讲述故事内容，特别自豪。从中班开始创设的"我知道、我提问、我来说"活动，受到孩子们的欢迎。特别是一些平时不爱说话、比较胆小的孩子，通过介绍自己擅长的内容、感兴趣的话题，在集体中的表达越来越顺畅、越来越自信。

王丽琴　　　托班孩子刚进园时，有的还不太会说话，有的会说但不愿表达，有的一直说个不停。针对这些情况，为了契合2—3岁幼儿的语言发展高峰期的特点，奶奶老师指导我一步步地制订了不同阶段幼儿的语言发展计划，如日常的点名活动，从月到周再到日，细化到每个幼儿。为了贴合幼儿感兴趣的主题和已有的生活经验，可以先预设再调整。比如，通过"你今天带什么玩具来幼儿园的？你叫什么名字？你的小名叫什么？你的凳子上是什么小动物？小兔子喜欢吃什么？小兔是怎么跳的？你能试试吗"一系列追问，引发幼儿思考并表达如何运用自己的感官来学学小动物。孩子们沉浸在一个个的游戏小主题中，开心、开口、开窍，乐意表达的孩子更多了。营造动静交替的活动氛围，充分满足幼儿的各种感官体验，是奶奶老师强调关注的重点。

之后，奶奶老师为了激发孩子们更多的参与兴趣，让每个孩子都能爱上点名活动，特意准备了一个小鼓。孩子们感到特别新奇，喜欢得不得了，争相要摸一摸、拍一拍。于是，奶奶老师建议我与家长沟通一下，给孩子准备一个大小合适、材质安全的小鼓，先教会孩子怎么正确拿鼓和敲鼓，引导孩子一边敲鼓一边开口。

随后，新的主题又出现了——今天是谁送你上幼儿园的？你是走路来幼儿园的吗……从而引发幼儿争相发言。因为从小到大，幼儿对于自己家的物品最熟悉，各种车的牌子、颜色和车牌号从孩子们的嘴里一一蹦出，奶声奶气的，非常自信。有的我都不知道。奶奶老师听了喜笑颜开，不停地竖起大拇指来鼓励孩子们，眼神中流露出对孩子们的信任和爱。奶奶老师会为了每个能完整表达自己想法的孩子而高兴地拍手，也会轻轻地抱抱每个乐意表达的孩子。孩子们从心里感受到奶奶老师的关爱和鼓励，特别喜欢奶奶老师，有的能说会道的孩子会主动拉着奶奶老师坐在自己的身边。可奶奶老师心里更牵挂的是默默观察、不声不响的孩子，提醒我平时要多看看这些孩子，多对他们笑笑，多肯定多鼓励。只要孩子完全放松下来，喜欢上这个集体，每天愿意高高兴兴地上幼儿园，他们的各方面能力就会逐步提高。

一个周而复始的每日点名活动，让我体会到奶奶老师的敬业、执着和坚持，永远是公平公正地对待每个幼儿，有板有眼地针对每个教育细节，还让我深深品味到实际工作中的师幼平等之爱、师幼相处之道、师幼共进之术。奶奶老师对我专业上的帮助和引导，让我如沐春风，让我的教育行为也更有底气了。

邬绮文

我在研究幼儿如何使用筷子时曾一度很困惑，如究竟哪个年龄段的幼儿更适合开始学习用筷子。当时，我请教了医生，阅读了论文，翻看了各种学前理论大纲，但还是对到底是小班末就开始学，还是等中班再开始感到困惑。

给我吃定心丸的还是奶奶老师。她没有询问任何人，也没有翻阅任何资料，就肯定地说："中班。"奶奶老师认为，中班幼儿的小肌肉动作发展更加精细化，更适合学习正确使用筷子。同时，有很多事情并不是越早学越好。

我在实践过程的确验证了奶奶老师的判断，由此对她产生了佩服之情。问多大范围的问题，就回答多大范围的答案，就是奶奶老师这样的真专家给予小辈们的拨云见雾的能力。

刘蕾

每次半日活动结束后，奶奶老师都会翻开小本子，跟我坐下来聊一聊。那时，我才知道这个小本子可不得了。2个小时的观察，她就记下了哪些教室环境创设得较好，告诉我本学期还有哪部分内容可以增添；短短几分钟跟孩子的接触，她已熟悉个别孩子的特点，告诉我相应的指导策略；一节活动的框架，她已帮我梳理清楚……

她从不说教，而是一直用言行感染我、影响我。如：要关注每个孩子的特点，帮助他们在原有水平上不断提升；课前要认真准备和精心设计；只有提升自身的专业能力，才能教好孩子……这些点滴都是我从奶奶老师身上学到的。我每次只要一想到一名已经退休的老师都能在孩子面前充满热情，为了孩子们每天看新闻、读书，就会充满动力，因为作为年轻老师，没有理由做不到。奶奶老师的智慧、想法让我有了发挥的空间，我很享受按照奶奶老师的方法带班后获得的成功和自信。

陆婧

奶奶老师还有一个本领，就是她每次都能关注到个别幼儿。比如，这次集体活动中，某个孩子的行为与其他孩子不一样，或是某个孩子有需要帮助的地方，奶奶老师都会记下来。等到下次来园时，她会主动去询问这个孩子的情况，并在游戏中去帮助这个孩子，让这个孩子取得进步。同时，表扬孩子的优点，从而增强孩子的自信心，让孩子想要表现更多的本领给老师看。这就是奶奶老师的魅力，能让孩子们每一次都有所成长。

何　逸　　奶奶老师有时还会和我们聊天。那天奶奶老师说起她最爱吃的是小馄饨，这让美食爱好者的我馋得流口水。有天晚上下班后，我在回家的路上看到一个新疆人营业的羊肉串烧烤摊，于是点了几串，在路边不顾形象地大快朵颐。就在这时，一个小朋友大喊道："何老师，你怎么也吃路边摊?"第二天，班级里所有的小朋友都知道我在路边摊吃了烤羊肉串。到了第三天，整个大班的小朋友都知道我吃羊肉串的故事了。这让我非常地苦恼，感觉吃羊肉串这个事情给我的"光辉形象"抹上了阴影。后来，我在和奶奶老师的聊天中提起了这件尴尬的事情。奶奶老师听完以后开怀大笑，对我说："你可以大大方方地和小朋友分享吃羊肉串的感受。兴趣就是最好的老师，同时也可以拉近师生之间的距离。"

再后来，我发现在带班过程中抓住孩子们的兴趣点，制造共同话题，不断深入探索，会使我们的工作变得更有趣、更积极向上。我们虽然是小小的幼儿园老师，但也可以"72变"!

冯蓓莉　　奶奶老师不仅在教学业务上对我们进行指导，在园所管理方面也给了我们很大的帮助。在东展幼儿园开办初期，赵老师引导我向儿保医生、有经验的保健老师学习。之后，赵老师也推荐我看保健老师的工具书——《上海市托幼机构保育工作手册》。通过结合实际工作，我更清晰地了解了"三大员"的职业要求、岗位职责和操作细则。另外，赵老师外出做评委时也会特别留意其他幼儿园后勤保健方面做得好的或需要注意的方面，再结合我园后勤实际情况给出一些建议。

赵老师两次退休后，无论是我们去赵老师家看望她，还是赵老师定期来园指导，她总会和我分享她自己从一些杂志上摘录的与我工作相关的资料，供我学习参考，促使我在后勤管理中不断进步。

我们大家都知道，东展幼儿园有个不成文的规定：哪一天赵老师要来园了，老师们必定会早早地把教室里零零碎碎的物品赶紧藏起来。尤其是钢琴上不能随意放东西，教室瞬间变得整齐干净了。一旦环境不整洁，我们就都会被批评。奶奶老师一直说："不仅是园所要做到干净卫生，更要让孩子看到整洁、有序、美观的环境。"

刚做行政的那会儿，当我知道赵老师要来园时，都要忙活一阵子，楼上楼下、室内室外都要逐个检查，尤其是公用活动室的玩具和桌椅有没有摆放整齐、窗帘是否拉至同一高度等，因为"亮眼睛"的赵老师每次走过、路过时都能发现一些问题。在赵老师的影响下，渐渐地，管理团队的老师们都有了这样的意识，我对后勤工作的各项管理也越来越得心应手了。

后勤园长是一所幼儿园中关键的管理岗位。环境的整洁、幼儿食品的安全、设施设备的使用、保健老师的工作乃至保育员、营养员的规范操作等，都需要我们进行细致的观察与指导。感谢赵老师，给了我不断学习成长的平台，使我的成长更全面，让我发现了一个不一样的自己。

朱 菁　　奶奶老师虽然退休在家，但是她常常通过各种方式了解和关注幼教的发展。每隔一段时间，奶奶老师都会给我们带来一些参考资料。比如：当我担任大班教研组长时，她会给我带来一些幼小衔接的资料，并指导我将这些资料融入教研组工作的推进中；当我管理小班园区时，她会不定时地给我推荐一些好文章。每一篇文章上都会有奶奶老师认真阅读后做的标记和笔记，便于我更快地领悟。

陆 婧　　奶奶老师热爱教育，直到现在还坚持每天学习。在"爱粮节粮"集体活动的评析中，我看到了奶奶老师热爱学习、坚持真理的一面。活动中，有一个短片讲的是一粒米的成长过程。奶奶老师提出了自己的想法："我们的祖国土地辽阔，虽然在一些落后、偏远的地区还保留着最原始的耕作方式，但是现在大多数地方都已经开始使用现代化的农耕手段，使用大机器成规模地进行耕种。作为老师，我们要给孩子最新、最准确的讯息。"这让我有点惭愧，平时我除了看学习强国上的新闻外，很少关心其他时政信息。对于外面的世界知之甚少，又如何给孩子提供最新的讯息呢？现在的孩子、家长获取信息的渠道越来越多，老师们如果没有终身学习的习惯，就很容易被时代淘汰。奶奶老师作为退休教师，仍然坚持每天读书、看报，特别让人敬佩。有老师问道："如果孩子们知道现在粮食耕种不是那么难了，会不会就不那么爱惜粮食了呢？"这时，奶奶老师坚持自己的观点，说道："要尊重客观事实，不能为了让孩子爱惜粮食而忽略现代化的进步。我们可以从全球粮食短缺这一点入手，鼓励幼儿节约粮食。"其间，奶奶老师又列举了一些全球的局势，如非洲蝗灾、澳洲山火等。一位年逾八十的老人分析起时事，让我们这群年轻老师自愧不如。

3

激励与关怀

范 恰

奶奶老师在业务上精益求精，同时她会根据每名教师的不同特点搭建发展平台。

2003年，33岁的我被推上了常务副园长的岗位。当时的我做老师还行，做园长助理的经验尚在积累中，但赵赫老师给予我充分的信任，并搭建好了东展幼儿园的管理团队，请细致、温柔的冯老师担任副园长。没过几年，又将多才多艺的任懿老师安排在保教主任的岗位上；让当年我园第一位华东师范大学本科生张蕾老师承担科研工作；满足邬绮文老师继续深造的愿望，鼓励她取得硕士学位；始终鼓励张晨华老师向专家型教师发展；还聘请了华东师范大学的陈淑琴老师来带教朱菁、朱银琴、刘蕾、陈娣、周丽林、宾丹等老师的音乐活动。如今，东展幼儿园"激趣健体"课程的不断精进，离不开这些老师的深入研究、智慧奉献，更离不开奶奶老师当年的"慧眼识珠"、放手推助。

张晨华

我是个性格开朗、活泼好动的人，当学生时就是"皮大王"，但我喜欢幼教这份职业，而且在美术表现和动手能力方面较为擅长。奶奶老师发现了我的特点，总对我说："调皮没关系，只要爱孩子，就不会影响成为好老师。每个孩子都不一样，老师也不应该是一种模式。"

于是，她特别邀请上海市特级教师李慰宜老师做我的带教导师，希望我在幼儿美术教学方面能获得专家指导，并且在专业上有个人努力的方向。所以，在师傅多年的带教下，我积累了很多教学经验，并且在幼儿美术教学领域进行了专项研究，经常参加各类展示活动，以及撰写一些经验型文章并发表到教学杂志上。

进入民办幼儿园以后，本以为外出培训和交流的机会相对会少，可没想到奶奶老师依旧支持我外出学习和培训。她说："有的园长会担心好的老师送出去培训，开了眼界就会跳槽、不稳定。我觉得老师的不断成长才是幼儿园课程发展的关键。只有走出去才有机会带进来，幼儿园才能蓬勃发展起来！"就这样，在奶奶老师的默默支持下，我的专业水平不断提升。近几年，我专门研究"幼儿园折纸和剪纸教学"，已出版《幼儿教师基本功：爱上折纸》一书，即将出版《幼儿教师基本功：爱上剪纸》，同时也推动"爱上折纸"课程在东展幼儿园蓬勃开展起来。

任懿 1995年，赵赫老师依据我的个性和专业特长，为我搭建了参加区级运动项目组和开展由区教研员余晓真带领的运动课题的研究框架。她不仅时刻关注我在幼儿运动教育领域的研究情况，还总是鼓励我多思考、多实践、多探索、多总结。特别是2004年我来到东展幼儿园后，让我负责园区的运动课程，并鼓励我进行创新研究。每次当我向赵老师提到一个新的想法时，她都会鼓励我放手去干。正是在赵老师的信任和指点下，我们专注研究，逐步形成了东展幼儿园的运动特色。

邬绮文 作为一名在公办幼儿园工作了10年的老师，当时的我正处于事业发展瓶颈期。我觉得自己有一点经验，但又不知道怎样做才能使专业发展更上一层楼。

来到东展幼儿园的第一年，我就得到一个梦寐以求的机会——去全上海早期阅读教育做得最好的浦南幼儿园学习两年。奶奶老师觉得我有潜力搞好语言和阅读教学，所以把这个唯一的名额留给了我。真是太荣幸啦！

这次学习让我开阔了眼界，获得了新知，提升了专业素养。其中，我设计和执教的早期阅读活动"鼠宝宝做客"获得了浦南幼儿园园长林剑萍老师、学习班学员的一致好评。当林园长问起我来自哪个幼儿园时，我骄傲地告诉她："来自赵赫老师的幼儿园！"林老师睁大双眼，连连点头，竖起大拇指说："赵老师幼儿园的老师就是不一样！"

学期末，我被评为"优秀学员"。当我把这个喜讯告诉奶奶老师以后，她笑眯眯地和我说："我已经知道啦！我和林园长碰过头了，她直夸你呢，还想把你挖过去。我说，那是不可能的。"奶奶老师夸我为东展幼儿园争了光，但是我自己知道，当我说出"来自赵赫老师的幼儿园"时，无疑是给自己镀了一层金，因为我是沾了奶奶老师的光。这么多年过去了，在学习班的收获为我以后设计出各年龄段的阅读活动打下坚实基础。我很欣慰能为奶奶老师争气，感谢东展幼儿园为我提供的成长机会！

陈娣　我是2005年进入东展幼儿园的。奶奶老师会根据年轻老师的特点，有针对性地请专家来校进行指导。很荣幸工作两三年后，就得到华东师范大学陈淑琴教授的指导。那时，每三周老师们就会轮流进行一次现场公开活动。轮到我时，基本上前三天是睡不好觉的，每天晚上都要打磨教案，不断琢磨环节之间用什么样的语言衔接更合适。经过这样长达六年以上的严格带教培训，从备课到上公开课，我的教学能力不断提升。这也是奶奶老师、陈淑琴教授的一贯风格，做事用心、认真、严谨，因材施教，给予我们专业的研训。

陈佳燕　当奶奶老师看着年轻老师时，那双眼睛饱含了真诚的情感，充满了对年轻老师的鼓励和欣赏之情。这让大家加满了自信的油箱，鼓足了前进的动力，敢于在她面前尽情展示自己。

范恰　奶奶老师对我们的关心不仅体现在工作方面，还体现在生活中。从我担任东展幼儿园园长开始，几乎都是我主动打电话给赵老师汇报工作。赵老师一般不会主动打电话给我，她说："担任园长，在一线工作是很忙很烦琐的。50岁以后，女性的体力和精力不比以往，有时间你要多休息。"话是这么说，其实我知道是赵老师睿智，她的完全信任与充分放手让我可以自主、独立地带领团队来践行教育理想。每次赵老师来园指导时，当我说起做得不够好的地方，赵老师反而像朋友一样提醒我："要求不能太高。"对老师进行指导时，赵老师就像一位慈祥的奶奶。大家都说赵老师和20世纪90年代带教我们时不一样了呢！

东展幼儿园从创办到为解决"小班入园难"而扩了一个园区再到不断优质发展，如今也即将面临出生人口下降的转型期。赵老师说："断崖式出生人口下降是趋势，我完全同意进行战略整合。"这时，我突然发现，年过八旬的奶奶老师是如此与时俱进、通透豁达！

冯蓓莉　1991年，上海市长宁实验幼儿园开办。我有幸从上海市长宁区紫云路第一幼儿园调至这所学校，担任新小班的班主任。繁忙工作之余，赵老师还不忘关心我的人生大事。知悉我即将举行婚礼，她就主动关心、积极操办。我的婚礼是当年12月底在幼儿园大礼堂举办的，赵老师担任了我的证婚人。虽然我是一名入职半年不到、和赵老师不甚熟悉的新人，但赵老师心细如发，在我父母都不在国内的情况下，为我主持婚礼，我的内心倍感温暖。

朱菁　1994年10月，学区的一纸借调令将我调入上海市长宁实验幼儿园，当时的我非常忐忑。陌生的环境和同事、从来没有接触过的国际班，让我感到"压力山大"。虽然与搭班老师相处愉快，但我总是害怕自己做得不好，感觉自己是个外人，无法融入团队。因此，在第一学期结束时，我向园方提出了调回原单位的请求。

当时，与我沟通的是奶奶老师，我的内心特别紧张。没想到奶奶老师见我进来，马上亲切地说道："朱菁是吗？快过来坐呀。带这个国际班感觉怎么样？这个班级的孩子来自不同的国家，你一定也压力很大。听说你和搭班老师为了能和不同国籍的孩子交流，每天都通过听磁带来学习不同的语言，而且你们班的小朋友流动性比较大，你也非常不容易。"奶奶老师这样有名望的园长，居然对我的工作了解得如此之细，让我颇为感动。之后，奶奶老师又问了我工作上的困难，并从我的角度出发，为我想了各种解决方法。面对温柔亲切、一心为我着想的奶奶老师，我竟说不出想要调离的话了。在奶奶老师的帮助下，我正式成为幼儿园的一员，逐步地融入这个新团队。

2003年6月，幼儿园处于民转公的过程中，我又一次处在了抉择的档口。当时的我非常迷茫，不知道该如何抉择。奶奶老师再次与我进行了沟通，细数了我这些年成长的点滴，并肯定了我的付出，让我又一次感受到了奶奶老师的真挚与人格魅力。让我下定决心的是那句："我需要你，东展幼儿园需要你这样的好老师。"这句话从德高望重的奶奶老师口中说出，让我真切感到了被需要，也让我坚定了跟着奶奶老师一路前行的决心。

奶奶老师是我人生道路上的指明灯，为我指明了方向，给予我力量与支持，让我始终相信自己，勇敢地迈向未来。

任懿 我的体质相对比较弱，而奶奶老师很关心我的身体。比如，当年我心脏不好、耳鸣时，赵赫老师和范园长都给予我充足的时间，让我慢慢休养。

周丽林 2003年，东展幼儿园开园时的条件很艰苦。当时我应聘的过程很顺利，谈到最后，奶奶老师问我："你现在的工资是多少？"我说："每个月1 700元。"奶奶老师略微停顿了一下，说："小周，我们现在刚刚起步，可能开给你的工资没有你现在的多，你能接受吗？"或许是奶奶老师满脸的真诚打动了我，更有可能是奶奶老师由内而外散发的魅力吸引了我，我想也没想就点头说："我可以接受的。"就这样，我正式成为东展幼儿园的一员。

这是我和奶奶老师初次相识的过程。后来我才知道，我见到的这位老奶奶就是幼教界大名鼎鼎的赵赫老师。园里的老教师们都称呼老奶奶为"赵老师"，小朋友们都亲切地唤老奶奶为"奶奶老师"。熟悉奶奶老师的人都会说，奶奶老师对每个人都很真诚、很真心，像邻家的外婆。

入职之初，我在外面租房子。奶奶老师知道后，找来行政领导和我一起商量。她说："外面借房子太贵了，而且你一个小姑娘住在外面，我们不放心。幼儿园还有这么多空的房间，收拾出一间来给你住，上下班也方便，而且也安全。"当时我真的无比感动，因为这些都只有自家的祖辈才会为小辈着想的问题，奶奶老师都为我想到了。看着奶奶老师满脸孩童般的真诚，听着奶奶老师温暖的话语，我的眼圈红了又红。

宾丹　奶奶老师特别关心我们这些在沪工作的外地小老师，让我们非常感动。那时我们刚来上海，第一次离开家，每到过年就特别想家，而当时的火车票又特别难买。每次这个时候，领导们都会极其关心我们，想尽办法帮我们买到火车票。每次还把我们送到火车站，看到大家都各自踏上了回家的旅途，领导们才放心。

2008年的冬天下了罕见的大雪，因为封路，火车都停开了，因此，我们几个外地小姑娘第一次留在幼儿园过年。奶奶老师特别嘱托范老师关心我们。园领导放弃了与家人团聚，帮我们张罗年夜饭，和我们一起吃年夜饭，当时觉得内心特别温暖。

张晨华　1991年，我刚从师范学校毕业，踏上工作岗位的每一天都让我觉得非常兴奋。奶奶老师带着我们一起布置教室、备课教研，开学前两周就做完一切准备工作，接着就开始着手家访。

考虑到新老师没有家访经验，奶奶老师特地开展了一次关于家访工作的教研活动。老师们围坐在一起讨论家访时需要了解孩子的哪些情况，需要和家长沟通哪些问题，两位搭班老师如何分工，有什么注意事项……大家交流得十分热烈，作为新老师的我脑子里一片空白，只好认真听讲、默默记录。教研结束前，奶奶老师特别说道："家访时老师的着装也很重要，特别是新老师，合理的着装会提升家长对你们的信任度。你们可以把准备家访时穿的服装带来，让我们参谋一下。"

我心里暗暗嘀咕：要说经验我确实没有，但我有很多漂亮衣服。于是，我说："好，我明天就带几套来给你们看看。"第二天，我就准备了几套平时最喜欢的"行头"来到幼儿园，一件件地展示给奶奶老师过目。本以为奶奶老师会夸我的衣服漂亮，没想到她边看边笑着说："嗯，这些衣服的确很漂亮，不过有的衣服不太适合家访时穿哦。比如，第一件连衣裙太短了，站起来或坐下去都不太方便，虽然显得年轻，但不够庄重。第二件上衣很美，花边很好看，可是领子太大了。万一和小朋友说话需要蹲下来，那就不太雅观了。第三件牛仔短裤平时休息时穿没问题，但如果家访时穿它，家长可能会觉得你像个学生，会有不太放心把孩子交给你的感觉。你回家再找找看有没有大大方方的衣服呢？"于是，我回家翻箱倒柜地找了个遍，终于找到了一件。我家访那天穿来时，大家一看都异口同声地说："合适！"我哭笑不得地说："这件是我妈妈的衣服，哈哈哈！"

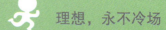

宽容与等待

范 恰

奶奶老师对我们也像对待孩子一样，为我们创设了一个充满爱的成长空间。她总是能看到每位老师身上的闪光点，面对我们各种各样的不足，都能宽容以待，不断激励我们成为更好的老师。

我上学时接触了大量的儿童发展理论，刚工作时满脑子就是"儿童是开放的、自由的、自主的"。记得当时我带的是新小班，因此带班时会不自觉地采取"放羊"模式。小朋友们想干什么就干什么，不想午睡也可以不睡。赵老师看在眼里急在心里，经常来我班指导。可偏偏年轻时的我血气方刚，经常不认可赵老师的想法，还时常会和她争论。从角色游戏中是否需要规则到午睡时幼儿为何一定要睡觉，从口头争论到我俩在教养笔记上"你来我往"，我们争论了足足有两年之久。最后，赵老师是用了马路上的红绿灯说服了我：马路上红灯要停，绿灯要行，这是规则，不是自由。我自己也从日常的带班中逐步认识到，规则是自由的最大保障。

现在想来，泰斗级的赵赫老师花费了很大的耐心来带教我。在我带班还没有完全走上正轨时，她又请了当时长宁区教育学院教科室的杨宗华老师来指导我做科研。因为赵老师当时就认定我在专业上有自己的想法，敢于表达与思考，这点是教师很可贵的一种素质。

冯蓓莉

2003年，赵老师对我说，她想开办一所民办幼儿园，想邀请我来做后勤园长。虽然当时我对后勤工作一窍不通，但赵老师说："幼儿园的清洁消毒、准备营养餐点等工作，每个环节都马虎不得。你是个细心又踏实的人，交给你负责我放心。"这是赵老师对我工作的认可及高度的信任，因此，我没有过多犹豫，就欣然接受了。因为我觉得跟着赵老师也特别踏实，不懂可以慢慢学。

喻根容　2004年，我与奶奶老师的初次见面是在面试中的评课环节。那时，我刚从四川来上海不久，还不知道奶奶老师就是德高望重的幼教专家，因此，在评课的时候，关于怎么和小朋友互动的问题，我大声地说："要是我上课，我就会用更好玩的方法和小朋友互动……"

奶奶老师不仅肯定我的想法，还鼓励我们要畅所欲言。

有一次，奶奶老师到我们班级看课。在评课环节，当我们再次讨论到师幼互动话题时，奶奶老师针对活动，畅谈了许多互动的方法。比如：老师提问，小朋友回答；小朋友提问，老师回答；小朋友提问，老师假装不知道答案，请小朋友回答；无法回答的问题，可以借助工具进行查询，或者鼓励小朋友带着疑问去请教其他人……互动不仅仅限于老师和小朋友、小朋友和小朋友之间，鼓励小朋友参与互动并说出疑问，都是老师在互动中需要思考的内容……听了奶奶老师的话，感觉自己当初在奶奶老师面前谈互动的问题，简直就是班门弄斧。

后来，每次想起此事，心中就后悔不已。每次看见奶奶老师，我都会难为情地绕着走或者快步跑开。没有想到，每次奶奶老师很远看见我，都会热情地和我打招呼、握手，对我的工作、生活、孩子、家庭等方面关怀备至。看见奶奶老师如此谦和睿智、平易近人，心中对她无比佩服和尊敬。我不再躲避，而是有一种如见到亲人一般的亲切感觉。

时光飞逝，我在东展幼儿园工作已经近20年了。不管遇到什么困难，我都愿意坚持，因为东展幼儿园有我热爱和尊敬的人。

周丽林　有一次，我在开展托班音乐活动时，奶奶老师走了进来。音乐活动中，老师肯定要弹琴，可我根本没把幼儿园的歌曲当回事，心想：这么简单的歌曲，随便弹弹就行。所以，课前我没有提前练琴。在课堂中，我一边上课，一边弹琴，没想到因为疏于练习，一首简单的曲子也弹得结结巴巴。课堂上，奶奶老师没有说什么，继续帮我一起带着孩子打节奏，一起教孩子唱歌。等孩子们都离园后，奶奶老师走进了我的教室，对我说："小周，今天你教的这首歌曲，琴弹得还不是很熟练，我们再来练一练。"我难为情地打开琴盖，一句一句地弹起来。奶奶老师坐在我的旁边，帮我唱歌谱，指导我配和弦。一遍又一遍，陪我练到弹顺为止。

第二天，老教师们说："奶奶老师对你们已经很宽容了。以前，我们是最怕奶奶老师进班级的。如果奶奶老师进班级，看到哪里准备不到位，她就会开始捏自己的头发。我们一看到奶奶老师捏头发，就吓得大气都不敢喘。"是啊，奶奶老师在我的课堂上应该也捏过头发，但是她却给了我足够的宽容和耐心。从此以后，每次开展音乐活动之前，我必会提前练琴，把歌曲弹好弹顺后，再进入课堂给孩子们上课。

陆婧　　奶奶老师一直强调：观察孩子、了解孩子、研究孩子，不抛弃、不放弃每一位幼儿。如今，我们一直传承着奶奶老师对教育的执着精神。蜜蜂班有一个特殊的孩子，名叫"沫沫"，患有非典型孤独症。第一次接触到这样的孩子，让人有点手足无措。但奶奶老师说过，每个孩子都是一个鲜活的生命，都是每个家庭的希望，因此善待每个孩子是老师的职责。

学期末，两位老师与沫沫的爸爸妈妈进行了一次面谈，通过图片、视频等方式，和他们沟通了孩子在园时的表现，让他们能尽早地发现沫沫的一些潜在问题，并指导家长进行针对性训练。沫沫的性格慢热，不太能很快地和其他同学融洽相处。刚开始，沫沫对同学以及集体的概念也不是很明白，但同学们总是很耐心地对他进行引导，帮助他尽早地融入班集体。沫沫妈妈告诉老师："现在我去幼儿园接他放学时，都能听到班里的同学主动告诉我：'沫沫今天进步了，全班同学都为他竖起了大拇指。'而且，他回家以后也会主动分享幼儿园里发生的有趣的事情，我们感到很欣喜。"看到沫沫的转变，两位老师真正体会到奶奶老师所说的"每个孩子都是一本有趣的书"。要想读懂一本书并不容易，但是当你真心想要了解这本书里的内容，并愿意为其付出时间和沉下心来，就会发现其实没有那么难懂。老师也要通过不断思考和学习，端正教育思想，转变教育观念，以孩子为中心，从实际出发，因材施教。

陈嫄　　我刚参加工作不久，就碰到一个非常调皮、有攻击性行为、自控能力较弱的男孩子。他会在卧室里故意敲打床板，会在集体活动中影响旁边的同伴。我不知想了多少教育策略，也不知反复提醒了多少次，并与他聊了很多，但效果始终不佳。有一天，这个孩子又莫名其妙地在玩玩具时抓了旁边小姑娘的手，我当时真的是火冒三丈。这个时候，奶奶老师正巧进了我们班级。奶奶老师也知道这个孩子的特殊情况，她把他带了出去。奶奶老师与这个孩子谈了整整半小时，这个孩子从开始脾气很倔，不承认自己有错，到后面眼泪哗哗直流，主动与同伴道歉。事后奶奶老师还专门告诉我怎么与孩子进行有效谈话，如以孩子在乎的点为切入口。年轻老师要因材施教，对于自控能力较弱的孩子，要求一定要放低，并能将孩子的优点无限放大，还要在活动之前进行个别提醒等。赵赫老师对年轻教师的理解，以及手把手带教、在教育策略上的指导，使我受益匪浅。

5

建造一个孩子们
喜爱的幼儿园

范 恰

赵老师，我记得1991年长宁实验幼儿园开办时，在硬件等方面，您花了很多心思。我记得那时每个教室的楼梯底下都有一个可以爬上去的小阁楼。

赵 赫

是的，1991年的长宁实验幼儿园就是现在东展幼儿园的园舍。当年，有的地方是我自己设计的，我也很开心。

有的孩子喜欢爬阁楼的小楼梯，有的孩子喜欢躲在里面看书，有的孩子喜欢在里面说悄悄话……每当看到这种场景，我总会笑。因为我小时候也是这样的，当时我们家有一张桌子，我和我妹妹就喜欢躲在桌子下面"过家家"。因此，幼儿园要为孩子创设一个这样的游戏环境，满足孩子的心理需要。

此外，每个教室都有一个一整面墙的大型玩具柜，被设计成"绿色的火车""蓝色的轮船"。孩子们可以爬上这个玩具柜，去做火车司机、轮船船员。同时，在这个大型玩具柜里，每个孩子都有自己的抽屉，可以把自己喜欢的玩具藏进去。

1991年刚刚开办的时候，幼儿园的建筑是复式楼。虽然楼下有很多教室都是空着的，但一共才三个班的新小班却被我安排在二楼。因为新小班的孩子需要锻炼手眼协调能力和腿部力量。当时，我是这么考虑的：一方面是能提升手眼协调能力；另一方面是能培养共同生活的规则，如上下楼梯时要关心周围的小朋友，集体下楼梯时要保证没有人滚下来。此外，孩子们走楼梯时，手要拉住扶手，腿要走上楼梯，都需要有力量。你会发现，很多小班孩子一开始是双脚并拢走，后来是双脚交替走，这样有利于孩子动作的协调发展。

还有双层床，这是我当时去嘉定的一个幼儿园参观学习来的。对于一般的双层床，睡在下面的人会觉得压抑，所以我又做了改造，将下面两张床并列摆放，上面为一张床。很多小朋友喜欢睡上面，因为可以看到下面的小朋友，视野很宽泛。在日常生活中，如果有小朋友进步了，老师也会奖励小朋友睡上铺。因此，环境上也要考虑到小朋友的感受。

冯蓓莉 　　赵老师，您一贯坚持环境整洁。以前，我们做老师时，只要一听到是"赵老师"来了，几乎所有人都要赶紧忙着整理教室，至今都记得您一直要求我们"钢琴上是不能放东西的"。请问您是怎么思考这个问题的？

赵赫 　　我认为人应该待在一个有条理、整洁、比较安静的环境里面。

范怡 　　赵老师，您也知道现在年轻人很多，他们更向往自由，认为物品想怎么放就怎么放。环境的整洁、有序真的有这么重要吗？

赵赫 　　当然重要！幼儿园的环境应该整洁、有序、美丽。班级里任何物品的摆放都应该整齐有序，这既保证了小朋友的安全，又培养了习惯和满足了审美需要。学校的教室里、玩具柜里不能有积灰，各种各样的物品要归类，窗帘要拉到一定的高度。现在东展幼儿园的冯园长也很细心，很关注这些方面。东展幼儿园的很多物品都有标记，比如，玩具柜上的"门铃"，教会孩子们玩好玩具后要物归原处。这样的好习惯会影响孩子的一生，我们的孩子也需要在这样的环境中成长。

还有孩子们搭花片时，一开始允许他们自由选择不同颜色的花片来搭，逐步地就可以将花片颜色归类，引导他们在搭花片时也要注重配色和审美。这也是幼儿园教育需要关注的。

范怡 　　赵老师，您常说一个好的幼儿园除了硬件外，还要为幼儿建立一个安全的心理环境。在这方面，您觉得老师们需要做些什么？

赵赫 　　首先要关注每个幼儿，因为每个人都是独立的，有不同的需求。其次要为每个幼儿建立合适的心理环境。其中，关键的一点是做好教师的专业培训，因为民办幼儿园教师来源广泛，要花点时间，尤其要做好思想统一。

范怡 　　您认为在教师培训中最重要的是什么？

赵赫　　教师培训中的师德师风很重要。幼儿园老师这个职业其实要求很高，老师带班一带就是半天。我也知道老师是有情感的人，也会遇到很多的困扰、困难。老师的心情再不好，带班时也要控制好，不可以随意发泄到孩子身上，更不可以对孩子有任何过激的行为。因为孩子们是弱小的、无辜的，他们能感受到老师的言行，这点要切记。

刘蕾　　幼儿园老师怎样平衡自己的教育工作和生活？

赵赫　　我认可范园长讲的那句话：幼儿是整合发展的。其实教师也是这样的。人是完整的，也是有情感的，而每个人的生活经历又都是不同的。所以，我鼓励教师认真工作的同时也要注意休息，良好、健康的身体是一切的基础。同时，也要走出去看看学学。只有教师对世界的认识丰富了，认知范围广泛了，才能更好地引导孩子们。教师也要注意学习，关注国家的发展形势，关注世界科技的进步，不断拓展自己的眼界。

作为幼儿园的管理者，更要关注教师的生活。范园长就能关注到不同年龄段教师的身体状况和需求，这点很好。

刘蕾　　个别化教育在实践中始终存在，尤其是面对一个班级20多个孩子时，老师有些兼顾不过来，但又不能放弃这些孩子。

赵赫　　个别化教育指导要因人而异，因为人是复杂的，每个人的情况都不一样。对于发展很慢的孩子，有时我会和班里其他的孩子沟通，要给予包容，不要去学他的样子。老师需要花更多的时间和耐心，也要有专业的方法。

1991年，范园长带了一个特殊的孩子。一开始大家都觉得这孩子到哪里哪里乱，一直也没有找到合适的教育策略。直到我向华东师范大学的朱家雄教授请教后才知道确实有"特殊的孩子"。于是，我再向家长了解情况。这个孩子的问题是动作发展极不协调，走路会摔倒，似乎还听不懂成人的指令。后来，我们才知道，在妈妈怀孕时，因为爸爸病危，所以妈妈几次都想要放弃这个孩子。因此，肚子里的胎儿也能感受到妈妈的情绪。我们开始了解有特殊需求的孩子，知道了"感统失调""阅读障碍"等。对于感统失调的孩子，要让他们多运动。比如，我们鼓励家长在日常生活中带着孩子走马路边沿，锻炼他们的平衡能力。我带着孩子弹电子琴，提高他们的精细动作能力。

对于这类孩子，家长和教师都需要学习早期干预的方法。此外，家长也需要正视这种情况，明确早干预、早治疗一定是有用的。

6

理想，永不冷场

给予儿童全面的培养

任 懿　　在幼儿教育的未来发展中，哪些是应该在办学中一直需要坚持的？

赵 赫　　一个是身体健康，一个是习惯良好。好学、好奇心、和同伴友好相处、交往、合作等，都非常重要。以前，我们提倡全面发展，每个人都要德智体美劳全面发展。现在，依然需要提倡这个理念，德育和体育是一定要有的。

范 恰　　赵老师，您在20世纪80年代就去日本参观学习过。请问这次日本之行对您有何启发？

赵 赫　　这次日本之行对我的启发很大。日本幼儿园都有消防滑梯，因为日本的地震比较多，所有的孩子都能从二楼的滑梯滑下来。我那个时候就想，我们中国的孩子被家长、教师给予了太多的保护，都白白嫩嫩的。日本的孩子皮肤都晒得很黑，比较勇敢，也很强壮。

范 恰　　用现在的话说就是"日本的孩子有朴素的舌头和强壮的身体"。

赵 赫　　那个时候，我就想做一个运动方面的课题。后来，我们做这个运动课题时，在户外运动中，孩子们的袖子管和裤脚管都是卷起来的。这样既能让皮肤充分沐浴阳光，也能呼吸到新鲜的空气，有利于孩子的健康成长。

范恰 赵老师，如今提倡要保证幼儿在园的"两小时户外活动"，您是如何思考的？

赵赫 两小时户外活动对幼儿园孩子来说是很有必要的，提得很好！我认为不仅要包括体育运动，还要包括散步、种植、饲养、观察……散步时，孩子可以得到的教育有很多，如边走边观察，认识周围环境，认识幼儿园里的各种树木。我们也可以拓展到社区的户外，如马路上、商店里。此外，有的孩子对数字和汉字很敏感，因此可以带他们认识东展幼儿园附近的威宁路、茅台路等路牌，但并不是要求所有的孩子都一定要认识数字和汉字。

任懿 赵老师，对于两小时户外活动，东展幼儿园一直坚持在做。我最近一直在思考一个问题：两小时户外活动实施过程中是否要考虑到不同孩子的年龄特点，是否要考虑到运动量？

赵赫 两小时户外活动要考虑到年龄特点，因为托班孩子的保育、生活时间很长，学习时间相对短，也要考虑到户外活动的运动量。我甚至希望你们能和儿保医生、少体校的老师去聊聊，对于不同年龄的孩子运动量的安排是不一样的。除此之外，还要考虑孩子之间的差异。比如：有的孩子动作灵活，但智力没有那么优异；有的孩子脑子转得快，但身体协调能力比较弱。尤其是对于动作不够灵活的孩子，我们要提供更多户外活动的机会。

我们还可以多带孩子去社区走走，认识社会环境。我自己在上海市长宁区愚园路第一幼儿园带班的时候，每个礼拜都要带孩子们去几次中山公园。这批孩子如今已经60多岁，还是经常来看我。他们都非常怀念我带他们去公园玩的日子，说："赵老师，你那个时候带我们去公园玩，在草地上奔跑，我们到现在都还记得呢。"其实，认识自然以及人与自然和谐相处的场景很重要，因此，有很多的内容都可以被整合入两小时户外活动。

范恰 赵老师，两小时户外活动体现了孩子们有很强的自主性。我园一直以来擅长的有组织、有密度、有强度的集体体育活动、混龄主题体育大活动在户外两小时的背景下如何平衡？

赵赫 东展幼儿园以往研究、擅长的集体体育活动、混龄主题体育大活动需要保留，这些都是我们的课程优势。这类运动中的安全以及集体活动中的组织性、密度、强度、科学性的安排、纪律性等，都是需要注意和培养的。因此，这类活动完全可以纳入两小时户外活动。

张蕾 我很同意赵老师的想法，因为幼儿园是共同生活的地方。比如，在"翻越高山"游戏中，孩子们能不能翻、速度快不快，这都是孩子们在自由活动中积累的经验。这些经验是零散的，只有在中、大班孩子的集体交流中，他们才能看到同伴的好方法，并展开学习，才能在原有的基础上有所提升。我想，这也是幼小衔接的一个方面。

冯蓓莉 赵老师，您为什么总是强调老师要做到保教合一？

赵赫 2—6岁幼儿还在生长发育中，保育可以说是幼儿园的重要任务之一。这一阶段，幼儿的各个器官还在生长发育中，所以老师的保育、照护非常重要。我们所说的师生比，即每个班级有两位老师、一位保育员，各年龄段都有班额数的限制，这是以2—6岁幼儿的年龄特点为依据的。

张蕾 我曾经听小学老师说，幼儿园的孩子到小学后不会扫地。于是，东展幼儿园的幼小衔接课程里也增加了扫地活动。您是如何看待对幼儿进行劳动教育的？

赵赫 学前教育也要重视劳动教育。小朋友会扫地吗？怎么扫？如今，新式机器的使用越来越普遍，如扫地机、吸尘器等，这对儿童来说也是需要学习的。老师要告知家长劳动教育所蕴含的意义，要重视这方面的培养。我们可以请小学低年级老师来讲讲他们面对的学生的情况。

任懿 我们刚刚说了户外运动、劳动教育、环境创设，那么在实践中如何培养孩子们的探索精神呢？

赵赫 在集体教育方面，张蕾老师曾经做过相关研究。小朋友在实践中的"我知道、我提问、我发现"这三本记录本特别好，跳出了我们的教材。知道、提问、发现的过程，不受室内室外的局限，每个话题都可以做，包括户外活动的保育、喝水、擦汗。此外，还可以再增加"我又学会了什么"等问题，让班级里其他的孩子都能看到、学到。如果张蕾老师能和现在的思维课题联系起来，就会更好了。

范恰 幼儿园是小朋友第一次进入集体生活的场所，规则意识和良好习惯的培养也很重要。往往我们做小老师的时候，会觉得我讲过了呀，孩子看不看无所谓。现在很多年轻老师也是这样的，也会问："有必要这样要求吗，有必要反复讲吗？"

赵赫 老师是否说一遍就行了？有的孩子是没听懂你讲什么，有的是孩子没理解，还有的孩子是惯性，一下子难改。对幼儿园孩子来说，并不是老师讲一遍就好了。在行为习惯的培养过程中，教师要反复讲。但讲的方式可以不同，第一遍是具体讲，再去观察孩子做得怎样；第二遍是有针对性地提问，再到实践中去观察、调整；第三遍是看看没有做到的是哪几位，思考是什么原因导致的，以及准备用什么策略和方法进行指导。只有老师做个有心人，才能逐步帮助孩子把习惯培养好。其中，孩子可能会有反复，这就需要老师更耐心、仔细地观察和引导。

范恰 我记得带班的时候，您一直要求老师的眼睛要关注到每个孩子，说话前要组织好语言，要请小朋友都看着自己。

赵赫 幼儿园老师讲话前，应要求所有的孩子都看着自己。这点很重要，这就是习惯培养。老师讲完了，要观察孩子是否有变化。如果认真看着你了，安静听讲了，就需要立刻强化和表扬。小朋友讲话时，老师要很有礼貌地看着他，这是做人的基本礼貌。

范恰 我记得当年带班时，到了阴雨天，您会问我："你是近视眼吗？你能看清楚小朋友的表情吗？"我说："大致看得清。"您说："大致看得清可不行，赶紧去配眼镜。"

赵赫 我为什么要叫你去配眼镜，是因为老师带班时，也要看清小朋友的表情。有的孩子不会用语言表达，表情就能说明问题。比如，是我讲得不好，还是你没兴趣，还是你在分心，这些都需要老师在师幼互动的过程中去观察、了解，并及时调整策略，因为这也是集体生活里的规则。

幼儿园的集体生活中是有规则的，这就是和家里不一样的地方。比如，小朋友来园时要自己换小白鞋。具体要求如下：脱一只鞋子换一只鞋子，脚不踩在地上，换好后再把两只鞋子一起放进鞋箱。不要小看这个过程，这不仅能让孩子养成自己的事情自己做的良好习惯，还能提升孩子的自豪感。小年龄段的孩子分不清左右脚，我们就在鞋的内侧贴上标记。在这方面，现在的东展幼儿园就做得很好，始终在坚持。

7

理想，永不冷场

推动幼儿教育紧跟
时代发展

范 恰　赵老师，您认为个人的教育理想和教育环境之间有怎样的关系？

赵 赫　所谓"时势造英雄"，我们每个人的成长都离不开时代的洪流。以我个人的成长经历为例，我17岁开始做老师，很长一段时间我都在一线做班主任，所以我对孩子、教师和家长相对比较了解。1980年，我有幸参加了上海市教育委员会组织的到日本参观学习，收获很大。1985年开始，我和倪冰如、胡福珠、吴蓉三位老师开始在上海市长宁区愚园路第一幼儿园和上海市长宁区天山新村第二幼儿园进行了两轮从中班到大班的"综合性主题教育"试验。1989年9月起，我们在长宁区的8所幼儿园进行了扩大验证研究。

范 恰　1991年，我毕业后就进入了长宁实验幼儿园。记得当时做的是"综合性主题教育"小班阶段的研究，当年好像也是幼儿园开设小班的第一年。

赵 赫　你记得没错！1991年起，我们在长宁实验幼儿园进行了小班阶段的实验研究。当时你刚从幼专毕业，一出校门就带新小班，就参与了实践研究。

范 恰　我觉得我很幸运，一出道就有一个很好的平台。到了2003年，我又和赵赫老师一起开始创办民办幼儿园。

赵 赫　　2003年，我创办了东展幼儿园。虽然在当时社会上做民办幼儿园的已经有很多，但对我而言却是一种新的尝试。这么多年来，我认为无论是民办还是公办，为人民服务、为家长提供专业服务的初心是不变的，关键是要有一批志同道合的朋友。

现在的社会更加开放了，年轻人的选择更加多了。对于年轻人是否选择学前教育，我觉得不能一概而论。以前我们总说终身从教，但社会上有的人是真的爱孩子、爱自己的工作，而有的人是真的不喜欢这个工作，我觉得那就不要勉强自己。

要做好幼儿园老师的工作，心里一定要有孩子，要有坚定的教育理念。大多数父母都觉得幼儿园老师是个很好的职业，既稳定又轻松。其实，幼师的工作很琐碎，带班时眼睛不能离开小朋友，连上厕所的时间都很紧张。所以，现实和理想就不一样了。如今出生率下降了，幼儿园可能都要做出调整。

有的老师不喜欢孩子，只把幼师当作谋生的行当而不是职业理想。有的老师追求钱多、事少、离家近，因此是做不出成绩的，而且孩子也不会喜欢这样的老师。所以，喜欢孩子且眼里、心里都有孩子是成为好老师的关键。很多我们的孩子都已长大或做爸爸妈妈了，他们还能经常想到自己的幼儿园老师。这时老师的心里其实很开心。

此外，学校工作环境也是很要紧的。东展幼儿园的工作、教育环境、对孩子的态度等都是很好的，老师们都很团结、很努力、很上进，研究讨论的氛围很浓。在这样的环境中，你一定会被大家所同化，一定会在专业上有所进步。

有人说，遇到一个好的老师，是一辈子的幸福。在不同的教育环境、教育政策之下，我们都要把自己的教育理想坚守好。

范 怡　　如果满分是10分，您会给东展幼儿园打几分？

赵 赫　　我一贯要求比较高，给8.5—9分。东展幼儿园的办园历程非常不容易，"激趣健体"课程的提出，在我们原有的"综合性主题教育"的基础上又有了很大的创新、发展，尤其在混龄主题体育大活动和折纸教学方面有所突破。更难得的是，现在东展幼儿园坚持做好儿童保育工作，细化保育指南，有文字的，有视频的，坚持了传承。

范怡园长带领下的行政管理团队，不仅爱自己的专业，还爱我们的孩子，更爱幼儿园的老师和工作人员。我认为，在凝聚人、关心人方面，团队做得尤其好。东展幼儿园中有好几位资深教师退休后还不定期来园指导，有的老师住嘉定江桥，路都很远。为什么她们愿意来发挥特长，因为范园长充分地尊重、信任她们，这些老师起到了很好的"传帮带"作用。对于幼儿园的工作人员，团队都很关心，比如，帮助几位外地青年教师入住教师公寓，关心后勤人员的生活等。所以，领导力中"同理心、凝聚力"很重要。

冯蓓莉 赵老师，您如何看待公办和民办幼儿园？

赵赫 我是五十二三岁到长宁实验幼儿园工作的，60岁退休后就筹办了东展幼儿园。那时，延安中学的老校长陈昌富来找我，因为他创办了东展教育集团。我觉得办一个民办幼儿园也很好，可以依靠自己的力量来办自己理想的学校。我毕业后被分配的幼儿园就是私立幼儿园，所以我对公立和私立没什么感觉。

张蕾 您当年一毕业就去了私立幼儿园吗？那时就有私立幼儿园了吗？

赵赫 是呀，而且是教会学校，叫上海私立彼得小学校暨幼稚园。很多老师都是"老小姐"，都不结婚，工作又都特别卖力，还有很多老师都住在学校里面，所以她们的工作作风、氛围和环境对我来说印象都很深。

所以我觉得，公办和民办是两种不同的教育体制。私立（民办）学校要办好，必须有生源。公办学校的经费由国家拨款，私立（民办）学校所有的经费都要靠自己，所以一定要努力。

刘蕾 现在老师们会更加关注孩子，强调观察孩子，在此基础上促进他们的发展。在实际带班中，老师总觉得时间不够，总是会有不同的孩子来找你说这说那，所以一线老师要想站定观察，似乎很难。

赵赫 这个情况确实存在，目前带班人数不少，有的时候没有办法兼顾所有孩子。带班中的安全很重要，老师应该把全部精力放在全班孩子身上。老师要努力去观察孩子的理念是对的，在保证孩子安全的前提下，要有耐心观察的意识，这样才能基于观察去促进孩子的发展，因为每个孩子都是不一样的。现在出生率下降了，孩子比以往要少了，老师可以有更多的时间和精力去观察和了解孩子。园长也可以增加一些帮助教师观察幼儿的设备，帮助教师做记录。如果有研究专门做这个课题，有人专门去做研究，就会更科学。

8 以教育理想服务社会

理想，永不冷场

陆婧　现在的年轻父母工作都很忙，很多家庭都是老人带孩子。祖辈比较宠孩子，父母又不想把关系闹僵，所以不敢有要求。作为班主任，如何通过和家长的沟通来促进孩子进步呢？

赵赫　这种情况很多，建议直接和老人沟通，如吃饭的问题，让老人来幼儿园看小朋友吃饭。同时，要学会和老人沟通，让老人看到孩子在幼儿园的进步，进一步取得他们的配合。

张蕾　对于如何启发家长配合幼儿园开展工作，您有什么看法吗？

赵赫　对家长的教育和沟通是很要紧的，我们要把幼儿园的理念讲给家长听。我觉得大部分家长把孩子放在幼儿园，还是能和幼儿园在理念上达成一致的。现在年轻家长对教育也有很多自己的看法，比如，有的家长一味地强调知识学习，我们有责任告诉家长孩子的年龄特点，告诉他们孩子是怎么学习的。

老师和园长要尽量把自己的教育理念用真实的故事讲给家长听，开放办园，或者请家长参与幼儿园的活动，和家长积极互动交流。范园长坚持写实践中发生的故事，就是在传递东展幼儿园科学的育儿理念。现在的家长不仅年轻，思维也很活跃，学习能力强。事实上，范园长手记很受欢迎，也说明了家长们从中受到启发。

但不可否认，也有一部分家长的理念很固执。我们更欢迎志同道合，能理解、认可东展幼儿园的理念，认识到孩子的发展是有规律和年龄特点的家长，这样才能形成家园合力，共同为孩子的可持续发展而努力。

冯蓓莉 未来出生率将会断崖式下降，对此您怎么看？

赵赫 现在出生率是低了，公办幼儿园也开始招托班了。在这个时期，民办幼儿园要能立足不容易，大家都要相互理解。

民办幼儿园要做好家长工作，现在的家长大多为80后、90后，就要把我们的理念、教育观点说给家长听。因此，家长是否认同我们的教育理念和方法是关键。

范恰 赵老师，请您对当代幼儿教育和幼儿园老师、园长说几句寄语。

赵赫 希望幼儿园老师：爱我们的孩子，爱自己的专业。如果能做到这两点，肯定会是好老师。爱了，就会去学习；有了问题，就会去寻求帮助和解决问题。

希望幼儿园的管理者：更要爱幼儿园的老师和工作人员，尊重、关心她们，因为她们是学校发展的重要力量。

一个集体的氛围很重要。东展幼儿园的老师就是"看到家长的信任、孩子的成长和进步，就会觉得很开心"，她们就是眼睛会发光的那群人。投入地爱自己的专业，投入地爱我们的孩子，投入地爱我们的老师，就是我们的理想。

第二辑

公心筑园

　　2003年，赵赫老师创办了东展幼儿园，她于2004年将园长的交接棒交到了我的手上。一路走来，我对幼儿园管理的认识也从逐步熟悉到不断迭代。尤其是近5年，我更关注对"人"的管理。我相信：只有幸福的老师才能给予儿童无限的关爱！因此，我一直尽力给予园内不同年龄段的教职工温暖的呵护。

　　充满爱的团队，不是园长一个人在管理，而是整个核心团队的默契互补、各展所长。很庆幸，在东展幼儿园，我们建设了这样一个极具凝聚力和向心力的合作共同体。

　　另外，民办幼儿园的长远发展，需要良好的社会教育生态。从组织体系及社会关联角度看，上海市教育委员会、长宁区教育局、上海市托幼协会等，以及新长宁集团和东展教育集团为东展幼儿园的发展提供了实质性支持。

9

提供优质的教育服务

2014年，我作为上海市首轮民办优质幼儿园园长之一在北京考察学习。吃晚饭时，同桌的一位园长接了个电话，是因为园内有家长投诉了。这位园长几乎用了一顿饭的时间和投诉的家长沟通，大家都说她太辛苦了。

说起民办幼儿园，一般都会想到服务，即通过提供专业的教育工作满足社会、家长对孩子成长的教育需求。

幼儿的保育教育费就是我们经营的"命脉"。每月收取的保教费，按照幼儿的实际出勤率来计算。比如：中小学学期期间，幼儿实际出勤不满半个月按照半个月收取，满半个月按照一个月收取；中小学寒暑假期间，幼儿来一天收取一天的费用。

2至6岁的孩子年龄小，抵抗力弱，所以生病了就不能正常出勤。而且，家长也认为，孩子还没到小学，不必那么严格。因此，幼儿园每年固定收费的时间也就10个月，还不能保证恒定。这是幼儿园财务预算工作量大、难做的地方，更是园长经营上的挑战之处。但我认为，幼儿园的品牌和质量是经营的根本。

一所民办学校有了品牌信任度，就能吸引来家长和幼儿，也就能保持可持续发展。所以，我们都很爱惜自己的"羽毛"，希望树立学校的良好口碑。因为这不仅仅是幼儿园的品牌，还关系着整个东展教育集团和长宁民办教育的品牌。

如果说公办教育提供公平保底，选择民办教育的家长更需要另一种不一样的服务体验。

服务是什么？英语的服务为service，每个字母的含义实际上都有对服务人员行为或语言的一种要求：S—Smile（微笑）、E—Efficiency（效率）、R—Receptiveness（诚恳）、V—Vitality（活力）、I—Interest（兴趣）、C—Courtesy

（礼貌）、E—Equality（平等）。

这说明了我们提供给家长的服务环境要是安全、整洁、精致的，孩子入园时要能看到老师们的微笑，和孩子说话时要能蹲下身，教师的言行要能让孩子及其家长感受到爱和尊重，要有小班额的师生比，课程上要更有效且更符合孩子的兴趣，和家长交流时要更平等。

2019年，我曾对东展幼儿园的家长群体做过调研，结果如下：呈现"高学历、高收入、高需求"的"三高"特点。本科及以上学历占比98%以上，月收入超3万元，家长对办园理念、课程设置、幼儿发展、教师专业都有较高要求，如老师是否在东展幼儿园带过小、中、大班。

上海城市精神包括"海纳百川、大气谦和"，本市的民办幼儿园占比已经达到了近40%，也就是说政府认可民办幼儿园为社会提供了多样化服务，满足了老百姓的不同需求。

我们面对的家长很多都是85后、90后，年轻家长需要的是受尊重、更多对孩子的关注，也需要有更多表达自我和与老师平等交流的机会。这就是好比医院的特需门诊，收费高一些，但可以预约时间，还能保护隐私。因此，现在我们和家长交流前要预约时间。尤其是学期末向家长反馈幼儿的发展时，我们会让现场正在交流的每个家长之间保持一定的距离，以保护孩子的隐私。社会需要我们提供更尊重人、更平等的沟通方式。

优质的教育服务是民办学校生存的根本。在实践中会出现以下几种状况：一种是一味地讨好家长，家长需要什么就提供什么，完全不考虑教育的特质（年龄特点、教育规律等），有的家长甚至有超越学校的权利；另一种是慕名而来的家长完全听学校的。怎样把握好这个尺度呢？

"为家长提供优质的教育服务"一直就是我们的办园宗旨。结合办园20年的实践经验，我认为民办幼儿园的教育服务——

应该是对幼儿教育的价值引领，而不是对社会需求的单一满足；

应该是家园协同形成合力，而不是对家长的百般讨好；

应该是对教师的人文关怀和专业支持，而不是对教师的一味苛责。

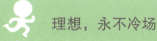

以教育价值引领幼儿教育服务

2003年是东展幼儿园办园的第一年，我们用的是当时长宁实验幼儿园的旧校舍，保育教育费也从原来的每月800元调整到1 200元。在开办初期，我们一直受到家长的质疑、拷问：你们好在哪里？特色又是什么？园舍是旧的，教师队伍也是新的，学校没有知名度。我和团队经常扪心自问：我们究竟想办一所怎样的幼儿园？要想快速找到生源，最好的办法就是"投家长所好"，如学语言、教钢琴、跳芭蕾、画素描等。但作为一名专业的幼儿教育工作者，赵赫老师"促进幼儿全面发展"的思想已经牢牢地刻在我们的心田。赵赫老师当初的愿景是，办一所家长充分信赖、教师精于钻研、幼儿全面发展的学校。当我们每天面对的是一个个"弱小、鲜活却又细微、有趣的生命"时，教育的价值不在于学习知识与技能、应对竞争与挑战，而在于快乐成长、身心健康、全面整合的发展。

现在回头看，赵老师当初的坚持没有错，尤其是从上海近10年的教育改革举措来看，"幼有善育"中的"善"是指幼儿园的一切工作要以儿童发展为本，坚持家园协同，遵循儿童发展规律，坚守儿童立场；"育"的核心就是要做好教育和养育的过程。这就是我们所秉承的价值所在。

于是，我们选择运动领域作为课程的切入口。为什么是运动领域而不是其他领域？首先，孩子生来就是好奇、好动的，在孩子眼里，"什么都是有趣的，都要去玩一玩、动一动"，而运动正顺应了孩子的这一天性。其次，健康的身心是一个人成长的基础。只有让孩子从小强健起来，他的人生才可能幸福。同时，运动也契合了东展幼儿园实际硬件的发展基础，我们的骨干教师对于运动领域的研究经验也较为丰富。

"激趣健体"课程的切入方向定了，但我们在实践中还是遇到了冲突。这种冲突来自家长。多年相处下来，我们发现家长的育儿理念大致可归为两类：一类是认为"不能输在起跑线上"，特别在乎孩子的认知和学习，关注孩子是否能考上名牌小学；另一类则主张给孩子一个"快乐的童年"，不要给孩子任何压力，学不学无所谓。他们把孩子完全托付给老人和保姆照顾，在生活上一味地满足和宠溺孩子。家长们希望我们既有保姆式的照顾，又有家长般的呵护，更要有教师的专业。面对这样的孩子，我一直在反思：难道这样的孩子是身心健康的吗？难道这就是我们未来社会所需要的人才吗？我们希望孩子们是强健勇敢的，能积极主动地"接地气"，敢于合作、善于质疑、积极创新。

基于对学前教育理念的深入思考，我们认为不能为了迎合家长而放弃自己的专业理念。于是，我们在实践中开始研究"春秋两季的混龄主题体育大活动"。事实证明，混龄主题体育大活动促进了幼儿基本动作的发展，促进了幼儿的社会化。同时，运动对于感统失调的孩子有着积极的意义。

混龄主题体育大活动让孩子们开心了、强健了。可是到了大班，就有家长对我说："我们要升小学了，你们不要再开展大活动了。你们教拼音吗，教识字吗，教20以内加减法吗？"更有部分家长每天15:30就要接孩子离园，因为要把孩子送到校外的培训机构去学习。

这真是一个奇怪的现象。难道小学生不用跳绳了吗？为此，我特地请教了小学老师，了解到小学一年级对跳绳也是有要求的。这下家长似乎心定了些。其实，在混龄主题体育大活动中，我们也整合了许多"数"的内容。在大活动中，老师都是站点，孩子们都是流动的。活动结束后该怎么和孩子交流呢？聪明的老师们想出了好办法，即每个活动主题区域都用一种颜色标识。幼儿来玩过后，老师就会给他们的手腕上套上相应颜色的彩圈。在交流时，老师只要看看每个孩子手上彩圈的颜色，就能知道这个孩子去哪些主题区玩过了，以及没去哪些地方玩过。活动结束后，老师引导孩子将手上的彩圈取下，按七种颜色归类放置后，就能知道哪些主题区是"热点"区域，这里的归类、数数就是中班孩子对数的学习。

在大班，孩子们则可以把各班的彩圈摘下并放在"节节高"上。每个"节节高"分为四节，每节可以放十个彩圈。五节共有多少个彩圈，全班共有多少呢？这个过程把逢十数、加法的意义都渗透了，体现了"生活中的数学"的数学思维和数学核心素养。我们的孩子就是在真实的情境中学习数学的，他们怎么会不认真、没兴趣呢？这样的学习难道不比被动地做加减运算更有意义吗？

在东展幼儿园，中班孩子要学会用筷子，大班孩子要学会系鞋带。我认为，对一个刚刚上小学一年级的孩子来说，会自己系鞋带、会用筷子吃饭、能灵活地跳绳所带来的成就感要远远大于他算数比其他孩子快、古诗背得比其他孩子多。进入小学，就

图2-1　幼儿在大活动中获得彩圈

是进入一个完全陌生的环境，孩子要先迅速适应环境，有足够强的自理能力。

　　《上海市幼儿园幼小衔接活动指导意见（修订稿）》明确指出："遵循幼儿身心发展规律，聚焦幼儿入学时面临的适应性问题，科学设计和开展幼小衔接活动，杜绝单纯的知识学习和简单的技能训练，帮助幼儿逐步适应小学生活。"我向家长介绍幼儿园的课程时会为他们答疑解惑，如针对家长提出的让幼儿握笔写字，我告诉他们不是小班就可以握笔写字了，因为幼儿的手指小肌肉没发育好，过早地握笔对读写姿势、视力都会有影响。小班阶段使用蜡笔涂鸦和使用小剪刀、中班阶段拍球、大班阶段开展悬垂运动等，都是在锻炼幼儿的大、小肌肉。手的精细动作发展好了，有力气了，自然就能握好笔。

　　以上都是我们通过幼儿教育的价值引领，引导家长去思考幼儿阶段的教育意义和目的究竟是什么：是20以内加减法，是掌握一项体育特长，是英语学习，还是为未来发展做好全面的准备？

以家园协同一致
提升教育服务

孩子刚入园时，很多家长会问："你们有没有可以让我们看到孩子生活的实时监控？"我们没有。因为现在媒介太发达了，实时监控会看到很多孩子和教师，涉及他们的隐私权，发给家长会存在一定的安全隐患。

有家长会问："开学，你们会给孩子拍很多照片吗？"我们也没有。因为开学初期老师们都在忙着照顾处在焦虑期的孩子，一个班级有20个孩子，孩子的安全比拍照更重要。

我们也会收到家长的意见和建议，甚至是投诉。有的建议有利于推进我们的进步，如几年前，每到暑期，为保证食品安全，儿保医生要求将幼儿早点中的牛奶改为果珍。没想到，此举引起了我们家长的不满。一位家长找到了园长，既提出果珍没有营养，又提出幼儿园的早点每天都是牛奶和饼干，饼干里的糖分、防腐剂较多，吃多了不利于孩子的健康。

家长的提议引起了园方的重视和思考：家长的想法有其合理性。于是，幼儿园在保证幼儿健康的基础上，不断丰富幼儿的点心品种，确保每周五天早点不重样。孩子们除了喝白开水外，还会喝到适合不同季节的营养水。我们还增加了粗粮、豆制品、面制品、米制品等，并根据幼儿主题课程的内容以及不同的季节提供相应的早点。每周，小班和中、大班有两次自主选择点心的机会，孩子们可以"二选一"或者"三选二"。只要有益于幼儿发展，我们都愿意去倾听、去改进。

我一直认为家长是有知情权和参与权的，所以及时公开信息很重要。东展幼儿园主要是通过幼儿园官网和"学迹365"家园互动平台这两个途径公开信息的。如果说官网较多地呈现工作框架，如园务计划、督导报告、收费情况、园所介绍、定期活动，"学迹365"家园互动平台则是及时反映三个园区的各项日常活动。

幼儿园老师的工作特点是，一带班就是半天，眼睛看着的都是孩子，没有时间给家长反馈各项活动。我们通过"学迹365"家园互动平台主动推送相关活动，涉及幼儿园的保育和管理、老师和孩子的日常等。从家长的角度来讲，幼儿园人员管理细致到位，这也大大增强了家长对幼儿园的信任感。

我们以动情的报道团结东展大家庭。2020年最热的一篇报道说到了所有不离沪老师的不容易，东展幼儿园家长在文章后纷纷留言，还有的甚至化感动为行动，为在沪过年的老师们送来了年货。

我们以真挚的感谢温暖东展大家庭。我们会对热心有爱的家长们表示感谢，继续通过"学迹365"家园互动平台把这份浓浓的爱传播开来。

信息发布及时公开的目的是向家长呈现办园的方方面面，避免因不了解而导致误会频生。在信息发布的过程中，家长们加深了对幼儿园的了解。有家长说："我最喜欢浏览'学迹365'家园互动平台，可以从每天发布的文章中学习到老师的细心、耐心和用心。她们是我们的榜样，论教育她们更专业！"

"学迹365"家园互动平台上还有一个园长信箱，东展幼儿园三个园区的行政领导都能第一时间看到。家长有意见或建议时，可以通过园长信箱说明情况。一般我看到后都会第一时间回复：谢谢您的反馈，某某园区的行政领导会马上和您沟通。同时，分管领导也会"马上出击"。在东展幼儿园已经形成了一条规矩：对于各园区的事情，各园区的行政领导是第一负责人，园长可以接收反馈并参与讨论，包括如何和家长交流我们都可以商量。第二条规矩就是必须马上行动，当天就要回复家长，及时了解情况，一般第二天就要和家长当面沟通了。

东展幼儿园的公众号发布推文时也会开启留言功能，这个功能也是我们和家长沟通的一个渠道。尤其在招生季，陌生的家长们会通过在公众号上留言来询问各种招生的问题，我们都会一一解答。

东展幼儿园的公众号是2016年创建的，最初都是由一线带班老师用业余时间完成推文制作的。如今我们已经专门成立了媒体小组，共计17人，有专人来负责这方面的宣传工作。媒体小组有一批年轻教师自掏腰包买了许多软件，自学各种媒体技术，精做每一篇推文。现在大家在质量方面都达成默契了：照片一定不能有半个肩、半张脸、半个身体，对照片的采光也有要求，文字上一定要精准。

在"学迹365"家园互动平台上还有一个专栏——范园长手记，从2018年9月开始持续发布至今。

这个栏目主要是展现我个人在幼儿园日常生活中的所见、所闻、所感、所想，如记录孩子们日常生活中发生的小故事，有时也会呈现教师和家长看不到的园务行政工

表2-1 "范园长手记"汇总表

序号	年份	篇幅（篇）	字数（字）
1	2018年	10	12 415
2	2019年	13	25 378
3	2020年	11	20 612
4	2021年	18	29 636
5	2022年	15	27 893
6	2023年	12	20 613
总计	6年	79	136 547

作的状况。阅读对象主要是家长和教师。

　　这个专栏不定期发布，没想到也得到了家长的认可。在我看来，这些都是孩子们生活中很简单的一件事，但家长却说："最爱看范园长手记，喜欢她的教育理念。她总能在细小的事情中发现我们家长看不到的教育问题，进而引起我们的思考。这不仅是孩子们的学校，更是我们家长的修行课堂！"尽管写手记会比较辛苦，但我也发现，通过手记能帮助幼儿教师建立专业威信，能和家长在教养理念上达成共识，也能给家长一些科学育儿理念的引领，这是我们作为教育者的社会责任。

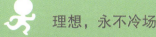

理想，永不冷场

以人文关怀和专业支持保障教育服务

　　说到教育服务，我们往往想到的对象是家长、孩子、社会，但东展幼儿园强调的是管理者对教师的服务，因为教师才是学校发展的基石。我们面对的现状是教育行业女性居多，在幼教行业几乎都是女性。女性独有的特点是细腻、感性，心思多，说话也会多。每个人或多或少都会遇到身体有恙、体力疲劳、情绪不稳，甚至家庭生活烦琐、职业倦怠等情况。女教师还会有生理期、孕产期、更年期等特殊阶段。教师的健康、心绪乃至带班的方法、家庭情况等，都需要有人耐心倾听和细致关心。

　　在营造和谐团队氛围的同时，面对各年龄段的女性，管理者如何进行有温度的管理？对于年轻教师，园长要了解她们的兴趣点，并努力靠近；对于中年教师，在其孩子中、高考时，园方一般都不安排任教毕业班。在工作中，对一线骨干教师要减负增效，做加法的同时适当做减法。例如，期中考试时，学校一般不安排大型活动，微信工作群实行周末不打扰制度。东展幼儿园的课程主管、科研主管、大教研组长、工会主席都由一线教师兼任，所以在财务管理上，我们增加了一定的人员编制。一般幼儿教师每周的带班时间为5个半天，我就帮助她们减少带班时间，让她们有时间做研究，完成班主任工作之外的任务。面对诸多任务时，作为园长，我也是采取"有所为，有所不为"的原则，尽量让老师有时间和精力来钻研自己的业务。

　　管理者为教师服务不仅是园长一个人在做，东展幼儿园的整个行政团队都在共同用心做。冯园长分管中班组，每天都会问几个年轻妈妈"这几天炖了什么汤"，帮助她们学习初级版的家务料理，让孩子们能吃好；保教主任在安排教师承担新工作任务时，总能感知到她们的情绪或专业需求；各园区的行政领导，对新教师的案头工作也能因人而异。有的新教师在专业上很有悟性，入园带班

图2-2 园长给留沪过年的老师发红包

一个月后，我们认为她实际已带得很不错了，就会及时减免她的日计划撰写任务。

作为和幼儿园同步成长起来的教师，我也从年轻园长、园长妈妈成长为现在的"大家长"。做园长经常要面对猝不及防的考验，几乎每天都会遇到很多问题，要做很多决策。在学校，你是管理者，要喜怒不形于色，要从容淡定，因为所有的目光都会看向你。但其实，我们也会有个人的想法、情绪，甚至会委屈。

此时，我们要依靠团队。东展幼儿园的行政班子团队有一个名字叫"梁"，管理团队的每个人都是自己的小梁，相互鼓励、体谅、打气，共同面对、度过办园中的困难时刻，共同经历、分享过程中的"甜酸苦辣"，形成坚不可摧的大梁。我作为三个园区的书记、园长，压力是有的。但东展教育集团的董事长能经常耐心地倾听我们各自在办学中遇到的问题，提供服务和帮助。同时，东展幼儿园的书记、园长、工会主席就是一个共同体。东展教育集团的优势是涵盖了各学段，其中的资源、管理经验都能或多或少地给大家带来启发，团队就能形成一股强大的力量。

理想，永不冷场

组建优秀的教师团队

东展幼儿园的教师队伍包括办园初期从公办示范园放弃编制而来的一批骨干教师，以及随着办学规模不断扩大而补充进来的新鲜血液。早期教师团队中有从学前专业毕业的应届生，有从本市其他民办幼儿园招募入园的老师们，还有本市非学前专业但经过短期培训的85后甚至90后新教师。教师队伍来源广泛，价值观各异，在专业理念、实践能力、服务观念方面均存在一定的差异。

我们面对的家长群体则是"高学历、高收入、高需求"的中、高端人群，其中不少家长都有海外留学背景，更有小部分境外家长。因此，家长对幼儿园的高期待与教师队伍的实际水平之间会存在差距。

办园初期，面对家长的高期待、高需求与不尽如人意的教师团队之间的差距，尽快实现教师队伍从磨合到融合，尽快缩短师资师德和专业实践能力方面的差异，树立高质量的服务观，引领教师从被动工作走向主动学习，保证本园师资队伍的可持续发展，培养一支"师德高尚、严谨务实、和谐共进、敢于创新"的优秀教师团队，从而保障办学目标的实现，彰显社会效应，是东展幼儿园优质园建设中的发展目标。

在办园过程中，东展教育集团始终树立人才第一、师资为先的理念，把教师队伍看作办园的第一资源，高水平、高起点地规划教师团队建设。创办之初就聘请特级教师、全国劳动模范赵赫老师担任首任园长，以放弃公办示范园编制的骨干教师为班底，组建了最初的教师团队。因此，东展幼儿园建园伊始就拥有了一支实力较为雄厚的师资队伍。在之后的发展过程中，始终重视教师队伍建设。

园长负责，自主管理，精心培育"带头人"

园长是幼儿园的领导者，也是教师团队的核心。一个好园长才有可能成就

图 2-3　2023 年教师集体照

一所优质园。东展教育集团十分重视对园长的培育，立足抓好园长的工作，在园长的办园规划、办学观念上给予指导，耐心倾听园长在办园中遇到的问题、困难等，切实给予帮助，同时指导园长带领好团队和骨干。历任董事长亲自对园长做出指导，告诫园长既要关心老师的专业发展，又要关心老师的生活；既要在老师取得成绩时帮助他们戒骄戒躁，又要在老师遇到困难时悉心帮助和指导。在幼儿园管理体制上建立了董事会领导下的园长负责制，鼓励园长大胆、自主管理。园长拥有独立的自主权，幼儿园的副职、助理、中层干部的任用均由园长定夺，师资招聘权、招生权也由园长掌握。这样的园长有职有权，无论是在威信还是在管理上，都充满了自信。

师资为先，不吝投入，切实做好"三留人"

"投资机制、投资人才""办学为民、育人为本"是东展教育集团始终坚持的发展战略。在教师培养方面提出"事业留人、感情留人、待遇留人"的要求，特别提到了东展幼儿园的教师待遇要做到"不低于公办，略高于公办"。在东展幼儿园的发展过程中，公司一直重视投入，如对幼儿园基建项目的历年投入总计达到近 955 万元，东展幼儿园的人力资源成本占到了学费收入成本的 70%。对教师全方位的关心让教师感受到在东展幼儿园的发展前景，切实保障了教师队伍的稳定发展。

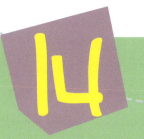

以共同的价值观
凝聚团队

在20年的发展过程中，我们的办学规模是在硬件逐步修整、幼儿人数不断增多、教师队伍逐步扩大和稳定中发展起来的。

公办教师有编制，民办教师则来自五湖四海，园长和所有的教师都不再享有编制。以东展幼儿园为例，教师的平均年龄为35岁，其中有一批具有幼教专业资质、拥有较长教龄和丰富保教经验的优秀骨干教师，有来自外地幼儿师范学校毕业的年轻教师，有来自本市其他民办幼儿园的教师，也有小部分非科班的中青年教师。

这样的教师队伍由于来自不同的地域，拥有各自不同的家庭文化背景、人生经历，因此会存在各自不同的价值观。所以，在幼儿园的发展过程中，我们注重营造和谐共赢的团队氛围，努力引导教师形成共同的文化价值观念。此外，注重"以人为本"的文化建设，以期达到教师与教师、教师与教师家属之间的相互理解和认同。

为实现这一目标，作为园长的我除了重视日常生活中对教师思想、行为的关注、指导、引领外，对于每年的年终小结会，我都会协同幼儿园的中层干部，结合当时的社会背景、幼儿园发展状况确定相应的主题，以共同的价值观凝聚团队。

爱在东展

2004年开办伊始，东展幼儿园仅有4个班级，共计72名幼儿，教师及管理者共12名。一所民办幼儿园只有4个班级的生源，要维持总园和分园的日常开销是很难的。在东展幼儿园首任园长赵赫老师的带领下，大家严把质量关，将全部精力和心血投入日常保教工作。

那一年，有个小班孩子叫文文，她的妈妈在深夜突发心脏病去世，一直睡在妈妈身边的文文却并未察觉到任何异常。天亮了，她发现妈妈久推不醒，就拨打了110。她看见了警察进屋，看见了救护人员把妈妈抬走……一个4岁孩子的内心会经历怎样的迷惘和波澜？面对遭遇如此人生打击的孩子，所有的老师都自觉、默默地给予帮助。老师们都明白，任何善意、同情的眼光甚至不经意间的一句话，都有可能会"刺伤"孩子稚嫩的心灵。于是，大家就像什么事都没有发生过一样，默默保守着"秘密"，努力呵护着小女孩"未醒的梦"！

文文的班主任做了大量的工作，既要协调好孩子爸爸和外婆之间的矛盾，又要时刻关注到文文任何细微的变化。那是一个寒冷的冬天，文文硬是不让老师关窗，她说："妈妈到天上去了，妈妈会飞进来陪我的！"于是，两位班主任在照顾好班上其他孩子冷暖的同时，特意为她留了一小扇窗。凡此微情，不胜枚举。正是这些点滴关怀，帮助文文度过了那段最困难的时期。当文文的两位班主任接过园方授予的"爱心使者"奖状时，所有老师似乎都明白了"幼儿教师是什么"。幼儿教师是爱心的播撒者，是童心的浇灌者，是生命的呵护者。

幼儿教师具有双重角色：对园长和管理者而言，他们是管理对象；对幼儿而言，他们是师者。倘若是前者，在小结会上我们灌输给教师的是和社会道德相一致的价值观，即师德。教师只有具有高度的责任心，对孩子心怀爱意和充满感情，才可能成为一名好教师。但作为后者，教师对幼儿仅有爱或美好的愿望是不够的。幼儿教师更要将专业的眼光、专业的行为作为支撑，用特有的专业素质爱孩子，促进孩子健康成长。

时尚东展

2005年是我进入东展幼儿园的第二年，恰逢赵赫老师从教50周年。当时，总园和分园共有9个班级、180名幼儿、30名教师。我们引入了一些年轻的师范生，招聘了部分来自其他民办幼儿园的教师。

年轻人很喜欢唱歌、跳舞，当时社会上正流行"超女"。因此，我们就在年终小结会上开展了教师专业技能的"大PK"。当《Super Star》的歌声响起时，所有年轻人的激情被点燃了。我们将专业技能分成"语言""音乐（含舞蹈）""美工"三大板块，在教研组初赛、复赛的基础上，在小结会上展开了决赛，并进行了"大众评审"的投票。在欢笑声中，我们最终评出了胜利者。在这一过程中，我们让新教师展示各自的才艺，给予她们充分展示自己的平台，同时又渗透了基本要求，即幼儿教师应该具备的基本专业素质。

然而，仅有基本专业素质和技能就是一名优秀的幼儿园教师吗？在"庆祝赵赫老师从教50周年"环节，我们适时地引领教师认识到什么才是对事业的执着。当赵赫老师走上舞台接过鲜花时，全场起立，掌声雷动。奶奶老师激动地说："我喜欢孩子，

图2-4　年终小结会中的才艺表演

在与孩子的相处过程中我无比快乐。如果有来生，我还是会选择做幼儿教师！"

当奶奶老师说出这番肺腑之言时，我突然想起北京大学原校长许智宏唱《隐形的翅膀》的视频在网络上流传。尽管他年事已高，尽管他唱歌有些走调，但当时我认为许校长很"时尚"。一位老校长、老学者，唱着年轻人的流行歌曲，和年轻人之间似乎没有代沟。我们的奶奶老师不也是这样吗？她依然喜欢和孩子在一起，依然蹲下身和孩子交流，依然在教育实践的第一线带教青年教师，依然乐于接受教育改革的各种信息，这份执着就是另一种"时尚"，就是与时俱进的精神。我们含着热泪，由衷地钦佩老一辈教育者的风范。在时代高速发展的今天，我们尤其需要像赵赫老师一样不断进取、与时俱进！

在这次小结会上，我们将东展幼儿园的组织价值观具体化，将"精神的光辉"展现给老师们，借助榜样的力量，鼓励大家做名好老师。

和谐东展

2007年，东展幼儿园已经有15个班级、350名幼儿、42名教师。幼儿园的发展逐步稳定，在市场上有了一定的声誉。随着师生人数增多，社会对管理者和教师在师德、专业、服务和工作效率方面提出了更高、更细的要求。

当年的小结会上，我们还邀请了部分教师的家属参加。首先，工会请老师们通过无记名投票的方式选出"最想见的十位教师家属"。其次，会议筹备小组会给他们发出邀请信。

在小结会上，各教研组通过小品、歌曲、快板、舞蹈等形式向大家展示了2006年所做的重点工作，将感谢送给所有给予自己帮助的老师。

我们邀请了一对年轻夫妇客串主持"家庭演播室"，还在现场请三对夫妇做了游戏。对于"你爱人的口头禅是什么""你太太所带班级叫什么"等问题，两人的答案要统一，如果答错了，先生的头上就会插上一朵花。在欢笑声中，大家领悟到"人是相互支撑的，爱是需要表达的"。先生们也在这一过程中认识了太太口中的奶奶老师和同事们，又近距离地了解了太太的工作环境，体会了太太工作的辛苦。最后，我们一起吃了年夜饭，把和谐的气氛推向了高潮。

会后，有位先生对太太说："你们幼儿园的工作环境很好，你应该好好努力哦！"有什么比听到家属的称赞更让人开心的呢？

早在20世纪80年代，日本的"经营之神"松下幸之助认为，"企业即人"，人是推动企业发展的根本。在幼儿园里，管理的核心要素就是教师。当来自不同地域的教师，怀揣着各自不同的梦想来到同一个团队时，我们所要做的是关注、尊重人的需求和情感，促使教师价值观和学校价值观的逐渐趋同。通过这样的小结会，东展幼儿园逐渐形成了园本共同价值观，增强了团队的凝聚力，营造出和谐共进的氛围。

管理是一项复杂的工程，作为一名年轻的管理者，我才刚刚开始。幼儿园中的教师都是女性，都比较年轻，许多都是80后、90后乃至00后。我相信，只要我们注重人本文化的建设，努力促进教师共同价值观的形成，她们就会逐渐大气、成熟起来。"文化是熏出来的"，我们会继续用正向的价值观来引领大家，打造出一支高质量的东展团队！

以榜样文化引领高尚师德

校园文化是园所发展的软实力，也是学校综合实力的反映。我们依据"整体规划，逐步完善"的原则，逐步打造东展幼儿园的文化品牌。校园文化的核心竞争力主要表现在文化的凝聚力和创造力。

2014年，东展幼儿园提出了"梁"文化：在东展幼儿园，行政领导、教研组长、班主任都是一道"梁"。2017年，东展幼儿园党支部丰富了"梁"文化的内涵，即"四梁育德"，要充分体现东展脊梁、搭建党建桥梁、争做幼教栋梁和敢为行业顶梁，并细化了一个理念，即"高高兴兴上幼儿园"。

我们希望教师能"高高兴兴上幼儿园"，因此，尊重教师发展的主体性，承认教师的差异性，认同教师的独特性，相信所有教师都是东展团队里"最独特的一员"，都能成为东展幼儿园发展的"脊梁"。

我们希望孩子能"高高兴兴上幼儿园"，在幼儿园拥有快乐而有意义的童年。我们面向全体幼儿，创设促进全面发展、自主、混龄的环境，通过"激趣健体"的园本特色课程，给予幼儿丰富的成长经验和体验。

党支部开展创先争优、"两学一做"学习教育，以学党史为载体，以党建带团建，以专题形式开展活动，以"东展好老师"的形式讲述身边的师德先进故事。党支部发挥先锋模范作用，制定《东展幼儿园教师行为十大禁区》，组织学习《新时代幼儿园教师职业行为十项准则》，争做"四有好老师"，强化师德师风建设。因此，东展幼儿园在发展过程中十分注重形成一种组织文化，努力引导教师形成共同的文化核心价值观，尤其注重对教师高尚师德的引领。

通过"庆祝赵赫老师从教50周年"、"谢谢您，赵赫老师"、观看赵赫老师的纪录片《我是一名小小的幼儿园老师》等专题活动，引领全体教师尤其是新进教师认识到什么是对幼儿的喜爱和对事业的执着。通过专题活动，全体教师

图 2-5　东展幼儿园首任园长——赵赫

生动地感受到这位奶奶老师把 60 年的精力倾注到对幼儿的挚爱中，把毕生的心血投入幼儿教育中。

东展幼儿园注重发掘教师队伍中的典型事迹，以身边的先进事迹来激励人、鼓舞人，因势利导地开展同伴教育，让高尚师德在教师群体中落地生根。比如：邬绮文老师每个双休日上门看望身患脑瘤的孩子，捐资帮助直至孩子去世；朱银琴老师三年来悉心照顾白血病恢复期的孩子，使孩子超出预期地好转康复。家长们通过在东展幼儿园创设爱心活动室、写感谢信等多种方式表达了对东展教师团队的感激之情。《激趣健体——东展幼儿园发展十五年》一书里专门有一个章节介绍东展幼儿园 14 位管理者、优秀教师的风采。

通过身边的榜样，我们把自己努力营造的共同价值观和行为素质传递给教师们，从一代名师赵赫到普通教师邬绮文、朱银琴，将我们的组织价值观具体化，将"精神的光辉""高尚的师德"展现给全体教师，将我们认同的思想境界、主导意识传递给全体教师，使之转化为教师心中向上的内驱力。

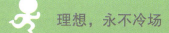

16

以公开透明促进和谐共进

要达到团队的和谐共进，管理者既要真心、真诚地去关心人、爱护人、鼓励人，又要建立刚性、明示、公开的制度。东展幼儿园创办初期，骨干教师是"功臣"。随着办学规模的不断扩大和年轻教师的不断融入，新老教师间难免会产生隔阂。

针对这些情况，我们将教师的各项考核明示公布，让所有教师了如指掌。如每年11月底进行家长满意度考评，每年12月进行和教师年终奖挂钩的师德及专业考评（各占50%），每月的绩效考评成绩将在年底折算成平均分后进行全园排名。每月的绩效考评内容包括教师的考勤、班级的出勤率和入睡率、班务工作、环境布置等。由于规则公开透明，每年绩效考评的最高系数奖励都会"亮"出几位普通教师。她们或者是班级保育工作做得很到位，或者是班级的出勤率较高，或者是每项工作都做到了极致，因此得到了高分。

这些考评关注到班主任发展的多个维度，在注重专业技能的同时，也引领全体教师关注家长的感受，更好地提升服务意识。这样的评价让每名教师的长项均得以显现，使每名教师都觉得自己在幼儿园是有地位的，对自己的发展有信心。在这个过程中，新教师们深刻地认识到"在东展幼儿园，只要我付出了、努力了，就一样能做得很好"。

2017年底的家长满意度考评结果出来了，家长们纷纷选出了心中的"东展好老师"。望着这份名单，我们有一些小小的惊讶！在这份名单里，有一名教师的出现完全出乎意料——她就是陈老师。陈老师年近40，相貌普通，学历一般。她既没有很高的职称，也不会"侃侃而谈"，既没有出色的音乐、美术技能，也不擅长写反思，有时甚至连个别字都说不清楚。为什么是她呢？细看家长的文字，我们豁然开朗。

"我家宝宝在入园前，身体状况一直很好。有一天中午，我突然接到陈老师的电话，说是孩子发烧了，而且可能有哮喘的迹象。我们赶到幼儿园后，感觉孩子没什么大问题，但陈老师还是坚持建议把孩子送到医院。经医生诊断，孩子真的得了哮喘，但没有延误治疗的时间！原来，宝宝白天情绪有点异常。细心的陈老师早已发现了这个情况，午睡时特意留心了孩子的呼吸，感觉有哮鸣音，并且伴有发烧，于是毫不犹豫地通知了我们。由于没有家族史，加上我们对哮喘症状并不了解，如果这一次没有陈老师的细致观察和丰富经验，我们只会当成普通的感冒，后果将不堪设想。"（选自托班朵朵妈妈的来信）

这段家长的话，让我们开始思考家长眼中的好老师是怎样的。我们开始反思，一贯的好老师标准似乎少了些什么。是微笑且有亲和力的老师，还是把公开课上得精彩纷呈的老师？是擅长弹琴、绘画的老师，还是拥有高学历、高职称的老师？

当家长把孩子送到我们幼儿园时，他们的第一期望是什么？尽管家长都对教育寄予厚望，但当他们面对孩子生病发烧甚至住院时会怎样？一般都会心疼、焦虑，甚至会感到身心疲惫。因此，只有孩子身体好了，其他教育才能成为可能，可见孩子的健康才是第一位的。

幼儿教师要具备以下专业能力：环境创设，游戏活动的支持与引导，教育活动的计划与实施，观察评价，和家长、同事的沟通与合作，自我反思与成长等。当我们评价幼儿教师的专业水准时，通常会不自觉地把"教育"放在最前面，认为只有教得好，孩子学得好，老师的专业水准才高。然而，幼儿园的保育是教育不可分割的组成部分，保育是保证幼儿健康的重要一环。因此，幼儿教师还应具备一日生活的组织与保育能力，即能及时辨识孩子的身体状况，能根据不同年龄段的生活要求，及时提供身体和生活上的帮助、指导。

要让老师们能"高高兴兴上幼儿园"，作为管理层，就是"干部和群众的桥梁"，要始终努力做到"以人为本，满足需求"。

首先，切实解决教师实际需求。比如，为非沪籍新进教师解决切实困难，制定新的租房补贴方案（每月补贴房租1 300元），让老师们在上海也有属于自己的家。又如，经过工会和教师大会的反复讨论，东展幼儿园董事会批准，"凡东展幼儿园的教师为本园服务满一年后，自己的直系子女入园仅需支付每月应付保育教育费的25%"。此外，东展幼儿园借助集团的优势，为教师子女小升初保留民办初中的分配名额。

其次，关注教师的终身发展。2013年，东展幼儿园出台了《东展幼儿园教师职务评定的办法》，鼓励教师积极参与一级或二级职称的评定。教师一旦被本园考评组认定并聘任后，其相关的待遇将根据规定有所上调。2020至2023年，东展幼儿园有7位教师参与并通过了区里的一级教师职称评定，顺利获得了园内的职称奖励。2020年

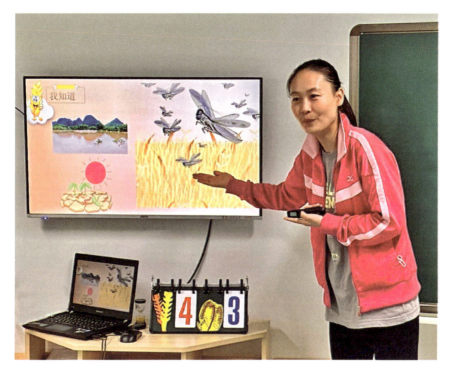

图2-6　教师参与一级职称评定

和2023年，我园有3位教师通过了上海市的高级教师职称评定。

最后，重视为教师后续发展提供保障。与公办幼儿园相比，民办幼儿园教师最担心的一点就是退休后得不到和公办幼儿园教师同等的待遇。在东展教育集团的全力支持下，2009年东展幼儿园董事会和工会初步拟定了《东展幼儿园教师年金方案》，2018年又进行了补充。该方案的实施为稳定教师队伍、促进教师可持续发展提供了强有力的保障。

师资队伍建设是民办幼儿园得以优质、持续发展的重要保障。我们秉承"人才第一、师资为先"的理念，不断健全教师专业发展保障体系，增强教师的归属感。

17

理想，永不冷场

给教师最需要的指导

东展幼儿园在教师业务能力建设上提出"严谨务实"的要求，并在实践中通过园本培训将这一目标落实到教师培养上。2015年，根据教师的教龄和意愿、东展幼儿园实际专业考评的情况，我们将教师分为新手型教师、经验型教师、骨干型教师三个层面，进行分层带教。2018年，我们又新增加了胜任型教师和专家型教师两个层面。

新手型教师：夯实"五个一"目标

东展幼儿园的新手型教师数量较多。针对新教师的特点，提出"五个一"的培训目标，即在新教师入职初期，告知他们入职的第一学年里，在师傅的带教下要学会的班主任基本工作。例如，"写一份班级计划""在每学期的家长会上有不少于10分钟的发言""在组内主持一次节日活动""在园级层面有一次活动展示""独立设计制作一个有质量的教玩具""读一本教育类书籍"等。这样细致的告知，让新手型教师既对即将进行的工作心里更有底了，也对自己的发展有了明确的目标。

"新教师积分制"是东展幼儿园新推出的一项举措。在以往的培训中，尽管园方组织的培训新教师们都要去听，但是否"入耳、入脑、入心"了呢？这一年，我们给每位新教师发了一本崭新的笔记本，让他们将这一年的培训内容都记在这本笔记本上。积分制的满分为100分，其中60分对应我们举办的6次关于各类制度、岗位职责、计划制订、绩效考核、现场观摩和理论学习等方面的培训，要求教师认真记录。20分是教师参与培训的态度分，最后20分是针对上述"五个一"的完成分，完成一项积4分。这样一学年累计后，大于等于75分且小于85分为合格，可以如期转正；大于等于85分且小于95分为良好，可以申请本园教师的职称评定；大于等于95分为优秀，可以提前转正和调整薪资待遇。若低于75分，则要进行再次培训。积分制有利于新教师从被动学习转变为主动学习，学会认真记录，逐渐养成不断反思、落笔成文的好习惯。

在近几年的新教师培训中，我们不断反思对90后新教师的带教方法，采取分步备课、一对一带教、先"抄方"后"开方"、小组采访等多种形式，让培训更适合新教师的特点，在实践中取得了一定的效果。

胜任型教师："行动学习"求精进

"行动学习"是指针对教师在岗位上产生的实际问题，进行"体验式实地教研"。如在"激趣健体"课程中，运动课程对教师而言是比较难把控的一个项目，因为课程的实施多在室外，幼儿又是处于活动的状态，对运动器具的摆放、运动技能的指导等，都不能用简单的"纸上谈兵"来解决。

这种体验式实地教研包含以下几项内容：器械摆放，如何玩各种器械，如何将玩法和规则用孩子听得懂的语言传递给他们，在活动中学习一些体育专业用语。

第一，从照着放到琢磨怎么放。在器械摆放的教研中，可以发现老师们会从按部就班地按照设计摆放器械到逐步在此过程中领悟其背后的原理。比如，如何设置摸高跳的高度。一般是1.5米，但中、大班的孩子身高差异很大，因此分成高、中、矮三个层次的高度。因为这分别代表了孩子的三种不同身高，摸高跳中悬垂物挂设的高度就是，一个孩子正常直立站立后伸长手臂加上教师一个手掌的高度。

第二，先试玩后总结。玩各种器械往往是老师们最开心的时候，在玩中体验各种器械的玩法。比如，玩"小猴爬山""单杠回旋"时需要胆量和勇气，玩"云梯移动"时要领会什么是正握和反握，玩"飞镖射妖怪"时要领悟扔飞镖的动作要领，玩"混天绫"时要认识到整理器械也是一门学问。更有趣的是，在"警长警长几点钟"的小组游戏中，我们发现原来90后老师完全不会玩这类游戏。在玩的过程中，老师们要体会活动规则、玩法、动作要领，设想孩子可能出现的多种问题。当老师们玩得开心时，我们追问最多的一句话是："对于这个游戏，你对孩子怎么说？"别小看这句追问，大多数老师要将成人的语言转化为孩子能听得懂的具体形象，并能精练地表达出来，可要费不少工夫。

第三，学术语，认器械。在幼儿的体育大活动中，有许多体育专业用语，这也是教师要在实地教研中学习的。比如：幼儿的走分为齐步走、踮脚走、矮步走、模仿走等；跳分为并腿跳、分腿跳、单脚跳、分腿并腿跳、直线两侧的行进跳等。如果教师能在运动中使用这些专业用语，就能更好地指导孩子。又如攀爬拱形桥，小何老师以前只会对孩子说，"你爬呀，爬呀"，现在会用明确的指令了："一跨、二滑、三下"。如此一来，大班孩子就听懂了指导要领，从而更好地理解动作。这句话如果用在中班孩子身上，指导语就又会有所不同。

经验型教师：专家带教显特长

在东展幼儿园，经验型教师通过专家带教来不断提高业务水准。多年来，首席顾问赵林老师带教了多位经验型教师，包括王丽琴老师、刘蕾老师、周丽林老师、何逸老师、陈佳燕老师、姚莉老师等。这些老师通过专家带教，正在逐步成长，目前都成为东展幼儿园自己培养的教研组长和骨干教师。

如今经验型教师已经在东展幼儿园发挥着积极作用。比如，在运动课程中，这些老师成为各年级的主管。从课程安排到设施摆放、主持教研，基本都是她们在负责。除了运动课程外，经验型教师在美术和数学课程中也承担了展示交流的教研任务。现在她们不仅在各自擅长的领域有一定的话语权，也开始着手带教新手型教师，更多地承担起扶持带教的责任。

骨干型教师：创设平台勤研修

对于骨干型教师，东展幼儿园为他们积极创设更高质量的平台，推荐他们参与市级培训和带教，以及有针对性的境外培训。此外，还聘请相关领域的专家进行带教，鼓励他们根据自己的兴趣和专长做课题研究。如杨宗华专家指导下的张蕾老师，多年研究皮亚杰思维课程的实施，使得东展幼儿园的皮亚杰思维课程进一步完善。相关研究成果"基于幼儿认知经验推进幼儿思维发展的实践探索"获得上海市民办幼儿园（所）教师"萌芽计划"项目一等奖。同时，充分发挥"一人受训、全员受益"的辐射效应。

专家型教师：积极引领重辐射

专家型教师一般是指从教15年以上，具有教学专长的教师，他们具有丰富的知识结构、高效的问题解决能力和敏锐的洞察力。如张晨华老师是上海市李慰宜教师培训中心的导师之一，是当时导师队伍中唯一一名尚在一线工作的成员。每周她都要外出培训两个半天，带给我们最新的美术教育理念，引领东展幼儿园美术教育的走向。同时，她又能将这些资源辐射给市、区级其他公办和民办幼儿园。

20年来，东展幼儿园的教师团队不断成熟。在大家的共同努力下，东展幼儿园分别在2014年、2017年和2019年相继完成在上海学前教育年会中的特色园展示，成为上海市民办优质幼儿园，获得上海市社会力量办园优秀教研组一等奖，参与了国家"十二五"课题试点。2018年，出版了《激趣健体——东展幼儿园发展十五年》一书。

任懿老师、张晨华老师、朱菁老师分别对全市民办幼儿园园长进行了主题演讲和总结，范怡园长面向长三角园长论坛，以及外区、外省市的公办和民办幼儿园园长进行管理与课程的分享交流，并多次上海学前教育年会的论坛上代表民办幼儿园园长发言。

18

为教师规划职业发展路径

鉴于教师来源广泛，因此在业务管理方面不能对其要求过全、过高。东展幼儿园管理团队形成了以下几点共识：明确底线，首先学会带班，实践操作和经验很重要，保证每名新教师有一名带教老师等。教师成长需要梯队，需要减负，因此要在保证底线的前提下给教师提供发挥职能的空间。

教师的发展需要园方给予高度关注，不同类型的教师也各有亮点。根据民办幼儿园的特点，我们为不同类型的教师制定了不同年限的发展规划。凡入职2年内的新手型教师，每年制定发展规划，因为这时的教师对职业的认识尚处于起步阶段。3至4年的新教师则逐步趋向稳定，对自己的专业发展有了一定的认识，因此开始撰写3年发展规划。经验型和骨干型教师的稳定性相对较高，但也容易进入倦怠期或者瓶颈期。5年发展规划的制定，能帮助他们更长远地规划自己的专业发展。

在这5年中，东展幼儿园始终关注教师的专业发展。2018年底，东展幼儿园对以往教师队伍建设中的经验进行梳理，呈现了阶梯性，为所有教师的持续发展指明方向。目前，分为新手型教师、胜任型教师、经验型教师、骨干型教师、专家型教师五个梯队。同时，根据教师工作年限和专业成长所处的阶段，为其拟定不同发展阶段的主要任务和推进策略。

在这五个梯队中，每一梯队都有对应的培养重点，各有特色和侧重。比如新手型教师的培养核心为"师徒带教，熟悉流程"，主要通过师徒带教实现。骨干型教师的培养核心为"能研究，扬特色"，主要通过承担项目研究实现。

通过对每个梯队的发展特征、培养重点及平台搭建进行细化，最终形成了园本化的教师培养机制。值得一提的是，工作年限只是参考值，并非所有教师到年限后就能进阶，也并非所有教师都能发展成为骨干型教师和专家型教师。

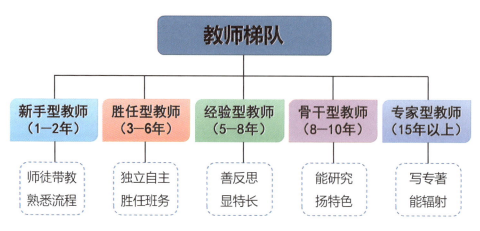

图2-7 东展幼儿园教师专业发展进阶图

在骨干型教师中，也仅有极小部分能发展成为专家型教师。因此，每年我们都要结合个人的申请及园所的评审来确定教师个体所属的梯队。

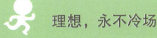
在变革中驱动教师专业发展

中、大班孩子会使用筷子吗？在我们眼里，孩子不太会使用筷子，这太正常不过了。如果在以往，老师会和家长说："要关注哦，家里多练练。"

而今通过对《上海市幼儿园办园质量评价指南（试行稿）》（以下简称《评价指南》）里"3—6岁儿童发展行为观察指引"的学习，我们认识到这也是促进幼儿"手的动作灵活、协调"。于是，老师们仔细观察了孩子使用筷子的情况。有的孩子很想夹起来，可握筷方法不对；有的孩子夹不起来的原因是手眼不协调；有的则是夹了几次就说"太难了，我不玩了"（没耐心，害怕失败）；有的还没尝试就说"我不会"（不愿意尝试）。孩子们出现各种不同的状况皆有着不同的原因，老师们发现了孩子间的差异，于是用心设计了丰富多样的活动。比如筷子展览会，让孩子们认识到筷子是中国人特有的一种进食工具。老师们讨论了使用筷子的小步骤，在活动区域投放了夹红枣的材料，在角色游戏里设置了夹菜游戏，在运动会里也巧妙地融入了"夹蛋糕上的巧克力球"的接力赛。孩子们被丰富的活动吸引了，使用筷子不再是难事儿，而是在玩中慢慢接触、不断尝试。

老师们也允许孩子用自己的速度发展，如午餐中，细心的老师先为孩子们提供筷子，用餐至最后，则允许他们用勺子将饭粒刮干净。同时，我们也编制了家长问卷，问问家长是否会使用筷子。不仅和家长达成使用筷子的意愿，还给家长拍摄了握筷方法的小视频，保证家园教育的一致性。

其实，"使用筷子"本身并不重要，重要的是老师们通过研读《评价指南》，了解到使用勺子、筷子、剪刀、订书机等简单工具，都是在发展幼儿的精细动作。同时，在过程中关注到完整幼儿的发展，接受、尊重每个个体的差异，并能提供个性化支持，切实助力每个幼儿的成长。

有一天早晨，有个孩子带着家里接好晨尿的尿管来园，进门就把尿管放进相应班级的盒子里。大班的班名是星星班、月亮班、太阳班、彩虹班、云朵班等，盒子上有相应的图案和文字。我问孩子们是怎么知道星星班的盒子的，有的说看图案，有的说在班牌上看到的（因为班牌天天放在班级门口），还有的说班旗上有（班旗是开学典礼上园长才授予各班的，说明孩子的记忆力不错）。竟然有孩子说："几个大班里只有星星班中的'星星'两个字念出来是一样的，所以看到这两个字长得一样，就猜出来了。"

于是，我鼓励教师把如此生动的故事说给家长听。基于证据的家园对话，帮助家长认识到孩子是有学习能力的，了解到大班孩子的年龄特点是对图书和生活情境中的文字符号感兴趣。家长不必纠结于识字量，而是可以依据孩子的学习兴趣，在生活中引导孩子接触、认识汉字，如路牌、食品包装上的汉字等。

作为民办幼儿园，家长是否选择我们很重要，因为这是生存的需要。确实也有家长将是否开设知识学习的训练班作为选择幼儿园的考察点。但作为民办优质幼儿园，我们有责任在倾听家长需求的基础上，遵循幼儿的发展规律和年龄特点，坚持教育的本真，坚持"幼儿发展优先"，帮助、引领家长形成对幼儿发展的正确理解和合理期待，这才是教师专业发展、学校优质发展的根本。

说起幼儿教师，社会上往往容易引发各种议论：幼儿园老师不就是个"看孩子的阿姨"吗？客气一点的公众会说："是个比别人有更多看孩子经验的熟手。"作为民办幼儿园教师，也许还会被看成是迎合家长需求、擅长教加减和识字的技能培训师。如今面对年轻、高学历、高收入、高需求的家长，我们似乎又存在着学历上的不自信。面对儿童这本最难读懂的"书"，幼儿教师又时常会陷入"本领恐慌"。外界的误解、内心的焦虑、种种来自现实的拷问、未来的不确定性，让我们的教师面临着巨大的挑战。

我把以上这些总结为三大挑战：第一，政策引导规范发展，如何增强民办教师对民办教育的认同感和对民办幼儿园的归属感；第二，随着环境的不断变化，在新形势下教师如何成长；第三，在与时俱进的当下，教师的专业能力如何能更好地支持幼儿发展。

在这样的环境挑战下，东展幼儿园积极响应政策，在规范办园的过程中注重增强教师的归属感。2022年4月初，我们都止步在家，当大家都陷入"冰箱瘦身"的恐慌时，我园工会为每位教师购买了500元菜品。虽然只是小小的一份菜，但在当时被老师们誉为"佳蔬抵万金"，我也因此收到做园长以来最多的称赞。"同命运共呼吸"——教师的归属感就这样凝聚起来了。我相信，"一切都围绕着长期价值展开"。作为一个有品牌的优质幼儿园，对未来越有信心，当下就会越有耐心。

在这样的环境挑战下，东展幼儿园积极汇集各类资源，努力提升教师的价值感。

我们的老师很擅长和孩子们面对面互动，可2020年的特殊时期却让她们没有了用武之地。此时，家长也焦虑万分：娃带不住怎么办？

张晨华老师设计了第一个线上家园互动活动"东展宅家乐"。每周3—4次，每个微活动时间约为10分钟，通过"学迹365"家园互动平台呈现，涵盖生活、运动、学习、游戏四大板块，无须幼儿打卡。如今4.0版本已经有100多个微活动，全部免费，供家长自选。同时，老师们还开启了和孩子们的线上互动，让全天候带娃的年轻父母终于可以喘口气。

近三年，我们的老师从只会线下和孩子互动、码字、做PPT的"电脑小白"迅速成长为"95%以上会拍摄视频和97%会剪辑视频"的"技术小能手"。我们拓展了新的沟通方式，看到了自己被社会、被家长需要的专业价值，也发现了老师们强大的"跨界"学习能力。

在这样的环境挑战下，东展幼儿园加快学习思考的步伐，依托《评价指南》，让幼儿教师的专业工作更有设计感。2020年，上海市教育委员会颁布了"三大指南"。我带领教师重点学习了《评价指南》，指导教师用这些文本来武装自己，夯实自己的专业实力。

2020年，孩子们因不能外出秋游而失望，于是我园精心设计、组织了幼儿园的深度游。结合暑期刚完成的消防工程，带领幼儿了解各类消防设施，观察幼儿园的"爷爷树""奶奶树"，认识秋天的昆虫、植物等。教师的专业能力体现在"利用园内资源拓展幼儿的实践活动，丰富幼儿的经验，创造幼儿新的成长经历"。

幼儿教师的职业很平凡，但又很有趣，因为每天看到的是鲜活、不一样的孩子。当我们给予他们个性化的支持时，也是在成就一个家庭，铸就社会的未来。

虽然我们常常会遇到各种挑战，也曾焦虑，也曾举步维艰，但东展幼儿园教师的专业成长之路始终没有停止。我园在参与上海市第三轮民办优质幼儿园的建设中，深感作为本市的民办优质品牌，东展幼儿园将不忘初心、踔厉奋发，努力向阳而生、逐光而行！

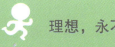

和教师玩到一起

东展幼儿园教师的平均年龄是35岁。根据年轻教师的特点，园方在教师培训中多了一条规定：尽可能多地采用生动活泼的方式，寓教于乐。

2017年，为了探究我园孩子喜爱上海迪士尼乐园的原因，开展了"点亮童心，永筑童梦"的教师节主题活动。全体教师被分成四大组，分组合作游玩上海迪士尼乐园。同时，布置了打卡任务：在规定的大半天时间里比比哪个小组打卡的项目多，而且团队里的任何人都不能落下；发现、感受、表达迪士尼的美。

我记得这一天是周六，踏进迪士尼的一刻，开阔的场地、美轮美奂的设施布景、欢快活泼的音乐、游人的笑脸，让老师们的心情也豁然开朗。原以为迪士尼未必能吸引年近五旬的我，可是，我却享受和老师们一起飞奔在各打卡点，还挑战了自我，尝试了"七个小矮人矿山车""翱翔·飞越地平线"。从一早玩到傍晚，各组都发挥了年轻人的智慧，打卡了许多项目，合作设计游玩攻略并完成任务。不同年龄的老师们玩得开心，互帮互助，也更团结了。我们欣赏迪士尼的设计美、环境美、颜色美和工作人员的微笑美，观赏迪士尼的精彩歌舞秀，体验活动中运用的现代科技，惊叹夜晚烟花的绚烂。这一天，至今让老师们津津乐道。和老师们玩在一起，让我也感受到每位幼儿园老师都应该永葆童心、永葆青春，应该了解孩子、走近孩子，和他们有共同的话题。

为了帮助教师提高各项业务技能和布置环境的能力，夯实教师的专业基本功，从2019年10月开始，东展幼儿园成立东展教师四大社团。每个艺术社团开展3到5年，每年都有具体的学习任务，还必须完成一个挑战任务，且每学期活动总时间不少于10小时。每位教师可以根据自己的兴趣来选择一个艺术社团，年轻人的兴趣被大大激发了。

各社团都有任务："爱舞动"，学习幼儿基本舞步，学习一种现代舞或古典舞，挑战任务是参加"唱童谣·诵经典"市级比赛；"好声音"，学习合唱、讲故事，挑战任务是创编东展幼儿园园歌歌词；"学乐美"，学习环境设计中的小技能；"新媒体"，由年轻"素人"领衔，学习东展幼儿园微信公众号的技能。四个社团一经推出，教师们就踊跃报名，参与度达到100%。每一位行政人员也都加入了这些社团。

10月各社团认真制订社团活动计划，11月下旬开始正式活动。每周开展1次，每次2小时，一学期各社团活动时间总计50小时。教师们在社团活动中磨炼基本功，在快乐的氛围中修炼教师素养。"新媒体"成员要学会制作微信推文和剪辑视频；"爱舞动"成员要学会基本舞步和简单的编舞；"好声音"成员要学会合唱的基本技巧及正确的发声方法；"学乐美"成员要学会手工基础技能，提升配色能力。

当年四大社团共同挑战任务：合作完成2019年年终小结会"践行初心 共同追梦"的主持，并结合各自的特点进行才艺展示。比如，"新媒体"和"好声音"联合表演《大话东展》，"爱舞动"和"学乐美"联合表演《创造101》。社团的成立极大地调动了年轻教师的积极性，学校里有老师的歌声了，微信里有老师剪辑的幽默视频了，环境中有艺术的美了，和孩子的互动更频繁了。最重要的是我们看到年轻教师身上所呈现出的勃勃生机，也让行政管理团队感受到年轻人的活力与创新能力。

四大社团的活动延续至今，老师们甚是喜欢。因为他们都找到了自己的兴趣所在，且能在社团不断学习新的技能。在每年学期末的年终小结会上，我们也会针对年轻人的特点，巧妙地将主流价值和游戏、东展幼儿园课程主题、四大社团相结合，既在活动中展示了年轻教师的文艺风采，也在无形中提高了他们的"说、唱、弹、跳、画、折、剪"等专业技能。

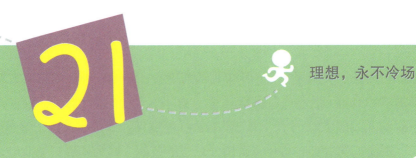

21 呵护教师的心灵

理想，永不冷场

幼儿园教师是教师群体中的一分子，基本以女性为主。随着教育改革的不断推进，社会对幼儿教师的要求也日趋提高，也曾多次呼吁要关注教师群体的身心健康，关心不同年龄段教师的心理、情绪，因为只有幸福的教师才能带出健康的学生。

20年来，东展幼儿园培育了一批又一批教师。作为和它共同成长起来的园长，我也从最初孩子们的"园长妈妈"逐渐成为师生的"大家长"。

多年来，作为管理者的我愈来愈体会到，幼儿是全面整合发展的，其实教师也是整合的。虽然角色赋予她们教师的使命，但生活中的年轻女孩、为人妻、为人母等多种身份也会牵动她们的情绪和行为。作为幼儿园教师，我们在班级里带班时，面对天真的幼儿，情绪的稳定性、行为的有序性将直接关系到孩子是否能更健康地成长。

故事一："小米粒"又生病了

高老师的孩子"小米粒"在中班学习，长得虎头虎脑，特别可爱，可却时常生病。周四一早我巡园时，看到高老师的神情和平时不太一样。高老师走过来对我说："范老师，'小米粒'又生病了。"我问："昨天不是已经好了吗？""昨晚又39度了。"高老师眼泪汪汪地说。我抱了抱她，说："今天你早班吧，下午调休去陪孩子吧！""中午有大教研活动。"高老师无奈地说。我说："请假，孩子重要。""你早晨是怎么带'小米粒'来的？"我随口问了一句。她说："助动车呀！"我又说："这么冷的天，'小米粒'病刚好，坐助动车多冷啊，叫车吧！""好，明天开始叫车！"高老师似乎释怀了。

周五一早，我就去找高老师了。得知"小米粒"昨晚又去看了医生，配了药，目前还是39度，一早又把药吐了。我说："这样，今晚的工会活动你不要去了。"高老师一听，瞬间红了眼眶，说："范老师，工会活动不去不太好。可我也实在放心不下'小米粒'。"我说："你是妈妈，孩子生病了，当然要在身边，我会和工会说的。"半小时后，我在操场上又看到高老师精神抖擞地带着孩子们做运动。中午我收到了高老师的微信："感谢领导的体谅。我早上出门的确特别担心'小米粒'，因为家里也没人可以照顾好他。现在我可以安心回去照顾他了。"

幼儿园是保教合一的集体教育机构，日常生活中的保育是幼儿园的首要任务。年轻教师虽然受过学前教育专业的训练，但在生活中还是位新手妈妈，在孩子健康养育方面尚缺乏看护养育的经验。高老师对待工作很认真，但我也发现她在自己儿子的养育方面还不够仔细。我想，幼儿园教师只有能在生活中更好地照顾好自己的孩子，才能更有经验地去做好班上孩子的保育工作。

故事二：青青透不过气来了

青青老师是东展幼儿园的资深骨干教师。刚带完毕业班，9月又接了个升上来的新大班。因为这个班级在中班阶段时常出现问题，所以我们希望青青来"搞定"。

某天午餐时，青青打电话来求助：孩子们午睡时一团糟，她突然觉得胸口发闷，透不过气来了。于是，我们赶紧让她休息。青青说，她近来总觉得胸闷、头晕、喘不过气来。这个班的男孩子实在太调皮了，尤其当天午睡时，她有些急火攻心了。我的第一反应是，她的甲状腺结节引起的这些症状，同时也在思考是不是新接班的"水土不服"导致的。

于是，我有意识地在秋游这天进入这个班做配班。半天下来，我发现青青又讲又带的确辛苦。于是，下午我帮她带了一组，并且一直用游戏来引导孩子。青青说："范园长，我们已经大班了，还要用游戏吗？""你们班的孩子就是能被游戏吸引呀！"我回答。

回园后，园方给青青介绍了一位医生家长。这位医生将青青所有的甲状腺指标看了一下，认为不必太担心。随后几天，连着两个下午我都强制青青回去休息，又督促她去做了心电图、心脏彩超、验血等。指标显示一切正常，因此，身体原因基本可以排除了。

这周我进班观察青青的半日活动，提醒她注意以下几点。

第一，孩子们其实是不错的，是老师的要求太高了。提醒青青，毕竟他们是大班上学期的孩子，可以适当放低要求。

第二，解决她带班中的困惑。班上男孩子多，收玩具时等待时间过长。我建议，可以让几个调皮的男生提前5分钟收玩具，再集体收玩具。

第三，对于个别男生，可以把目标定在半天，甚至几个环节做好就行，这样孩子和教师都不会心累。每个环节都要进行眼神或者肢体、语言提醒，表扬要及时具体。

第四，午餐、午睡环节，教师的音量要明显降低，这样孩子的情绪才会平稳。

第五，减少组织中的道理说教，改用讲故事、做游戏的方式来和孩子们沟通。

团队中的优秀骨干教师，不仅优秀，还十分自律。我们会一直认为她们应该"挑大梁"，应该"战无不胜"。因此，她们身上背负着厚望，某种程度上也会成为一种压力。我们常常也认为骨干教师在教育教学上完全不会有问题，殊不知她们也会遇到瓶颈期，面对不同的班级、不同个性的孩子，也会遇到新的问题。管理者应时时关注这个群体，常常去观察、去倾听，有时更需要实实在在地走进班级，给予切实专业的帮助和建议。

故事三：朱老师的烦恼

朱老师最近有点烦恼，作为分管托班的行政人员，她一直在思考托班老师究竟应该几点吃饭，在哪里吃饭。众所周知，托班孩子入园时才2岁半，由于年龄小，生活上需要老师更细心地照顾。尤其是午餐和午睡，需要两位班主任同时照顾。可是，最近有托班老师提出，中午要等全班孩子睡到床上后才能吃午餐，而且是坐在小朋友的低矮小凳子上进餐，很不舒服。

朱老师很担心：托班孩子太小了，吃饭、午睡脱衣服和盖被子都离不开老师的细心照顾。而且，幼儿刚进入集体生活，老师要全方位地呵护好幼儿后再吃饭。可心里还有着另一种想法：托班孩子已经入园两个月了，已经基本稳定。午餐环节，一位班主任看护即可，另一位可以去餐厅吃饭；午睡环节，等孩子入睡后，另一位还没吃饭的班主任可去餐厅就餐。

我个人也带过托班，一般来说9月孩子处于焦虑期，需要班主任全天照顾。但到了11月份，孩子们的常规已基本建立了。早班老师早上7:45上班，要到中午12:30才能吃饭，实在太晚了。若还要窝坐在小椅子上吃饭，既不利于老师健康，也不利于营造幼儿卧室安静的环境。之后，我们和老师一起教研，大家达成共识：孩子们的安全和健康的确很重要，但适当放手也是对孩子能力的锻炼和老师身体健康的保护。自此，哪个班级的孩子自理能力强，能自己吃饭和脱衣服了，哪个班级的班主任就能尽早到餐厅用午餐。但也因为是托班，建议班主任的午餐时间控制在30分钟以内，及早进班。

民办幼儿园的家长选择我们是希望孩子能得到悉心照顾。但细心照顾并不意味着一味地替代孩子生活，也不能用保姆式的照顾去获得家长的肯定。在坚持保教合一原则的同时，如何更好地去推进幼儿的发展是学前教育工作者的职责。

多年来，东展幼儿园口碑在外，离不开老师们的艰苦奋斗、无私奉献。但我认为，"匠人精神"并不等同于"匠人做法"，一味地强调吃苦耐劳、重复工作，甚至在某些方面忽视教师的健康，这不是东展幼儿园所提倡的工作方式。我们应该以人为本，提高效率。

故事四：春节不能回家怎么办

园内有几位外地的年轻老师，她们离开父母在上海工作，园长要像妈妈一样关心她们的日常生活。如2020年的春节，很多年轻老师的父母都盼着团聚，但她们却回不去。她们有的怀念奶奶炖的鸡汤，有的默默流眼泪。我们想到这是大孩子们第一次不在家过年，于是就陪她们一起吃年夜饭、聊家常、发红包。春节期间，各级组的老师分别带她们去动物园、学插花、玩蹦床和桌游、追寻百年愚园路的红色足迹……当我们的家长知道老师们不回去过年后，也纷纷送来了半成品年夜饭，让她们感受到了集体的温暖。

在管理中，人是我们最需要关心的。因此，当我们谈工作时要关注教师的情绪，布置任务时要考虑到不同年龄段教师不同阶段体力、生理、心理的状态，不能一味地做"加法"，有时适当地做"减法"也很有必要。

在幼儿园，几乎都是女老师。管理者既要有大格局、大胸怀，引导团队就事论事，不要纠结于"小心思"，更要会察言观色，多给老师们一些有温度的呵护。

22

维护教师的尊严

　　《学校领导与管理的实用策略》一书中曾提出：当今的校长应该具备以价值观为基准的领导力和以情感为基准的领导力。教育领导力其实主要针对的是人，而人们必然都在一种充满情感的环境中工作。因此，作为管理者，应意识到人是我们最需要关心的。女教师不仅需要管理者关心生活、业务，还需要园长努力关注、维护教师的尊严。

　　在2020年度的家长满意度考评中，我们发现有位家长直接给了小朱老师差评，理由是"老师收礼，师德师风缺失"。

　　我们看了真是一头雾水，于是把该家长请来了解情况。该家长的孩子叫涵涵，平时都由外婆接送。偶尔妈妈来接一次，却看到有位家长递给小朱老师一包东西，小朱老师也接过去了，她就认为是老师收受礼物。这件事情发生后，我们秉承公正公平的态度，调取了监控，并和小朱老师进行了交流。原来小朱老师从家长手里接过的是一包小朋友挖的泥土。显然是涵涵妈妈误会小朱老师了，她也为此给小朱老师道了歉。

　　2021年春季运动会召开之际，涵涵妈妈又来投诉了：发信息给老师，老师两天都没回复；涵涵当替补，老师却一直给涵涵灌输"替补很优秀"的思想，这显然是误人子弟；老师说孩子动作慢，其实是在"贴标签"。总的来说，就是不满意小朱老师在我园没有担任过中、大班的班主任。家长每月花了6 500元的保育教育费，想要获得和公办幼儿园不一样的体验。

　　当时，班子成员看了投诉后很生气，认为这种高高在上的态度、激烈的措辞非常不尊重老师。第二天，我们直接请班主任、涵涵妈妈、副园长坐下来交流。其实，又是家长误会了：小朱老师当天忙于带着孩子参加运动会，的确没看到信息。如果家长真的有事，可以直接打电话给老师，无须坐等两天。至于替补，这次运动会上，每个孩子都有两个运动项目，只有能干的孩子才能当替补。对于动作慢，涵涵确实是吃饭慢、参与活动比较慢热，老师只是表述了事实而已。深入交流后，涵涵妈妈也觉得不好意思，再次给小朱老师道了歉。

这两件事情使我意识到，民办幼儿园家长认为自己交了高额的保育教育费，就应该得到和公办幼儿园不一样的体验，但这不应该建立在老师卑躬屈膝的基础上。因此，在家长第二次投诉时，我们明确告知：对于你这样的表达，我们感觉非常不舒服。不是建立在平等、信任基础上的交流，园方无法接受。作为民办学校，家长出了高额的学费，自然希望物有所值。幼儿园也提倡为家长提供优质的教育服务，但服务并不是一味地顺应与讨好。如果家长一再挑战教师的底线，我们也可以说不，因为民办幼儿园教师的尊严和地位更需要园长来捍卫。

图2-8 园长为"东展好家长"颁奖

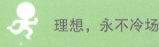
理想，永不冷场

尊重教师的选择

相信公办和民办幼儿园园长都经历过员工的离职，当辛辛苦苦培养好的老师要离开时，我们都会感到惋惜。但随着年岁渐长、管理理念的不断更新，我对离职有了新的思考。

随着时代的高速发展，社会价值观更为多元化，员工离职已成为各行各业不可避免的现象。我作为一名70后、1991年参加工作的教师，记得在接受师范教育时，一直被强化终身从教的职业意识。因此，我从踏上工作岗位开始，从来没有动摇过做教师的信念。

现在，年轻人面对的社会更为开放、自由，他们更愿意崇尚自我，敢于表达和尝试，家里的经济环境也比我们这一代要好。我逐步认识到，有流动是正常的，这是社会发展的必然产物。

作为园长，我想自己首先要豁达，要理解、尊重人各有志，不强求他人。做教师这行的，要对教育有感情，甚至要有一定的情结。

其次要认可不同价值观的存在。去年有一位年轻教师提出离职，原因是她要去做房产销售了。我们的第一反应都是很惊讶，有老师说："师道尊严都不要了，竟然要去做房产销售！"我仔细了解情况后才知道，原来当年填高考志愿时，她的志愿是她妈妈填的。她妈妈希望她做幼儿园老师，可她并不喜欢。所以，她做了一学期后，还是觉得不能坚持。

这引起了我的思考：对一个人而言，什么是最重要的，什么是幸福？周国平说过："幸福就是你找到一件你喜欢做的事情，并且把它变成你的职业。"既然不喜欢，我们何必强求？如果我们的老师不是发自肺腑地喜爱孩子，如何才能"忍受"日常工作中的琐碎事情？所以，我更认可人的发展要"各美其美"，管理者应该允许年轻人在生活中追寻自己的梦想。在我园，每天午餐时，我常常能听到老师们在聊孩子之间发生的有趣故事，这时老师的眼睛都是发光的。我相信，唯有喜爱孩子的人，才能更投入这份事业。

因为民办幼儿园没有编制，有些年轻老师在选择职业时，可能更倾向于选择有编制的学校。这样的想法也无可厚非，我们完全尊重教师个人的选择。只要按照我园的规定（学期结束前30天提出申请）做好离职的交接，我们也是放行的。从大教育观上说，我们的老师到公办幼儿园上班也是服务社会。如今我们在给公办学校输出民办课程和管理经验，这也是作为民办教育者的骄傲。

在实践中我们还发现，适当流动能盘活原有资源。如今引进更为成熟、专业的老师已经成为我园教师发展的一个新风向。

东展幼儿园有着一批教师，从2003年开始放弃编制，义无反顾地来到这里，做了全新体制的尝试。她们的初衷是想聚在一起做共同喜欢的教育，比如：面对幼儿教育，她们充满热情；面对新的体制，她们积极接纳与探索。在她们的努力下，东展幼儿园已经形成极其稳定、专业且敢于创新、优秀的骨干力量。因为共同的愿景和价值观，她们走在一起。因为有了一定的流动，东展幼儿园可以吸纳新鲜血液，教师团队也由此拥有了更多志趣相投的伙伴。

图2-9　副园长和年轻教师聊家常

坚持依法办园

2017年是我们办园的第14个年头，我园第一次收到法院的传票，我也是第一次经历"打官司"。

这场官司源于我园的保育员日常消毒工作未按照培训的要求做，管理幼儿午睡时玩忽职守，经托班行政老师反复谈话后屡教不改，园方便提出不再聘用。该保育员带领家人来园吵闹，并当场撕毁培训文书，但园方并没有妥协。

于是，一场官司在所难免。在东展教育集团法务的指导帮助下，最终以对方撤诉收场。尽管这件事情的过程并不让人愉快，但通过这次诉讼，我们也对自己的管理有了信心。坚持正确的价值观和职业操守，坚持规范办园是管理者带好队伍的基本原则。

2016年9月，老师带着小朋友在园内散步。走到小山坡上时，小明腿一软自己摔倒了，不巧的是造成了小脚趾骨折。在沟通的过程中，家长始终不相信班主任的解释，一度家园关系很糟糕。由此，我萌生安装监控的想法。于是从2016年开始，我园每年投入预算，陆续在三个园区的户外、室内安装监控。

起初安装监控时，老师会有些想法，认为自己的一举一动都受到了监视。我们是这样引导老师的，只要你带班的言行举止都是一个教师规范的职业行为，就不用担心。2017年11月，有一位小朋友喝水时不小心摔倒了。该家长认为肯定是地面上有水造成的，要求调阅监控并拷贝。我咨询了相关部门后了解到只有公安局、检察院、法院才有资格调阅监控并拷贝，但我们内部看了监控发现地上十分干爽，并将这段视频给家长看了，得到了家长的认可。由此，老师们意识到监控从某种程度上说是用来保护自己的。在以后几年的工作中，难免会发生家长不理解的事情。在很大程度上，监控帮助我们如实还原了事件的真相。我们也从这些事件中充分认识到，平时规范成文的培训和园区的监控设备，不仅记录了管理的轨迹，更是保护幼儿教师日常工作的有力依据。

25

探索回归生活的幼儿园课程

　　经常有家长这样问孩子："宝宝，你在幼儿园学了什么？"我们的孩子会说："没学，在玩啊！"于是，家长会说："这个幼儿园好是蛮好的，孩子很愿意来，但学得实在太少了！"其实，在幼儿园，玩就是学！也许家长会有疑惑：玩和学怎么会一样？幼儿园到底是学还是玩？

　　"玩"是孩子的天性，也是孩子最主要的学习方式。在东展幼儿园，我们尊重幼儿的天性，"顺天性而教"，通过设计、组织丰富的活动来激发幼儿的兴趣。从最初的混龄体育大活动到如今的混龄系列主题大活动，鼓励幼儿自主选择，并以情境的方式来呈现课程活动内容，以达到全人的培养目标。

　　在幼儿园里，"一日生活即教育"，"玩"蕴含在幼儿生活的方方面面。同时，幼儿的学习也在悄悄地萌生。

　　我们在运动中"玩"，发展运动能力，培养运动习惯。春秋两季的混龄体育大活动是我园传统、常态化的活动，深受幼儿和家长喜欢。我们设计了六大主题，如哪吒闹海、葫芦兄弟、猴王归来、黑猫警长等31个游戏区域，以丰富的情境融故事性、趣味性、知识性为一体，全面整合地发展幼儿走、跑、跳、钻、爬、投掷、攀登、平衡等基本动作。大活动时，幼儿可以自由活动、自主选择。这既是3至6岁幼儿自身成长的需要，又能使幼儿具有更好的心肺功能和更高的身体活动水平，还能让幼儿更自信地参与活动和迎接挑战。

　　在体育大活动中，我们还要重视培养幼儿良好的运动习惯。每次活动前，提醒小朋友做好运动前的"三个准备"，即穿戴适合运动的服装、鞋子，根据气温调整好衣服件数的服装准备，戴好运动护腕、取下眼镜的装备准备，动动手脚、做好运动前的热身准备。活动后，告知幼儿"三个提醒"，即及时穿、换衣服，夏天可以带一件衣服来换，其他季节运动后及时穿上衣服；适当补充水分，适当放松休息；完成擦汗等活动。从小培养这些良好的运动习惯，孩子们会受益终身。

我们在游戏中"玩"，体验角色扮演，学会关心合作，鼓励探索创造。幼儿园里最多的就是娃娃家、商店等角色游戏了。只要孩子们一进入这样的虚拟场景，游戏就会自然而然地发生。这类游戏让孩子们有了不同的角色体验，增进了彼此的沟通交往。

我园自主设计的"清凉水世界"活动则注重孩子们在真实场景中的体验。炎热的8月，"清凉水世界"中的13个好玩的游戏让孩子们"欲罢不能"，如打水仗、踢水球、吹泡泡、接水龙、"神笔马良"。这个活动设计是家庭和游乐场所没有的，每个游戏都蕴含了特定的教育功能。

"飞纸飞机"是男孩子特别热衷的游戏。刚开始，孩子们飞的是折好的纸飞机。大班檀檀为了让飞机飞得更远，四处寻找不同的纸张，如手工纸、报纸、蜡光纸、卡纸，最后发现用杂志折的飞机飞得最远。可是没几天，就有小朋友的飞机"越"过檀檀了。于是，他在爸爸的帮助下，开始调整折法，加高机头，减少机尾阻力，并苦练挥臂，让飞机飞得更高。终于，他成为园里的"王牌飞行员"。我非常喜欢檀檀，因为我在他身上看到了探索与创造的火花。

我们在生活中"玩"，培养生活技能，陶冶生活情趣。"春天在哪里"和"丰收的节日"主题大活动是我们顺应季节设计的，除了感受"春绿秋黄"，引导孩子关注、发现不同季节动植物的变化外，我们还在食育上动了脑筋。

午餐时，我们经常可以看到有的孩子害怕不认识的食物，不愿品尝，挑食的情况屡见不鲜。于是，老师和孩子们一起种植菠菜、青菜等蔬菜，到"丰收的节日"时一起采摘、清洗，并让孩子自己动手切配，拼成"创意蔬菜盘"。当孩子们把"创意蔬菜盘"带回家时，连爸爸妈妈都很诧异，宝宝竟然会有这样的动手能力。有心的爸爸妈妈会和孩子一起烹饪、品尝，孩子们也会突然发现，原来蔬菜这么好吃！也就是在这个过程中，孩子们能慢慢体会到厨房的热气腾腾、家人的温暖以及爱的味道。

枸杞、桂圆、芝麻、冰糖、红枣、罗汉果等食材在孩子的生活中并不鲜见。但在"丰收的节日"里，孩子们第一次认识了它们，并用自己的方式记录了食材的功效。接着，他们开始尝试配制。"我妈妈经常看电脑，眼睛很累，我给她泡了杯枸杞茶。""奶奶有白头发了，可以在八宝粥里多放芝麻。""老师的喉咙哑了，罗汉果可以泡水喝"。你看，家里独受专宠的"宝贝"变成会关心他人的"小暖男"了。

我们深知，玩是孩子的天性，玩中学的核心在于情境设计。通俗地说，就是情境要"好玩"，要让孩子一看就想玩，但又不能是随心所欲地玩。情境设计的核心在于精细化和开放性。所谓精细化，即活动前每个区域的设计都要细化考虑——名称、玩法、材料种类及摆放的位置、规则、幼儿活动的路线、老师的指导站位等，但这并不意味着设计是一成不变的。

在幼儿参与活动的过程中，善于观察反思的老师就会主动完成"经验重构"。以"王牌飞行员"为例，起初我们只是给孩子们提供折好的纸飞机。可是，自从发现檀檀开始寻找不同纸张和改造机头，老师就意识到，可以在该区域提供不同材质和大小的纸张，供幼儿选择尝试。当檀檀改造好的飞机依然飞不远时，聪明的老师结合孩子们在"了不起的中国人"的主题活动中积累的经验，在室内的飞行区由近及远、从高往下地悬挂了"三清山""黄山""喜马拉雅山"的图片，鼓励孩子们通过挥臂让飞机向上"飞过高山"。当檀檀成功成为"王牌飞行员"时，他肯定不知道，某些物理经验（如抛物线）已在他心里悄悄埋下了种子。

在玩纸飞机的过程中，我们意识到，由于每个孩子的兴趣点、思维方式不同，在组织实施上应该更开放，即允许孩子们边玩边学、玩玩学学、边玩边想、学学玩玩，而不是刻意地让孩子一味地折和学。比如在纸飞机区，可以让孩子先来飞纸飞机，等他们萌生了想要折的兴趣后，再引导他们向同伴学习怎么折，此时的内部动机会更强。当孩子纠结飞机为什么飞不远，想试试其他纸张折的飞机时，我们应该给予鼓励，有时还要学会等待，而不是一味地指导孩子马上按照老师的想法来改变折法，以期飞得更远。

正因为"教无定法"，在纸飞机区，孩子们迸发了更多的创意，各类飞机层出不穷，各种创意折法精彩纷呈。因此，孩子们的创造不再局限于某个区域，比如在"三角叉"区域，孩子们不满足于小三角叉的组合，而是将小三角叉进行更大的组合，形成"海洋""彩虹""火箭""螃蟹"等画面。这不得不让老师们叹服：原来，孩子们可以玩得如此丰富！

我们愈来愈发现，其实，孩子比我们更会玩！老师和家长要看得懂孩子的玩，要用欣赏的眼光去发现、欣赏孩子的玩。期待东展幼儿园的小朋友能继续玩出智慧、玩出创意、玩出精彩！

26

将保育和教育工作园本化

幼儿园的保教工作有指导手册，如《评价指南》《上海市幼儿园幼小衔接活动指导意见（修订稿）》《上海市托幼机构保育工作手册》《上海市幼儿园装备指南（试行）》等。多年来，我园以学前教育的指导手册为依据，结合日常保教实践，形成了我园自己的"教参"。

《东展幼儿园教师保育指导手册》助力新教师提升保育能力

东展幼儿园历来非常重视幼儿园保教工作，注重教师"一日生活的组织与保育能力"的提升。但在实施保教工作的过程中，因为能力、经验、班级实际情况等差异，教师们往往会遇到很多困难。如经验型教师由于带教年龄段的变动，会出现保教要求偏高或偏低的现象。刚刚踏上工作岗位的新手型教师更会感到茫然，幼儿的饮食习惯究竟应该怎样培养，孩子脱叠套衫、开衫到底应该如何指导。幼儿生活保育是很琐碎的，如何帮助教师答疑解惑，将这些细节做得更整合、有序、高效？

2010年，东展幼儿园根据幼儿的年龄特点，对多年积累的保育经验进行梳理整理，最终编制了《东展幼儿园教师保育指导手册》，将其作为新教师规范化培训的教材。采取培训与自主学习相结合的形式，让新教师在开展班主任工作前对日常保教工作有一个系统的学习，之后与实践相结合，上手会更快。《东展幼儿园教师保育指导手册》涵盖了托班、小班、中班、大班四个年龄段，对各年龄段的保育做了具体的归纳。它为年轻教师更好地把握不同年龄段幼儿的保育要求，熟悉一日生活中各环节的保育流程和指导要点提供了很好的支撑，既是年轻教师提升保育教育能力的脚手架，又是经验型教师进行保教实践的行为标尺。当面临所带年龄段有所调整或对保教行为要求不确定时，都可以时常翻一翻，在明确保教要求的基础上稳步实施。

随着时代的发展，2018年，我们又将《东展幼儿园教师保育指导手册》制作成视频3.0版，融入了实例，让培训的内容更丰满、具体、直观，便于理解，操作性更强。

《评价指南》在一日生活中的应用

2020年，我们又依据《评价指南》中的"3—6岁儿童发展行为观察指引"，选择与保育相关的"习惯与自理"领域及"手的动作灵活、协调"进行整合，形成了东展幼儿园的幼儿"习惯与自理"发展行为的观察指引，并将其作为提升教师保教能力的有效途径。

小班的玲玲是个动手能力比较强的女孩，能在规定的时间内独立进餐。在教师的眼里，她是一个进餐习惯较好的孩子，因此平时在午餐指导中相对比较放心。但在对小班幼儿"习惯与自理"发展行为进行观察的过程中，教师却发现了不一样的结果。在观察指引中有一项内容是"手的动作灵活、协调"，表现行为之一是"能熟练使用勺子"。教师原以为玲玲的这项指标一定没问题，但在实际观察过程中却发现玲玲握勺的动作并不标准，小手握在勺子的尾端，拿得也不是很稳，这也是玲玲进餐过程中会有饭粒掉在桌面上的原因所在。教师借助活动区"喂小动物吃饭"的游戏，对玲玲握勺的方法进行个别指导，在午餐巡视中观察其使用勺子的情况，发现握勺不正确时马上提醒。两周后，玲玲握勺的熟练度和正确度提升了，基本上不用老师再提醒了。

因此，依据《评价指南》中的"3—6岁儿童发展行为观察指引"以及东展幼儿园的实际情况所设计的不同领域的发展行为观察评价表（见表2-2），是便于教师操作、实施的有效手段。它引导教师在一日生活中全面关注到班中的每名幼儿，并在观察的基础上采取有效措施，从而推进每名幼儿的发展，真正做到面向全体、因材施教。

《上海市托幼机构保育工作手册》帮助新管理层成长

几乎每天早晨，巡视厨房是行政老师的"规定动作"。有一天早晨，我发现厨房的牛奶似乎订少了。营养员、保健老师都含糊其词："一般全园都是30盒左右！"总园有280个孩子，每天要喝多少牛奶呢？我再次翻看了《上海市托幼机构保育工作手册》，知道了3—6岁幼儿每日每人的奶类和奶制品应该在300克，除去幼儿在家的奶量，一名幼儿在园的牛奶量应该在110至120毫升（托班是120毫升，其他年龄段是110毫升）。也就是说，950毫升的牛奶可以分给7至8名幼儿。总园的280个孩子应该订31盒左右950毫升的牛奶。

幼儿园的精细化管理有科学依据，但也要用心管理。我们的厨房是外包服务的，在早上验收食材的时候，我们曾发现牛奶不是当天上市的，或者牛奶烧制的过程中，为了尽快冷却，营养员掺入了冷牛奶，这些问题都因为我们发现及时而被第一时间纠正了。幼儿园是学前教育机构，面对的是年龄尚小的幼儿，在食品安全上更是不容有丝毫闪失。

表2-2　东展幼儿园幼儿"生活习惯与能力"发展行为观察评价表

年龄段：小班　班级名称：＿＿＿＿＿＿

评价人：＿＿＿＿＿＿　评价时间：＿＿＿＿＿＿

第一次记录：用黑笔打√；第二次记录：用红笔打√；第三次记录：用绿笔打√

子领域	2.4手的动作灵活、协调				1.1.1良好的生活习惯				1.1.2良好的饮食习惯				1.1.4良好的卫生习惯				1.1.5基本生活自理能力				1.1.6能自己小便				记录要求
	m	1	2	3	m	1	2	3	m	1	2	3	m	1	2	3	m	1	2	3	m	1	2	3	
表现行为描述	在成人指导下能正确使用勺子进餐	能熟练使用勺子进餐	能练习使用勺子独立进餐	能使用筷子	在提醒下每天能按时起居，在成人的陪伴下能午睡	在提醒下每天能按时起居，能坚持自己午睡，保持11个小时以上的睡眠时间	每天能按时起居，能坚持自己午睡，保持11个小时以上的睡眠时间		在引导下愿意尝试吃一些食物	不偏食，不挑食，吃完自己的一份饭	不偏食，不挑食，不暴食菜		在提醒下饭前便后能洗手，在提醒下餐后能正确漱口	在提醒下饭前、便后能正确洗手，提手方法基本正确，餐后能正确漱口	饭前、便后能用正确的方法洗手，洗手方法正确，餐后能正确漱口		在帮助下能试穿衣服	在帮助下能自己穿脱衣服，叠衣服，塞衣层，塞裤子	在语言提示下能顺序地穿脱衣服，叠衣服，能摆放衣层，塞裤子	能自己穿脱鞋、袜，折衣服，并将衣服摆放整齐；塞裤子	在成人提醒下上厕所	不整大小便，能自己上厕所	不整大小便，小便有便意能表达，并能自己上厕所	不整大小便，小便后会使用便纸	各班主任每月观察评价一次。一共有三个阶段，分为三次评价，以观察和分析幼儿的小肌肉动作、生活自理能力、生活和卫生习惯的发展情况
幼儿姓名																									评价和建议

分析

27 开展丰富的园本教研

幼儿园管理中，教研是很重要的一个环节，因此扎实开展各类园本教研很有必要。东展幼儿园的园本教研分为以下几种方式。

专题培训

师训专管员传达市、区级学校教师教育工作要求，根据教师素质调研结果和教育教学对师资的需要制定园本研修方案，科研负责人、保教主任根据园本研修方案制订园本研修课程计划，并在网上申报课程，成功申报后按照学时开展园本研修专题培训。

表2-3　东展幼儿园"十二五"园本研修课程开展情况

课程名称	课程类别			学分
	师德素养	知识技能	实践体验	
教师的师德师风与素养	√			3
3—6岁儿童学习与发展指南		√		3
幼儿园运动课程的组织实施与保障		√		4
3—6岁幼儿美术教学活动实施攻略			√	4
幼儿游戏化韵律活动		√		4

丰富多彩的全方位培训

东展幼儿园的培训师不乏"大师"，有上海市非物质文化遗产项目"海派剪纸艺术"代表性传承人王建中老师，他的现场剪纸让教师大开眼界；有华东师范大学心理咨询中心的特聘高级咨询师陈默老师，她两次对于儿童心理的解读，不仅育人，更关注到女教师的生活质量；咨询师杰夫·艾伦通过活泼的互动方式，给教师提供了家访"套路"。关于"电影中的师德师爱"的培训，让老师们意识到爱更要播撒到班上不起眼孩子的心里。关于"生命教育"的培训，让老师们知道培育心灵是最重要的。市级名师祝晓隽老师、宋艳老师关于"幼儿阅读和数教育"的培训，更是夯实了教师的专业知识基础。同样，我们的党史学习教育也在不断鼓励、激励教师牢记"为党育人、为国育才"的初心使命。

项目组带教

东展幼儿园根据教师自己的兴趣和专业特长，形成了各专项的研究小组，如运动组、思维组、美术组。这些项目组在各自带头人的带领下，定期组织观摩研讨。同时，也按照各级组幼儿的年龄特点以及与园务相匹配的研究内容做了环境创设、活动设计与实施等方面的带教培训。

在新课程的推进中促进各层次教师的充分发展

东展幼儿园骨干教师参与了园本"激趣健体"十大主题课程的设计，从设计大型活动中某一个区域的内容到设计某一年龄段的小型活动，再到尝试设计大型活动，其创新能力得到了充分发展。

将新课程的开发、设计与实施融入东展幼儿园的园本研修，成为东展幼儿园研修工作的特色与亮点。在研修过程中，针对不同层次教师的实际水平，分层培养，共同发展。如在"折纸玩具乐趣多"的主题大活动中，提升骨干型教师的创新力，提升经验型教师的执行力，提升新手型教师的理解力。

2017年，东展幼儿园开展了"多元化趣味折纸活动探究"的园本研修课程。折纸活动是一项自成体系的活动，教师既要带着孩子们操作，又要在过程中解答孩子的疑问，对教法是有一定要求的。通过"折纸的意义"专题讲座，既让教师对于折纸这个传统的民间艺术有一个整体感受，体验折纸的重要意义，又让教师感受折纸艺术的魅力，体验折纸带来的趣味性和创造性。通过"幼儿学习折纸基本方法的解读"专题讲座，让教师全面了解幼儿折纸的规律和指导的基本方法。通过"折纸基本方法的关系及实例介绍"专题讲座，帮助教师解决折纸教学中的实际问题，并在此基础上推进东展幼儿园不同层次教师的整体发展。

首先，指导新手型教师设计有趣好玩、能直接玩得起来的折纸活动。指导新手型教师在掌握折纸基本步骤的基础上，尝试设计能让幼儿觉得好玩、有趣的折纸活动，满足幼儿爱玩的天性。

其次，推进经验型教师设计与主题相融合的折纸活动。在研修过程中，同步推进

图2-10 "爱上剪纸"教研活动

经验型教师结合正在开展的主题设计活动，让幼儿用折纸来表达表现。

最后，引领骨干型教师设计能开启幼儿探索之门的折纸环境，让幼儿在折折玩玩中发现和探索，同时思考如何增强对课程的领导力。

我们的园本课程培训还在区里、市里进行了活动展示，扩大了辐射示范的范围。作为一所民办幼儿园，东展幼儿园彰显了教育者的社会责任。

专项信息化培训

为提升幼儿园的管理效益，让家园互动更高效，东展幼儿园对教师的信息化培训也在不断推进中。2017年9月开始，东展幼儿园试用"学迹365"家园互动平台。在平台工程师的带领下，我们在班级公告、班级圈、志愿者服务、请假功能等多方面进行了培训，也根据实际需要开发了健康园地、范园长手记、新生专栏、教师感想等多个栏目。

28

丰富园本培训资源库

幼儿园是保教合一的集体教育机构，保育也是保证幼儿健康的重要一环。对刚入职的新手型教师来说，自己刚出校门，也尚未成家育儿，如何面对不同年龄段的幼儿做好保育工作呢？我自己做老师时经常会感到很茫然：午睡应注意什么？什么年龄段的孩子可以尝试使用筷子？如何培养孩子的自理能力？

2010年，东展幼儿园在特级教师赵赫老师的指导下，已形成了一套较为成熟、细致的实践方案。我们对其进行归纳整理，最终形成《东展幼儿园保育指南》1.0版本。这份指南涵盖了托小、托班、小班、中班、大班五个年龄段，分为嫩黄、粉紫、粉红、粉蓝、粉绿五种颜色，对各年龄段的保育做了具体的归纳。

2.0版本按照一日生活流程，细化各项保育工作，凸显年龄段特点、教师带班流程中的过渡和保教策略。

3.0版本更明确幼儿一日生活中的各个环节都是教育契机：来园、离园、盥洗、午餐、午睡和文明生活等，都是我园培养幼儿生活习惯、卫生习惯和基本自理能力的良好时机。同时，我们结合《评价指南》的相关内容，从环境创设、安全职责、保育护理、幼儿自理能力培养方面细化要求。

可日子久了，我们就发现，对教师的培训，最初我们是采用"参照文本"与"口口相传"的培训方式，但年轻教师各自对文字的理解不一致，造成培训方式重复且低效。

于是，我们开始着手拍摄培训视频，力图使培训生动具象，并依托文本和视频建立起园本课程的资源库，便于教师直接获取、学习，并选择性地使用，提高了管理效益。因此，3.0版本以文本、图片表述结合视频的方式，给予教师和保育员更具体、更形象的规范指导。

到2023年，4.0版本按照各园区、各班级的方位特点、流程要求，形成东展幼儿园各班级的保教方案。

　　这个培训方法已经广泛运用到我园的各项主题大活动中。当学校开展混龄或者混班主题大活动时，各主题的环境创设、玩法、规则都可以由相应负责的老师或者小朋友来介绍。课程组将其拍摄下来后，就形成了一套完整的主题大活动的园本培训资料。这些资料储备在学校课程云盘的资源库里，便于后续未做过这项活动的老师学习与参考。

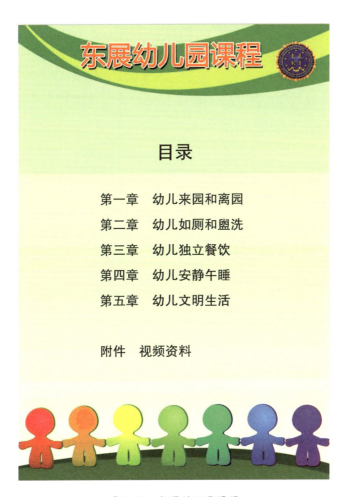

图2-11　东展幼儿园课程

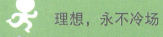
让教师喜欢开会

2023年初，我老爸住院了，当时我每天都为老爸炖营养汤送去。病房里住着的另一位老伯很羡慕地对老爸说："你女儿真好啊，天天给你炖汤。"我很奇怪：老伯的女儿不也送"佛跳墙"来吗？可老伯却说："'佛跳墙'里都是鲍鱼、海参，我都80多岁了，怎么咬得动呢？还是你对你老爸的态度好，你喂你老爸吃下一口食物，就会送他一个大拇指。"

我恍然大悟：原来我这幼师的职业还是蛮有优势的呢！我们不仅会细心观察、照顾幼儿，还能用在照顾生病的老爸身上。我们的一个大拇指，不仅对孩子来说是鼓励，对年迈、病中的父母来说也是莫大的安慰啊！我们还会干点家务，能进厨房，会炖点汤，这对于孩子、父母、家庭的健康也是有益的。

这是我在2023年"开学第一课"上给老师们分享的故事：对教育工作者来说，每学期的"开学第一课"并不陌生。对担任园长工作近20年的我来说，每学期给教师开展开学工作布置会也是件很平常的事。虽然我在东展幼儿园担任书记、园长这么多年了，但我更愿意将开学工作布置会看成是一次和教师交流分享、提升士气、加油鼓劲、双向互动的务虚会。

东展幼儿园一园三地，这样的管理模式使我园的64位教师分散在三个园区。幼儿园孩子年龄小，教师都是半天带班。因此在开学前、幼儿尚未来园时，我们有必要集结在总园，让教师对新学期园务的主要工作有所了解。

通常园长布置工作并不难，传递文件精神可以，照本宣科也行，但如何通过"开学第一课"来让老师们入眼、入耳、入脑、入心，这也是我多年来一直在思考和实践的问题。

要上好"开学第一课"，时间安排有讲究。因为第一天回园上班的老师可能还沉浸在休假的氛围里，所以我一般都会安排在下午进行，这样会让老师在着眼于自己班级环境布置的同时，有一个慢慢启动工作的过程，这也符合心理学的"启动性原则"。

作为基层管理者，面对一线老师，我一般会用讲故事的方式来呈现。

可以讲哪些故事呢？讲"看得见的故事"，说"亲身经历、感受得到的故事"。

2018年11月，上海下了好大的雪。当老师们惊喜于漫天飞舞的雪花时，我给他们讲述了环卫工人半夜撒盐和铲雪、交警连夜上岗维持治安的新闻，让老师们了解到当我们半夜安然入睡时，无数人在默默地守护这座城市。

2023年开学时，我用一系列出生人口下降的新闻数据，提醒老师们居安思危，直面未来的挑战；用新民晚报资深记者晏秋秋的视频——"是我们需要工作还是工作需要我们"，提醒老师们要珍惜工作，"在经济发展形势不明确时，单位的工资就是面对房贷、车贷的底气，是老人、孩子的看病钱，是你脸上笑容的保障，更是未来生活的保证和自我价值的体现"。我想这种接地气、实实在在的分享更能触及普通人的内心，更能激发起每个人认真工作的内部动机。

以上基于社会热点和民生的讲述，使老师们体会到我们的生存离不开社会的大环境，而民办幼儿园的生存更是受到政策与市场的直接影响。

2014年的夏天，我从日本旅游回来后感触颇深：一把小小的指甲钳装上了放大镜，便于老年人自己剪指甲；当时的盥洗室已经有两种不同高低的洗手台了；电饭锅煮饭也可以设置成标准、香糯、颗粒感、长米粒、快速白米等模式。

在资源缺乏的日本，把每一项工作的细节都考虑到并做到了极致，把对国民的关怀做到了细致入微。基于我真实的体验，作为照顾幼儿的集体教育机构，我们是否考虑到所有细节，并将细节做到了极致？环境创设的一米高度、盥洗室地面的干湿、儿童所带的玩具等，处处都有细节，而"细节决定成败"。

"开学第一课"也要让老师们领略到世界科技的高度发展。2022年2月，第24届冬奥会在北京召开。冬奥会里的高科技让人们大开眼界——各国运动员穿的羽绒服体现了各国的科技水平；国家速滑馆的"冰丝带"利用了二氧化碳制冰技术，使冰面、运动员区、观众席区保持着三种不同的温度，全冰面的设计节省了200多度电。

冬奥会里有一段非常经典的"十二生肖迎冬奥"的动画片，它巧妙地将十二生肖的形象和冬奥会的运动项目相融合，无论是对儿童还是对成人都极具可视性。此外，冬奥会开幕式上二十四节气的倒计时极具东方传统之美。我将这些视频一一呈现给老师们，向老师们细细分析其中蕴含的文化自信和科技力量。

本以为这只是开眼界的环节，但张晨华老师就将"十二生肖迎冬奥"的动画形象融入当时中班的区域活动里，在让孩子们认识十二生肖的同时，也为他们打开了一扇认识北方运动的窗。

2022年底，我在园务会议上通过视频让老师们了解了ChatGPT是什么，它有哪些过人的本领，力图让老师们突破自己视野的局限，感知数字化发展对教育产生的影响。

在管理中我非常重视园务信息的及时公开，这是因为我园有三个园区，老师们常常会因埋头工作而"两耳不闻窗外事"，造成信息的不对称。

在"开学第一课"上，我常常会当众公开一些数据，说一点儿"幕后事"：如"东展宅家乐"课程1.0到4.0是如何建设的，学校、工会、教研组、家长是如何给予不能回家过年的年轻老师关爱的。这些都让老师们能在别人的故事里体会到彼此的辛苦和不易，体会到三个园区不同人员的付出，从而提升团队凝聚力。

多年来，我一直是以"讲故事+PPT"的方式来讲述的。逐渐地，我的讲述也在不断转变，如努力用年轻人乐于接受的方式来传递价值观。2022—2023年，我用"一段视频""一段舞""一张照片""一首歌"等方式来诠释引领。

一段视频：2023年全民热追电视剧《狂飙》，于是我截取了"张颂文回应热爱可抵岁月漫长"的视频，并分享给大家。

一段舞：2022年上海歌舞团的舞剧《永不消逝的电波》里有一段舞蹈，青色的旗袍、渔光曲的音乐，风韵别致。让老师们欣赏体会"美"之后，引导老师们思考要立于不败之地，就要像歌舞团一样细心打磨，做精品的幼儿教育。

一张照片：2022年冬奥会上日本花滑运动员羽生结弦的冰上风采，让老师们体会到"公子世无双"的美感。

一首歌：2022年初我用彩虹合唱团的歌曲《想要的一定实现》来传递新年祝福，让年轻人感受到合唱之美。

我们做幼儿教师的，都接受过一定的训练，相信对艺术会有一定的兴趣与感觉。因此，以上方法能较好地提升教师的品位，引领团队提高审美情趣。

园长的"开学第一课"是用心准备的，老师们是如何反馈的呢？

滕珏老师说："开会不再是无聊的事情。在繁忙的开学工作准备中，范老师总能让我们有一刻放松的时间。她会用自己、家人、平时生活的各种经历来讲故事，用轻松愉快的方式来阐明本学期的重点工作。因此，我们能在笑声中领略范老师所要传达的会议精神。"

周光洁老师说："我们的'开学第一课'不是枯燥无味地安排工作，它更像是分享会。在轻松的氛围中，范老师再把后续要开展的工作分门别类、分摊到人，并告知大家。我想，这或许就是东展大家庭的特别之处。"

园长呼应：我们和年轻教师之间会有代沟，需要管理团队努力用轻松的方式靠近他们。

陆婧老师说："范老师的演讲每次开场都紧跟时事，非常接地气，从国际形势到家长里短，从好剧推荐到网络热搜，似乎比年轻老师还新潮。范老师的幽默、自嘲，让我们看到了行政领导平时严谨工作以外的另一面。她带我们开阔眼界，感受生活的美好，让偶尔感到困惑、迷茫的我们看清前行的方向。"

园长呼应：范园长也和大家一样，是人不是神哦！

顾蓓蓓老师说："学年初始，范老师每次都能做到让老师既对会议的内容感兴趣，又能记忆犹新。她时常会在开会时引用当下流量、热度比较高的社会时事、影视评析等，根据会议主题，采用讲小故事折射大道理的方式，帮助我们获得人生感悟，找到职业幸福。比如这学期的'开学第一课'中，范老师讲了她年前陪伴爸爸住院时在医院所看到的一幕幕，向大家剖析了她当时的心境，让我们感悟颇深。"

"范老师还讲到了当时非常火的一部剧《狂飙》，提到了高启强的扮演者张颂文的成长史和奋斗史。范老师通过生动、有趣的讲述，温暖了我们全体教职工的心灵，让老师们学会平和地面对生活，积极地超越自己。"

刘蕾老师说："很期待'开学第一课'，范老师总能带给我们最前沿的信息，大到全球发展、国家繁荣、教育理念的更新，小到一部电视剧或日常琐事……无论是什么样的话题，都能引发老师的共鸣，激发我们对生活、工作、管理方面的思考。就像范园长说的，我们要成为一名会观察、会思考的老师，才能做出东展的特色。"

园长呼应：年轻的教育者有时可能会在思想观念上存在偏差，园长要做价值引领。新学期的工作布置尽可能以通俗、轻松的方式来传递，使老师们怀着愉快的心情迎接新学期！

方云云老师表示："更喜欢听范老师在'开学第一课'中说的新鲜事儿。这让我知道那些一直在默默付出的同事们都为我们做了些什么，会让我感觉到每个人都在为营造更加美好的幼儿园而努力。这次范老师讲的是ChatGPT，真的好前沿呀，我后面还去了解了一番。"

园长呼应：要引领老师们了解最新科技、社会热点，开阔思路。

凌海凤老师也说："蛮喜欢范老师的'开学第一课'，因为平时周末和休息的时候除了要完成备课，我比较关注的是上海又开了哪家新的网红打卡点，很少关心国家政治经济方面的事情，但我能在会议上了解到时事热点，而且形式多样，视频和案例很精彩。还有一点，每次开园务会议，我们就知道可能要发奖金了。"

园长呼应：我意外地发现，园务公开里最普通不过的发奖金，却是老师们的关注点。

担任书记、园长的时间越长，面对"开学第一课"前老师们的期待，就越要用心准备。这是在不断挑战自己、更新自我，力求不让老师们视觉疲劳、听之无味，还要能入耳、入脑、入心。所以，要上好"开学第一课"，考验着园长的视野格局、底蕴情怀和演讲能力。为此，我必须不断主动拥抱世界、积极学习。

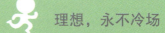

30

理想，永不冷场

拥抱信息科技，构建沟通平台

在信息化高速发展的今天，信息的管理与使用将更多地服务于实践。东展幼儿园网站依托上海学前教育网平台，定期发布园所活动的收费公示、园内的新闻、教师队伍建设和幼儿的活动等。

2015年开学，面对范围广、人数多、每位家长需要等待三个小时的新情况，我们采用了网上报名的形式，首次运用技术手段将众多报名家长分流，减少了家长排队等候的时间，确保了安全，同时也减轻了教师报名的工作量。2016年的创新之处在于，首次尝试使用微信平台招生，且一直使用至今。在"拇指时代"，该平台既方便了年轻家长，同时让园方的管理也显优势，即"一机在手，信息都有"。面对近千名报名者，系统能帮助我们迅速找到目标，同时简化了招生流程，使整个招生工作更科学有序。

2017年9月，东展幼儿园从中、大班开始试点"学迹365"家园互动平台，这是东展幼儿园用来给在园学生家长发布各类通知、新闻、公告及班主任用来发布班级圈的一个微信小软件。目前，已经做到三个园区的全覆盖使用。东展幼儿园的每位家长和教师都能通过专门的账号登录该平台，查看园区的各类信息。在应用程序中，不同的班级有着自己的群组。带班教师会在班级群组中发布该班级的信息动态，这些动态通常是图文并茂的。家长通过浏览动态，能对幼儿在东展幼儿园的发展动态一目了然，同时共享教育资源。

园方在"学迹365"家园互动平台上发布多篇文章，涵盖多方面内容。

 学校介绍　 学校新闻　 学校公告

 我的班级　 学校预约中心　 校长信箱

 设置

©2018-2023 微辰信息：服务协议

图2-12　"学迹365"家园互动平台首页界面

首先是幼儿园的保育和孩子们的日常。我们主动出击，推进发布幼儿园的各项工作，如冬季"做速冻模式下的暖宝宝"全面呈现了断崖降温时三个园区的保育工作等。我们对家长及时公开了具体的防寒措施，家长就不会产生种种担心甚至猜疑。

其次是幼儿园的管理和老师们的日常。除了及时报道孩子们的在园生活外，我们也会将教职工的活动、培训、考评、制度等公正、公开地展示给家长。从家长的角度来讲，幼儿园人员管理细致到位，就意味着稳定，也增加了家长对幼儿园的信任。

以及时的回馈，稳定东展大家庭。还记得2021年1月中小学就发布开始暂停返校和线下教学，但是幼儿园没有收到任何停学通知。对此，许多家长都有了担心和疑惑。我们马上发布了园方公告，告知家长幼儿园继续正常开园。没想到就几行字的公告，发布一小时后竟然有674的阅读量和80位家长"保持队形"地回复"收到"。有家长留言："老师，咱们明天见！"这类通知就应该及时、清楚、有效。

以动情的报道，团结东展大家庭。2020年最热的一篇报道讲述了所有不离沪老师的不容易，家长纷纷在文章后留言，有的感动到流泪，有的力赞老师的无私，还有的甚至化感动为行动，为在沪过年的老师们送来了年货。正是因为这样的报道，把幼儿园和家长紧紧地系在了一起，组成了一个团结的大家庭。

以真挚的感谢，温暖东展大家庭。我们会对捐赠户外驱蚊灯等物资的家长们表示感谢，继续把这浓浓的爱通过"学迹365"家园互动平台传播开来，让东展幼儿园的大家庭变得越来越温暖。

东展幼儿园非常重视建立良好的家园关系，尤其注意家园的双向互动。"学迹365"家园互动平台中有个园级"公告栏"，栏内的消息由园方发布，家长只要签到，表示收悉即可。班级圈的发布就和微信的朋友圈有些相似，只是发布范围仅限于班级家长，可保证幼儿个人信息的安全性。班主任将孩子活动的照片发布在班级群里，家长可以在下方点赞和发表见解。园长也可以在系统上看到每个班级班主任的发布情况，倾听家长不同的声音。如果幼儿园能尊重家长的想法，满足其合理的需求，无疑将有利于促进家园良好关系的形成，推动学校的健康发展。

如2017年的春季运动会后，我们突然接到了一位家长的投诉。运动会前，有个大班男孩刚刚经历过一次生殖系统的大手术，家长考虑到孩子的隐私，只笼统地告知老师孩子刚做了手术。老师也未细问应该注意的事项，没有对运动会中的运动量做相应调整，造成这个孩子的术后恢复出现了问题。这件事让我们认识到幼儿园的保育工作存在问题，由此建立了"特异体质幼儿登记"制度。对于经历过手术的幼儿，就要求家长填写手术的病因和相关注意事项，并由此将术后、骨折后的特异情况扩展到特异体质幼儿的备案。对于海鲜、牛奶、鸡蛋、菌菇类过敏的幼儿，东展幼儿园都设置了午餐的特需菜单，以满足幼儿个性化的午餐服务。

但家长需求也不尽都合理，幼儿园应时时保持与家长的沟通，让家长了解幼儿园的日常工作，看到老师的良苦用心，从而赢得家长更多的理解与信任。作为园长，我开始不定期地撰写"范园长手记"，并发布在"学迹365"家园互动平台上。我试图从细小的事件入手，将老师与孩子相处、互动的过程呈现给家长，并做具体分析，促使幼儿园和家长在教育理念上建立连接，给年轻父母提供指导。

这些文章也获得了家长的热烈反响。很多家长会告诉我说："范老师，通过你的文章，我发现原来生活中时时处处有教育。"有的家长会"催更"："范园长，你好久没写手记了。"尽管压力不小，但我知道这个"范园长手记"为家园之间又搭建了一道科学育儿的桥梁。

依托"学迹365"家园互动平台的开发，我园将信息化的手段逐步推广运用到招生工作中。每年招生前夕，有许多家长来电、来函询问适龄儿童的入园情况。东展幼儿园对外开放"学迹365"家园互动平台，让更多的家长可以通过平台预约参与校园开放日，走入、了解幼儿园。虽然东展幼儿园目前生源比较充足，但我以为这也是体现教育公平及为家长提供优质服务的重要一环。

每年5月正式开始招生时，我们也依靠"学迹365"家园互动平台供家长报名。在报名系统的设置上，基本控制在现场每两个小时验证120名左右的幼儿，家长可以按照系统所预设的时间段分批来园进行验证。这样就有效分流了现场验证的人数，既能减少家长的等待时间，又能提前预知人数，合理安排教师接待，减轻了管理上的负担，保障了现场验证的安全有序。

微信公众号也是宣传东展幼儿园办学理念的一个平台。每次大型活动后，我们的媒体组就能立刻行动，基本能保证在活动的第二天推出报道。最初只有简单的文字报道，如今不仅做到了图文并茂，还加入了视频、动图等，开放了家长留言功能。东展幼儿园年轻的制作老师们靠自学尝试，一学期30篇推文体现了他们满满的工作热情和超强的学习能力。

微信推文内容丰富，有讲老师为"东展宅家乐"线上微活动的付出以及幼儿和家长对"东展宅家乐"的回馈的，有关于幼儿园保育的"东展小厨房"——指导家长如何让宝贝在家吃好喝好，有为招生全力宣传的，还有学期末对家长的感谢，过年时对留沪老师的关爱等。这些文章在宣传我园的党务工作、办学理念、课程建设、幼儿活动、家园沟通及人文关怀上立下了汗马功劳。在2021年的招生季，我们的微信公众号的收文频率开始增加，从每月的1至2篇到每周1篇。尤其在即将开放报名系统时，东展幼儿园召开了各年级的春运会。运动会的这一周，我们几乎是每天1篇推文，这些文章都是我们精做的。运动会后，家长的热情高涨，留言也更多了。我有一个很有意思的发现：公众号发文后，第二天的招生咨询电话就会很多。

如今，东展幼儿园的微信公众号在蓬勃发展中，这一平台已成为东展幼儿园展示办学理念和东展娃风采的主要阵地。

31

及时发现和处理
安全隐患

2021年7月25日，台风"烟花"登陆上海。连续数天大风暴雨，造成我园安龙园区一棵高大的雪松被大风吹断。于是，园方对校园里的树木进行全覆盖的检查，发现我园大树多且高，存在重大安全隐患。此外，多棵大树的树杈较多，有的已经伸展到幼儿园的围墙外，也存在一定的危险。

为防止再次出现台风吹倒大树之类的安全隐患，我园向上海市长宁区教育局基建管理站提出对园区大树进行修剪的申请。申请递交后，基建管理站十分重视，并于2021年8月18日安排对我园安龙园区后操场外围树木进行修剪。为妥善安排修剪时树木下方和周边的车辆及行人安全，我园领导多次沟通协调相关事宜。同时，我园也感谢仙霞新村街道水霞居民委员会、长宁交警、上海市长宁实验小学的全力配合。在所有人的努力下，当日修剪工作得以顺利、安全地完成。

当天上午气温最高达到了32度。有一群人顶着烈日与高温，为我园及时解决了大树带来的安全隐患，确保了开园后幼儿园的正常教学秩序。

站了一上午，身强体壮的倪培俊老师都快熬不住了。范园长开玩笑地说："蛮好，今天治愈了我们所有人的颈椎病！"晚上5点，保育员将围墙外的树枝全部清理干净。

这就是东展人，可爱如我们，敬业如我们！就连被修剪的雪松和水杉也摇曳着清减不少的身姿，仿佛都在为"战士"点赞！

幼儿园面对的是2—6岁的幼儿，他们年龄小、自我保护能力较弱，作为集体教育机构更应重视学校的安全。"麻雀虽小，五脏俱全"，幼儿园的安全涵盖了方方面面：消防安全、食品卫生安全、来园和离园的接送安全、极端天的安全（如台风、极热和极寒天气）、设施设备的安全、从业人员的安全、园内绿化

图 2-13　园区大树修剪及周边安全检查

的养护安全、课程安全、信息安全等。几乎每个地方、每个细节稍有不慎，都会存在安全隐患。

注重安全管理的制度化是做好我园安全工作的前提。在安全工作中，我们不断总结经验，调整优化，形成了详细、可操作性强的各项制度。比如，《东展幼儿园幼儿来园接送卡使用制度》《东展幼儿园幼儿接送制度》《东展幼儿园保安人员上岗制度》《东展幼儿园门卫制度》《东展幼儿园外来人员进出园门登记制度》《东展幼儿园社会车辆进出园门制度》《东展幼儿园外来维修人员安全管理制度》。在园区消防方面，除了制定《东展幼儿园消防安全责任制度》《东展幼儿园消防管理制度》《东展幼儿园消防器材安全检查制度》《东展幼儿园防火安全制度》等，还设有专门的消防安全专管员，真正做到制度详细，责任到人。

此外，我园还有《东展幼儿园视频监控管理制度》《东展幼儿园净化器使用安全制度》《东展幼儿园用电、用水、用气等安全使用管理制度》《东展幼儿园食品卫生管理制度》《东展幼儿园教职工节假日值班制度》等。各项安全制度涵盖了幼儿园安全工作的方方面面，最大化地保证了安全工作有章可循、科学规范。

虽然幼儿园制定了完善的制度，但只有落到实处，才能真正发挥作用。我园定期召开安全工作会议，使安全工作有计划、有布置、有记录、有整改、有总结、有动态的调整。定期检查园内的电器、消毒设施等，发现隐患，专人负责，及时整改并进行记录。对灭火器、应急灯进行检查，对压力不足、过期的灭火器和不亮的应急灯及时更换，对配电房进行检查，不堆放杂物，保持消防通道畅通。同时，开展屋顶、下水道的垃圾清理工作，确保在台风、雨季时下水道畅通。定期对电扇、空调进行检查，确保固定物的牢固。每年对厨房脱排油烟机进行四次清洗，确保烟道的安全。

每学期我园与各部门、各岗位的教职工相继签订了《幼儿园安全责任书》，强化

图 2-14 台风天的日常工作

安全责任心，层层落实，努力使安全工作做到万无一失。

我园有三个园区，各园区都有安全小组。我们定期检查园区的各种设施和设备，尤其是幼儿的大型运动器械，发现隐患或问题时立即解决。同时，各园区的安全小组成员不定期地对校园周围进行排查，及时排摸安全隐患，第一时间上报领导。

近年来，我们发现幼儿园的树木众多且长得很高，每次台风来临前都会成为安全隐患。于是，安全管理小组提出："每年6到7月，主动检查三个园区的树木，及时出资请园艺公司来修剪。"从2021年开始，每年这个时候，我们都会仔细检查园内外、前后操场的树木，协同街道、居委、长宁实验小学做好这项工作。这也成为我园安全工作中的一个长效的安全管理机制。

自从《上海市幼儿园装备指南（试行）》出台以来，我园根据该文本的最新要求，进行了严格的自查。从2021年开始，陆续更换了更符合孩子身高要求的桌椅，尤其是托班孩子的玩具橱柜均调整到65厘米之下。"安全无小事"，在与时俱进的今天，我们应该始终保持学习的心态，主动思考、行动，保护好一方土地的安宁。

32

层层把关，应对台风

2021年9月12日（周日）傍晚，我园接到上海市防汛办通知，9月13日下午及9月14日全天停课。

我园立即在"学迹365"家园互动平台上发布相关通知，并补充说明中午接幼儿离园有困难的家长，幼儿园将妥善安排好幼儿的活动。

早在上个双休日，园方就更换了更防风雨的新雨棚。

周日晚，保健老师及时统计第二天来园人数，提前做好伙食退订工作。另一个工作群中，老师们在讨论9月13日中午离园时的临停工作，落实好开车家长接幼儿时的停车事宜。

9月13日清早，分园修剪大树。9月13日中午，幼儿有序离园。

幼儿已全部离园的班级老师已开始整理室内体育室、教玩具储藏室，并将一些户外的小型运动器械搬至室内。

离园后的家长收到了老师们暖心的关怀："宝贝们安全到家了吗？"当天下午，全园近140位幼儿全部安全到家！同时，我园也收到了来自东展教育集团的关心。

9月14日，我园停课一天。老师们提醒家长：请尽量减少外出。老师们的周计划也已经跟着时事更新。来园后，老师会组织孩子们一起讨论台风"灿都"。

"灿都"过境，第二天孩子们和以往一样准时来园。"灿都"成为大班孩子们讨论的热门话题。于是，老师问道："昨天又不是休息日，但小朋友们都没有来园，这是为什么呢？"

有孩子说："因为有台风。"

有孩子说："风很大很大，我在电视里看到记者站也站不住。"

有孩子说："他穿着雨衣，眼睛也睁不开了，一直在喊。我听到的都是风的声音。"

有孩子说："有很大很大的树倒了。"

有孩子说："雨也下得很大很大，我们只能待在家里。"

我又问："台风过境，风大雨大，但我们的城市并没有受到太大的影响，你们知道为什么吗？"

有孩子说："我看到有环卫工人在疏通下水道。"

有孩子说："有工人把掉在地上的大树运走了，我们就可以走路了。"

有孩子说："我看到很多警察叔叔在马路上执勤。"

有的班级老师给孩子们看了台风来临前老师和工作人员做抗台准备的照片，孩子们说："哇，要做这么多准备呀！""我们的幼儿园今天还是一样美丽。""我要去谢谢倪老师。"

对于台风这一突发事件的应急处置，不仅体现了我园的应急管理能力，还从另一侧面反映了我园对于安全工作的高度重视和对幼儿的关爱。

首先，应急事件是发生在一个周末的傍晚，我园第一时间让家长几乎与"上海发布"同步知晓消息。这说明我园有完善高效的应急预案体系，管理者决策能力强，教职员工有着良好的执行力。

其次，作为幼儿园的管理者，我们时刻把幼儿和教师的安全放在首位。我们做到了"未雨绸缪"，在台风前就对一些安全隐患进行排查并及时调整改进。

最后，在整个突发事件的处置过程中，我们时刻牢记管理是需要"温度"的。如我们安排教师看护不能及时离园的幼儿，并关注幼儿是否安全到家，给予安全生活方面的温馨提示。

另外，我们深知幼儿园管理者与其他管理者的不同在于，我们不仅是管理者，更是教育者，幼儿园的课程也是管理的一部分。在面对突发事件的同时，我们还不忘引导教师从儿童视角出发组织幼儿进行相关活动，丰富幼儿园的课程。这种思维模式已经成为我们的一种习惯。

33

多管齐下，应对突发情况

突发停电

2018年9月5日中午11:40，大多数孩子已经吃完了午餐，却突然断电了。经了解，是因为茅台路水城路的电线杆被社会车辆撞倒，导致我园安龙园区和古宋园区断电，维修大约要3到4个小时。于是，园方在"学迹365"平台上紧急发布了公告。从12:15至13:30，两个园区陆续有许多家长把孩子接回去了。到13:30之后，古宋园区的4个孩子和安龙园区的28个孩子，因家长有工作暂时无法前来，已经顺利在幼儿园入睡。为防止这些孩子中暑，老师们临时在底楼教室增添了简易床，擦洗干净，铺上席子，并将中班孩子的床垫、毯子等搬下来，让孩子们尽快休息。

因为没有空调、风扇，我们打开教室的两扇门，保持通风，孩子们也在老师轻摇蒲扇的安慰下睡着了……

作为一名老教师，我也是首次遇到这样的情况。但全体教职工在家长的配合下，井然有序，尽心尽力。作为园长，我想感谢很多人。感谢教职工们在遇到突发事件时，始终把幼儿的安全与健康放在第一位，很多老师忙到下午近两点钟才吃午饭；还感谢家长给予我们的理解支持和积极配合。虽然老师们很辛苦，但你们的一声"辛苦了"就是对我们所有工作的充分认可。在新学期开始之际，东展幼儿园的孩子、老师和家长就是一个大家庭，请相信"我就是我们"！

做速冻模式下的暖宝宝

2020年，我园启动应对强冷空气的高级预警，通过硬件加固和维护、幼儿一日活动调整、增加保育措施等，确保在雨雪冰冻天气中，幼儿园的全流程、各环节仍能正常运作、有效联动。

图 2-15　包住水管，防止冻裂

幼儿园的硬件加固和维护集中在"防冻保温"工作上，尤其是对水管进行包扎，防止在低温下冻裂。同时，为预防大风灾害，我园对幼儿一路入园的多个遮雨棚进行再加固。针对雨雪天路滑，我们在室外来园通道上铺设了草垫。

在幼儿健康保育工作中，规范了空调的使用，如提前开启，保持室温适宜，孩子离开教室后应关闭空调并开窗通风。

为确保孩子们午餐吃进肚子里的饭菜是热的，老师们都会等孩子们坐下后再盛饭菜，每次只添一部分，等吃完了再添。

午睡时，脱好裤子后先钻进被窝，可以坐在暖暖的被窝里脱最后一件上衣。钻进被窝后，老师会帮孩子们塞好被子。

大班孩子和老师一起讨论了"怎样使自己暖和起来"。孩子们纷纷做起小评委，就空调、衣物、食物、运动这四大类取暖方式的保暖指数、舒适指数、健康指数和环保指数做了星数评价。例如：开空调能迅速让自己热起来，但长时间待在空调房里，会因为空气不流通而容易生病；衣服穿多了会很保暖，但也会影响活动；吃暖暖的食物会让我们很舒服，但食物准备多了会造成浪费，也不环保；运动虽然会让我们觉得有些累，但它既健康又环保，我们还能长个子！最后，孩子们通过观察表格，明白了评判一件事情的标准有很多；通过数星星的方式，知道了运动是取暖方式中最为合适的。

"霸王级"寒潮来临，幼儿园里却"温暖如春"。东展的娃娃们，幼儿园欢迎你天天来做——"暖宝宝"！

在幼儿园的管理中，园长经常会遇到很多突发状况，如突发停电、暴雨预警、台风来袭等。在应急突发状况发生时，学校的应急预案也就第一时间启动运行。但在这个过程中，东展幼儿园要注重做好以下几点。

第一时间将突发状况通过"学迹365"平台的紧急公告告知家长。如夏天突发停电时，首先及时告知家长，可以让有空的家长尽快接回孩子；其次通过发布公告，可以积极寻求各类资源的帮助。

紧急状态下立刻做好分工统筹，园长需要冷静地统筹安排。比如，要弄清楚突发状况是三个园区同时发生的，还是仅一个园区；如果是分园发生的，是否需要总园调配人力支援。要尽快锁定环境、人数、做什么事情，做好分层落实。仍以停电为例，发生在两个园区，安排好落实顺序就是：首先，总园拟定通知，第一时间发布，通知门卫安排好来园接孩子的时间和护校人员，同时紧急告知交警落实家长来园停车的时间；其次，对接保健主任，安排好家长无法来接幼儿的生活，把床摆放在凉快的区域，擦洗席子，带孩子入睡；最后，资源室对接家长运来的冰块，园长及时地向上级汇报等。

除了突发停电是我们无法提前感知的外，台风、暴雨、断崖式降温、暴雪等，一般我们可以通过天气预报、上海发布等提前了解。因此，有些工作我们可以提前纳入计划，如：一般我园会在6月初及时清除户外平台上下水口的落叶、垃圾等，将沙袋运至各园区，防止梅雨季节发生下水不畅的情况；7月中旬会协同社区资源一起检查、修剪三个园区的大树，防止台风时的意外发生；暴雪前资源室会提前包裹水管，在门口铺设草垫，防止师生来园摔倒。这些都需要园长"眼观四路，耳听八方"，每天关注新闻时事和天气状况，如此方能做到"未雨绸缪，防患于未然"。

最后，向全园家长和师生还原整个过程。在东展幼儿园，每次突发事件后，园方的通信报道会完整发布事件的经过，让所有人了解、知道所有的处置过程，向老师和家长们道一声感谢。家园、师生间的信任就是这样一步步建立起来的。

第三辑

爱心怡园

　　如果说办园的前10多年我们注重幼儿园的规范建设，力求幼儿园的平稳发展，近5年则是将对教师专业发展的重视度提到了一个新高度。比如，园方开展了多领域、多层次的培训和专家带教，也设计了多样化的研训方式——线上研修、体验式实地教研、社团建设等，全面推进教师的专业成长。

　　我个人充分理解社会的多元文化，认可教师的个人喜好，尊重教师各自在专业领域的追求，尤其鼓励年轻教师在专业领域进行创新实践，积极推动教师在专业平台上撰稿、发声，参与市、区级课题研究等。近年来，我园年轻的优秀教师不断涌现，有3位教师通过高级教师职称评审，教师高一级职称的比例也在不断提高，由此形成了"各美其美，美美与共"的发展态势。

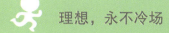

成为"儿童视角"的教育者

周五的早晨，我又站在了安龙园区的门口。早上8:20正是中、大班孩子来园的高峰。我意外地发现，今天自己刷卡的孩子特别多。

小奚妈妈对我说："范老师，看了你的园长手记，我深受启发，原来让孩子自己刷卡也可以是一种学习呢！"我一愣，悄悄打开"学迹365"，看到《由刷卡所想到的……》一文的阅读量是508，说明大家没有嫌弃我这个"有要求"的园长，心里还是挺高兴的。

由于是孩子们自己刷卡，所以已经排起了长队。把卡放在"刷卡区"一照，孩子的名字和照片立即跳出来了。有的孩子看到自己的照片时，显得很高兴。可有的孩子等了半天都没看到自己的照片，难免有些失望。我只能说："你看，上面有你的名字呢！"我想，对孩子来说，直观的照片肯定比单纯的文字更形象。

也有的孩子拿着大人的手机在一本正经地扫，可总扫不出照片。于是，我扶着他的手对着二维码。终于成功了，孩子显然很高兴。

我想，明天我可能会和他聊聊这个对着扫描的地方，有个好听的名字叫"二维码"。或许我还会继续引导他去找找生活中哪里还能看到这种"二维码"。也许我还会问："你的手机还能在哪里扫二维码？"孩子通过观察后，肯定会慢慢发现地铁、商店、电影院等都可以扫码。这将会是一个很有意思的中、大班活动方案主题。我为自己突然萌生的念头欣喜不已，似乎又回到自己做教师时和孩子一起研究生成主题的日子了。但如今作为园长，我应该去和老师们互动，说不定某个班级的孩子会由此产生"二维码"的主题呢！

有很多家长都耐心地让孩子自己刷"接送卡"。半小时的刷卡过程中，我发现有一位爸爸是蹲下身子和孩子一起刷的。定睛一看，原来是蜜蜂班的小董爸爸。我必须为这位爸爸点赞，因为蹲下身子，你就和孩子一般高，你的视野里就能看到和孩子一样的世界。

东展幼儿园教师一直致力于在教育教学中实践、思考、探索，成为"儿童视角"的教育者。在教育实践中，教师主动、自觉地关注和理解儿童，为儿童提供各种适宜的机会和方式，让他们能表达出自己的感受、体验、观察周围世界的角度和想法。

案例中，教师从幼儿的眼中看到了他们对于刷卡机的兴趣，从而创设了幼儿高度的刷卡机、能及时显示幼儿姓名和照片的刷卡系统等适宜的环境，并与家长一同引导幼儿与环境互动。在每日的刷卡活动中，了解幼儿的想法，并以此为基础开展后续相关活动。

在一日生活中，有很多活动都可以基于儿童视角来开展，如大班幼儿自主商量、选择、设计本班的园内秋游活动。有的班级分小组设计、搭设、装饰各种各样的帐篷；有的班级组织骑行小分队，设计园内骑行路线；有的班级商量进行各种小组游戏，体验同伴在一起做游戏的快乐。

在混龄大活动后，幼儿向园长提出："我们很喜欢幼儿园，喜欢我们的大操场、小水池、'勇敢者道路'……我们可以找昆虫，可以观察花草树木。但操场上只有橘树妈妈，太'孤单'了。如果有更多的果树，既能看又能吃，就更好啦！"还有的幼儿提出："为什么幼儿园里没有小动物呢？除了小朋友外，动物也是我们的好朋友呀！"于是，在改建幼儿园时，老师们根据幼儿的"要求"对植被进行了调整，并新增了小动物乐园。

在教研活动中，老师们应多交流孩子们真正关心的问题是什么，以及自己用了什么方法了解到孩子的所思所想。基于对幼儿的关注和理解，老师们群策群力地创设能使幼儿表达出自己的想法的环境与机会。唯有"能关注"（幼儿不经意间的语言、动作、表情等）、"善体会"（幼儿的想法与感受）、"勤思考"（这些想法与感受背后的教育意义），基于儿童视角的活动才能成为可能。

感受幼儿的心灵

这阶段，三个园区的行政人员要全面进班指导各班的半日生活流程。我进了大班的云朵班，正好是年轻的小吕老师带班。半天看下来，小吕老师准备充分，组织实施流畅，幼儿的区域自主活动和生活流程衔接有序，集体教育和运动动静交替，几乎没有让幼儿无谓的等待。整个半日活动呈现了班级和谐的氛围。这对3年教龄的小吕老师来说很不容易，作为"老母亲"的我倍感欣慰。

和孩子们在一起的半天是快乐的。当天虽然下雨，可孩子们照样可以在有限的空间里做运动。一场运动下来，大家都出了不少汗。对大班孩子来说，运动后自己小便、洗手、喝水，用热毛巾擦汗，换下湿衣服再穿上干衣服是每个孩子都可以顺利完成的。

突然，我看见萱萱拿来一件早晨穿的白衬衫，对着班上的陈老师说："我冷，要穿上！"怎么会冷呢？萱萱头上明明还在冒汗。陈老师一边拿着她的衬衫一边问她："真冷吗？"孩子点点头，坚持要穿上。陈老师仔细一看手上的白衬衫，又看了萱萱一眼，马上笑着说："这件衬衫有花边，真漂亮啊！你是喜欢这件衣服吗？"萱萱笑着点点头。"那好，现在你已经冒汗了，就把这件衣服挂在你椅子背上好吗？"我不由暗暗叫好，陈老师真是太聪明了！一般老师面对这状况，往往会有这几种应对。第一种是拒绝型："你已经这么热了，还穿什么衬衫，把衬衫放进衣柜吧！"第二种是迁就型："这孩子真奇怪，这么热了，还要穿衬衫，你想穿就穿吧！"陈老师虽然也觉得奇怪，但她瞬间就读懂了孩子的想法，而且允许孩子将衬衫挂在她的椅子背上，这种应对恰到好处。

下午，我问陈老师当时是怎么想的。她说，自己虽然是2022年9月才新接这个大班的，但在第一次线上家访的过程中，她就发现萱萱穿着漂亮的裙子。开学三周来，据她观察，萱萱很爱美。爱美是天性，这件白衬衫有花边，孩子

图3-1　云朵班的半日活动

自然爱不释手。一早来园穿着，是因为外面冷。进班后，因为始终在活动中，肯定要脱了。运动后，有的孩子在换衣服。萱萱突然想起她的白衬衫了，陈老师从她的表情中就明白了她不是真冷。但毕竟是孩子，从保育的角度来看，穿上它会容易捂出病来，所以建议她挂在椅子背上。事实上，这样的安排也满足了孩子的心理需求。

　　陈老师的话语很朴素实在，但却体现了专业性。幼儿园老师和中小学老师不同，我们不在分学科上做深入研究，但却有整合的意识和宽泛的视野。在一日活动中，既要会创设环境，又要关注幼儿的保育和生活，还要能关注到每个幼儿不同的心理需求。陈老师在萱萱这件事情上最成功的一点就是既知道萱萱的个性特点，了解她当时的想法，又保护了她的健康。

感谢吕老师和陈老师，普通的半天，寻常的时刻，给孩子们创造了一个健康、安全、舒适的心理环境，这才是幸福童年的基础。

儿童尚处于语言表达发展的初级阶段，没有完善的自我表达能力。其内心对人、事、物的判断，对周遭环境的情感，对成人语言的反应相当丰富，但无法通过语言交流的方式传达态度、观点、情绪、情感，以及期待、愿望、好恶等，并非必须以语言方式表达。而且，人之初，其内心世界的情感更较少伪饰，即时的身体语言和长期的选择偏好，基本上能纯粹地以非语言的方式或配合未完成的语言表达，加以破译。

作为教师，当你发现孩子在活动中出现异常情况或说出不合乎逻辑的话语时，不要用自己的眼光去衡量，而要倾听孩子的心声，真正了解孩子的想法，理解孩子的语言、行为和思考过程。这样更有助于我们对孩子的行为和想法做出正确的判断，并及时帮助和引导孩子，让孩子获得快乐的发展与体验。

儿童是积极的社会行动者，是有着当下生活意义体验的生活者，是能动、具有创造性的探究性学习者。如果在现实生活中、在日常带班中、在和孩子的互动中，教师和家长都能站在孩子的角度看问题，用儿童的眼睛去观察，用儿童的兴趣去探寻，用儿童的情感去热爱的话，就能逐渐靠近儿童，以儿童的心理去理解儿童，并给予他们高质量的陪伴和引领。

比起"满汉全席"，更应该重视"家常便饭"。在一日生活的每个环节中，只要教师能保持一份细致和耐心，用眼睛去看孩子的世界，用心灵去听孩子的世界，就能走进孩子的世界，孩子们的天性也会毫无保留地在一个个生活环节和各种自主活动中得以体现。因此，教师要注重幼儿活动的寻常时刻，及时抓住教育契机，并做出及时、恰当的回应，让他们在幼儿园的生活更有价值，帮助他们自主发展、快乐成长。

36

理想，永不冷场

体贴幼儿的难处

　　早上7:45，我例行巡视安龙园区的各班级。走到中班蜻蜓班时，看到的画面让我不禁莞尔。

　　盥洗室里，皓皓小朋友和班主任喻老师"相视而蹲"。看到我，皓皓赶紧低下头。40多岁的喻老师蹲在皓皓面前陪他大便，鼓励他"用力"，还时常问他腿酸不酸。

　　经过了解，原来事情是这样的：皓皓今早到园门口后突然有了便意，硬拖着爸爸要回家，但在爸爸温柔而坚定的劝说下，在冯园长的鼓励下，半推半就进了教室，于是就有了早晨盥洗室的那一幕。

　　"原来这是皓皓第一次在总园蹲着大便啊！"我恍然大悟。不同于家中的马桶，幼儿园里是蹲厕，既能保证卫生，又能锻炼孩子的腿部力量。对中班孩子而言，从小班的小马桶升级到中班的蹲厕，难免有些不适应。听中班老师说，开学至今，有不少孩子不愿意尝试蹲着大便。

　　老师们和中班孩子交流过，对于蹲厕，孩子们有自己的"想法"：有的害怕自己蹲不稳会摔进"坑"里；有的害怕便后没有人来帮忙擦屁屁；还有的在乎大便时是否会开灯，或者唯恐有同伴嫌弃"便便很臭"。我很欣赏老师们能就生活中的这件事和孩子们进行交流，并因人而异地鼓励孩子去尝试。因为只有去尝试了，才会慢慢知道原来担心的事都不是问题。

　　"3—6岁儿童发展行为观察指引"中的"习惯与自理"领域有一条是"具有基本的生活自理能力和良好的生活与卫生习惯"，其中有"不憋大、小便，能自己上厕所""女孩子小便后用便纸""能正确使用便纸"等要求。这些都是在幼儿园一日生活课程里要培养的内容，也是在幼儿期孩子应该要达到的要求，更是幼小衔接的一部分。

在东展幼儿园，保育和教育占有同等重要的比重。我们的老师会关注、帮助孩子培养这方面的习惯，如鼓励孩子们在班级里尝试大便，帮助他们逐步提高适应能力。我很欣赏皓皓爸爸的态度，面对孩子吵着要回家时，他温和而坚定地鼓励孩子去尝试、去适应。

我相信，有了这次的尝试，皓皓还会有第二、第三次……

苏霍姆林斯基曾经说，教育首先是关怀备至、深思熟虑、小心翼翼地去触及年轻的心灵……

一切教育都是从理解孩子的天性开始，包括耐心地倾听孩子的每一次谈话，细心地观察孩子的每一个眼神。无论什么样的教育，都应体现出对孩子的人文关怀。这种关怀应从生活的细枝末节入手，让孩子感受到来自父母或老师的理解、尊重、关爱，从而影响孩子的心灵。

成人要试着看见孩子的不容易，学会体贴孩子的难处。有时候我们不喜欢看到孩子的一些表现，只是我们觉得孩子应该怎么样，却没有站在孩子的角度为他着想。如果我们能换位思考或多听听孩子的表达和感受，或许就能对孩子多一些理解。比如，有的孩子会对蹲厕有许多顾虑和担忧，因此，要理解他们并提出有针对性的解决方法。

其实，保教结合是我国幼儿教育的一大特色，也是幼儿园一贯坚持的原则。早在2018年，我园就结合《评价指南》中的保教实施要求，在原有的《东展幼儿园教师保育指导手册》的基础上，更注重保育实践在各年龄段的衔接，以及体现层次性和递进性，精心构建了《东展幼儿园新保育指南》，使我园的保育工作和幼儿园一日生活科学融合。

《东展幼儿园新保育指南》指出，要以幼儿一日生活中的各个环节为教育契机，把幼儿一日生活中隐藏、潜在的教育契机提升到显性层面上来，有意识地进行有效干预，使幼儿在生活中体会关爱、学会关爱，并逐步成长。

37

引导幼儿观察社会

2018年9月，安龙园区和茅台园区进门处有了新的洗手池，扁扁的喷嘴受到孩子们的喜欢。可是，用了几周，我们就发现由于水龙头设置略高，造成孩子洗手时水会沿手臂流下。如果天冷，孩子们就极易着凉。于是，在国庆长假期间，我们重新施工，降低了水龙头的高度。

假期结束后返园的第一天，我和冯园长一起站在水池边，想观察一下孩子们的使用情况。水龙头降低了高度，孩子们洗手方便多了。月亮班的小崔一洗完手就说："老师，我发现水龙头变低了！"我们惊喜于小崔的"亮眼睛"，这是个多么善于发现的孩子啊！孩子们陆续在家长的带领下入园洗手。也许是因为急于将被褥送进教室，家长们并未注意到什么。

我和冯老师对洗手的孩子说："今天洗手发现了什么呢？"很多孩子摇摇头。有的孩子说："我发现今天洗手不用垫子了（脚下不用垫子）！"有的孩子说："对呀，为什么不用垫子了，难道我7天长高了吗？"孩子的回答让我们都笑了。有的孩子说："我看到水龙头上有毛巾。""为什么呢？"我赶紧追问，"你想想班级里的水龙头有毛巾吗？"这个孩子说："没有！"我问："那是怎么回事呢？"有的孩子愣住了，有的避而不答。有个孩子说："我知道了，天冷了，水龙头要用毛巾盖起来，这样就暖和了。"多有意思的回答。我知道这是孩子们迁移了去年冬天将水管包起来的经验，真还有点道理。其实，正确答案是：水龙头上的毛巾是用来避免反光的。

早上8:40，中、大班的孩子基本都入园了。我和冯园长交流了一番，发现能主动感知、发现变化的孩子只有不到20%。我不由得感到有些遗憾：东展幼儿园的孩子也许会拍球、跳绳，也许会说不少英语，可是面对真实生活里的变化，怎么会没有感知、发现呢？

在日常生活中，我经常会遇到一些老师和家长，他们会说："这个工作布置了吗？我怎么不知道？""老师有说过要带个鸡蛋来园吗？"其实，这些通知早在园务群或班级圈里推送过了。我们也常常会忽视身边的点滴变化，比如今天妈妈的脸色不太好，是否是因为不舒服；孩子的小脸肿了，可能是因为牙齿发炎了。

《3—6岁儿童学习与发展指南》中的科学领域对4—5岁孩子有这样的要求："具有初步的探究能力""能对事物或现象进行观察比较，发现其相同与不同""能根据观察结果提出问题，并大胆猜测答案"。我们的孩子如果没有发现与观察，何来比较与探究呢？

比如，国庆休假回来，彩虹班的小朋友发现班主任何老师的头发剪了，开始对为什么剪发展开了讨论。有的孩子说："长头发会很热，也会不舒服，天热睡觉还会弄湿枕头。"有的孩子问道："何老师，你是和妈妈商量过才剪发的吗？"最后，何老师说，她是为了换一个发型。"都是短发，何老师和范老师有什么不一样？"有孩子问。于是，引发了什么是烫发、为什么要烫发、小朋友为什么不能烫发的讨论。

有孩子发现范老师没戴"外面的眼镜"。有孩子问："外面的眼镜叫什么呢？"原来叫"框架眼镜"。我们讨论了框架眼镜和隐形眼镜的区别，继而说到如何保护眼睛。因此，会发现的孩子就是能在提问互动的过程中获得许多新的经验。千万不要忽视孩子的发现和提问，不要忽视在成人看来"司空见惯"但孩子却充满好奇的现象。孩子的生活认知经验和思维方式与成人大不相同，生活中的学习契机无所不在。

做教师久了，能慢慢意识到会发现的孩子就会观察思考，其提问、沟通的能力也会不断提高。其实，会发现的孩子也是一个温暖的人，因为他能及时体恤他人，换位思考。在发现、提问、思考的过程中，孩子们的小脑筋会越来越聪明，情商也会逐步培养起来。

我在中、大班教研组群里提醒老师们要有意识地对水龙头问题进行引导。我衷心希望在老师的努力和家长的重视下，东展娃逐渐能发现、会观察、敢提问、善互动，变成真正的"聪明娃"和"温暖娃"。

幼儿科学探究的方法，即观察、比较、操作、实验。"观察"排在第一位，这也意味着观察是科学探究的起点。

　　幼儿教师既要尽可能地带孩子到实地、实景进行观察，又要比孩子更善于观察社会，发现细微之处，善于引导孩子。当孩子面对实物时，他们会观察得更细致，想法也会更全面。幼儿园教育不同于学科教育，其对孩子的教育要渗透在一日生活的点点滴滴中。作为幼儿教师，要善于抓住生活中的契机，引导幼儿观察生活中的点点滴滴，激发幼儿探索的兴趣与欲望。

　　同时，不仅要激发幼儿观察的兴趣，还要教给幼儿观察的方法。观察不仅仅是指单纯地看，还包括通过听和摸，对事物有更深的体验。观察其实是一种有目的、有计划且较为持久的知觉。幼儿对于周围事物观察能力的强弱，会影响到他们获取知识的准确性、认识世界的精确性、科学探究的深度以及思维能力的发展。因此，观察力是学前儿童智力发展的重要条件。

　　幼儿教师要鼓励幼儿对观察进行深度加工，通过比较、操作、实验等，不断延展幼儿观察的意义，帮助幼儿总结经验，形成认知建构，体验成功感和认知的趣味，推动幼儿去探索更多类似的未知世界。故事中，老师对洗手的孩子进一步启发："为什么呢？""你想想班级里的水龙头有毛巾吗？""那是怎么回事呢？"这些问题就是在不断调动孩子的经验，帮助孩子不断建立连接。

引导幼儿表达关爱

2018年10月，我的右手中指意外被车门夹伤，好在立即用冰敷，48小时以后热敷，基本没有觉得什么疼痛。但一拍片发现，还是小骨折了。

本以为手指上的骨折没什么大不了，可没过一两天我就体会到了诸多不便：写字只能靠食指和大拇指，写出的字"惨不忍睹"；吃饭连筷子都拿不稳，只好用勺子；穿衣服时，把手伸进袖管也得费些劲儿；连洗澡都只能靠左手，洗头就必须去美发店了。原来我们身体上的每个部分，小到一个手指都非常重要。

右手中指固定期间，我得到了很多人的关心。午饭时，大妈妈总会贴心地给我准备勺子。我的搭档冯老师，经常帮我拧矿泉水瓶盖，替我洗杯子。

有一天巡视午餐，我走进了彩虹班。有的孩子问："范老师，你的手怎么了？"我暗暗欣喜，孩子们会发现、能提问了。又有孩子问："受伤啦？范老师是谁打你了？"孩子们多可爱，他们就是用自己的生活经验来思考的。我说："我骨折了！"有孩子说："哦，我知道骨折。我妈妈也骨折过，她坐着不能动哦，东西都要我帮她拿。"显然这个小男孩对骨折很有经验。我继续说："我被车门夹了！"有孩子问："痛吗？你哭了吗？"我说："没有，我可勇敢了"。于是，我们开始了一次关于"如何不让手受伤"的谈话。孩子们你一言我一语，气氛既热烈又自然。最后，孩子们问："什么时候可以拆掉呢？"我说："要一个月。你们知道一个月有几个星期吗？一个月有几天吗？"我赶紧把大班数学的内容渗透入谈话，最后还拿来了班级里的日历，一张一张数。

第二天，我在走廊里遇到了萤火虫班的小朋友，他们问我："你的手怎么了？"中班的小朋友现在也有"亮眼睛"了，敢提问了。于是，我站在资源室的门口，利用这扇门和我的手演示了一遍，告诉小朋友在关门的时候要注意什么。谈话过后的几天里，每天来园或离园时，都会有小朋友问我："你的手好一点了吗？还有几天可以拆啦？"每一次我都很认真地回答："谢谢你的关心，范老师很高兴！"我想让孩子们体会到关心别人所得到的积极反馈。

我园首届毕业生心悦的爸爸李医生为我拆了固定。临走时，他对我说："东展幼儿园让孩子们充分运动是对的，这是在训练孩子的身体记忆，根本上就是在培养孩子的生存能力。"

走在回家的路上，虽然我的手指还不能握成拳，但我想，明天到幼儿园后我依然会听到孩子们纯真的问候吧！也许，我就可以和他们继续聊一聊手指受伤后如何恢复锻炼的问题了……

幼儿期是道德品质、行为习惯和个性逐步形成的重要时期。教师应在这一关键时期正确引导和激发孩子的爱心和同理心，培养孩子善解人意、关心他人、助人为乐等良好品质。

"3—6岁儿童发展行为观察指引"提出："感知他人的表情及变化，发现亲近的人身体不适或情绪不佳时能表示关心……能注意到熟悉的人的情绪，并表现出关心和体贴。"案例中，小朋友们通过观察发现范老师的手指骨折后，主动问候范老师，大胆地表达了自己对他人的关心。幼儿进入中、大班后，对周围环境的感知会比较敏感，爱问为什么、怎么了。作为幼儿园教师，也应抓住这一时期幼儿的年龄特点，鼓励孩子多表达、多提问、多思考，从而培养幼儿良好的学习习惯等。

"3—6岁儿童发展行为观察指引"还指出："能关注他人的情绪和需要，会在他人难过、有困难时表现出关心，并努力给予适当的帮助。"孩子们通过与范老师的讨论，在表达关心的同时，根据自身的生活经验推己及人，生发了新的探讨内容，即"如何不让手受伤"。智慧的范老师选择做一名倾听者，听孩子们各抒己见。范老师在大班备受关心，同时也得到中班孩子的亲切问候。她还结合安全教育，再次引导中班孩子讨论了"门要怎么关"的问题。

引导幼儿积极主动

之前，我们在安龙园区的进门处分别放了中、大班的桌子，桌上分别放着各自标有五个班级名称的盒子。这天，孩子们都将健康检查的晨尿从家里带来了。

孩子们陆续来园了，大多数家长是将尿管用保鲜袋包着带来的。不少家长也都是自己拿出尿管来放的，并对孩子说："宝宝，你快去洗手，我来放！""宝宝，你别碰，脏！"老师不约而同地说："让宝宝自己来放吧，自己的事情自己做啊！"我们的家长还真不错，一点就通。

于是，小朋友们自己来放尿管了。我们从中发现了很多有趣的现象，比如，孩子们面对一字排开的五个班级的盒子，不知道该放在哪个盒子里。"我是蜻蜓班，放这里！"一个男孩子很快将管子放好了。我问："你怎么知道蜻蜓班放在这里呢？"他说："我认识蜻蜓两个字，我们班门口的牌子上就有！""班旗上也有啊！"旁边的几个男孩也迫不及待地说。萤火虫班的小女孩也放对了。我问："你学过认字吗？"她摇摇头，扳着手指头说："我数数，其他班级都是三个字，萤火虫班是四个字！"多聪明的孩子，虽然不怎么认字，但会"推理"。老师不禁笑了。

也有孩子问我："范老师，这是星星班吗？"我说："对呀，你怎么知道的？"孩子说："因为只有星星班两个字念出来是一样的！"有孩子问我："范老师，为什么月亮班有三个小盒子呢？"我很高兴能听到了孩子的提问。有孩子解释："我知道，是小朋友多，管子放不下了吧？"我暗喜，简直想要拥抱他了。有孩子问："咦，这个管子上有数字，为什么没有名字呢？"有孩子问："老师，你看看我的尿健康吗？"……孩子们的提问层出不穷，我对孩子们的表现很满意。

对幼儿园孩子来说，生活中处处充满了趣味，他们也无时无刻不在感知、吸收、学习。让孩子自己放尿管，是在有意识地培养他们自己的事情自己做的

图 3-2　幼儿自主放尿管

能力。但似乎很多家长已经习惯于为孩子打理一切了，我相信这多是出于情不自禁，甚至是惯性。家长认为，孩子们还小，成人包办是理所当然的。但对中、大班孩子而言，老师们眼里的他们已经长大了，生活中凡是他们自己能做的事情都可以让他们去尝试。家长千万不要在不经意间替代了孩子，这样会在无形之中剥夺了他们自主尝试的学习机会。

有的家长说："我就是担心他把尿管放错了呀！"其实不用担心。首先，孩子们放尿管时，老师都在，会进行适时引导；其次，即便有些小错误，也是正常的，这原本就是试错与学习的过程。

放尿管看似很简单，但你发现了吗，孩子们即便不怎么识字，也有很多自己辨识世界、解决问题的方法，也会观察、分析与思考。在现实生活中，孩子们会接触到很多汉字，如标牌、路名、店招、门牌，甚至饼干盒、牛奶盒。我们是有意识地结合具体的情境进行引导，还是只会一本正经地指着书本上的汉字让其认读呢？又如，生活中有许多数字，如车牌号、门牌号、超市里物品的标牌、电梯里的数字，他能认读吗？电视机和冰箱上的数字是一样的吗？他们知道这些数字代表的不同意义吗？还是你已经直接让他用笔计算20以内加减了呢？

过早地教习认字、加减运算，只是让孩子"依样画葫芦"地机械学习，却在无形中泯灭了孩子的感知、观察、探索的兴趣。幼儿期的孩子还处于具体形象思维阶段，过早地进入形式逻辑阶段，就是"拔苗助长"了。

在日常生活中，有不少家长在生活上一味地包办代替，却在知识的学习上"步步紧逼"，盲目地追求课外培训。其实，对幼儿来说，生活世界是他们最能够直接感知的。在现实生活中多倾听、多交流、多放手，往往能起到事半功倍的效果。

同时，我发现有个孩子放好尿管，还认真地将装尿管的保鲜袋扔入了垃圾桶，边扔边问："老师，这是'干垃圾'吗？"家长们，孩子们已经在讨论垃圾分类了，这正是我园小、中、大班课程里热议的内容。您看到了吗，读懂了吗，在生活里和孩子们一起运用了吗？

在幼儿园里，有很多生活的教育契机。只要每一个教育工作者都能做一个有心人，就能捕捉到教育孩子的最佳时机，适时对孩子进行引导和教育。就以"放尿管"这件小事来说，可能很多成人和教师都不以为意，但是在这个过程中其实蕴含的不仅仅是"放"，更能观察出成人是否愿意放手让孩子自己来做，也能看出孩子是否积极主动、善于观察。

苏霍姆林斯基说："唤起人实行自我教育，乃是一种真正的教育。"幼儿园的一日活动不仅仅是让孩子收获知识、积累活动经验，更重要的是激发孩子的主动性和创造性。通过不同的游戏活动，激发孩子的研究和探索兴趣，让他们对周围的世界充满好奇心。幼儿教师要在一日活动中善于发现教育契机，放手让孩子自己探索，鼓励他们在生活中多多观察和思考。例如，找找超市里的标价牌、马路上的数字牌、路名牌、标识牌，这样将课程和生活相结合，能激发孩子主动学习的兴趣和积极性，可以为其之后的良好学习品质培养奠定基础。

引导幼儿爱党爱国

在"不忘初心、牢记使命"主题教育中，东展幼儿园党支部的所有党员都佩戴着党员徽章。

党员亮身份，接受群众的监督。没想到这个党徽也引起了孩子们的注意。国庆后来园的一个早晨，突然有个孩子指着我胸前的党员徽章说："你这上面的红旗和国旗不一样嘛！"我问："哪里不一样呢？"这个孩子说："国旗是五颗星，当中一颗大星，而你这个上面只有红旗，可没有星星。"我惊讶于他观察得如此仔细。一旁的小朋友说："你上面有字的，是5个字。"我问："5个什么字呢？""我知道，为人民服务，我奶奶说的。"小朋友一脸自豪地说。我问："那你知道范老师身上别着的这个徽章叫什么吗？"孩子们摇摇头。我说："告诉你们，这个徽章叫党徽。"我又说："你们可以在幼儿园、家里找找哪些人身上别着党徽。"孩子们点点头。

第二天，月亮班的小史一进门就对我说："我知道了，范老师有党徽，任老师也有，还有隔壁的刘老师身上也有党徽。""对呀，你看得真仔细！"我马上表扬了她。

分园的园长助理朱老师正走来。"朱老师，你也有党员徽章吗？"眼尖的小史又看见了，说："我已经找到5个有党徽的老师啦！"我告诉小史："戴党员徽章的人就是党员。"

第四天，小史激动地跑来说："我外公也有党徽，但他平时不戴，开会才戴呢！"我们正说着，蝴蝶班的小方小手一摊："看，我也有党徽，我外公外婆都是党员！""听党指挥、能打胜仗、作风优良。"太阳班的小郭说出这一句。我问："小郭，你怎么知道的？""阅兵式上有的呀！"小郭得意地说。

国庆期间，满街的国旗、满目的红色、雄壮威武的阅兵、新式的武器，激

图3-3　从小培养幼儿的爱国心

励了所有中国人。这时候我们的爱国热情高涨，每个人都被感染、被教育。我们的孩子也在耳濡目染中知道了"我是中国人"，认识了五星红旗。教育就要从孩子们看得见、感受得到的具体的感知、体验开始。东展幼儿园设计实施的"我是一个中国娃，我是一朵向阳花"主题活动，从托班的挥舞国旗到小班的"迷你版天安门前留个影"，再到中、大班的升旗仪式和认识少数民族，都从小在孩子们的心田里播下"我是中国人"的种子。

　　从一枚小小的党徽延伸出这么多话题，这是因为具体的实物更能引发孩子的兴趣、关注、提问和思考。9月底大型混龄主题活动"我是一个中国娃，我是一朵向阳花"也是基于这个思考，让孩子们活动着、体验着、自主地学习着，这就是幼儿期孩子的学习方式。

　　在东展幼儿园这样一个小世界里，在孩子目力所及的范围里，我们所给予孩子的每处环境、每位成人的每个言行，都应该是正面与美好的。

教育是国之大计、党之大计。我们要坚持教育优先发展，坚持为党育人、为国育才。陶行知先生曾说过："教人要从小教起。幼儿比如幼苗，培养得宜，方能发芽滋长。"因此，必须依据幼儿身心发展和认知等特点，开展适合其特点的爱国主义教育。

爱国主义教育的核心是"爱"。"爱"是一种高级情感，爱党爱国更是一种崇高的情感，是人世间最深层最持久的情感，是一个人立德之源、立身之本。一个人的情感又与认识紧密联系着，是在认识过程的基础上发生的，因此，"爱"是需要不断体验、感知和积淀的。

"3—6岁儿童发展行为观察指引"提出：能亲近、信赖长辈；知道自己的国籍；知道自己的民族；知道国家取得的重大成就，为自己是中国人感到自豪。引导幼儿从爱自己、爱父母、爱家庭、爱长辈到爱老师、爱同伴、爱身边的人，再到爱幼儿园、爱自己周围的生活环境、爱家乡，逐步开阔视野，培养起对祖国、党、民族、人民的崇高感情。

幼儿阶段的思维方式主要是从自己直接经验获得的感情出发，即从他们耳闻目睹、日常生活中所经历的事情出发，进行形象思维。这就要求教师不仅要将爱国主义教育渗透幼儿一日生活的各个环节中，还要从幼儿身边的事物和时事抓起，必须从最让幼儿感兴趣的事物抓起。

比如，庆祝中国共产党成立100周年之际，从"可爱的中国"切入，开展中、大班爱国主题教育大活动。这一时期关于中国飞速发展的新闻，也引起了中、大班幼儿的关注。孩子们观看"神舟十二号""神舟十三号"飞天，激发起探索宇宙奥秘的兴趣；变身"中国宇航员"在太空行走，在中国空间站里生活、健身和开展科学研究。在"喝彩奥运健儿"的活动中，模仿、参加幼儿园奥运比赛；在传递奥运火炬、参加奥运比赛、获得冠军升国旗的仪式中，体验、学习中国奥运健儿在赛场上顽强拼搏、为国争光的自豪感。中国注重生态保护，15头亚洲大象组团去"旅游"，牵动无数东展娃的心。孩子们说新闻、读绘本，在"一路'象'北"的情景游戏中体验人与动物和谐相处的美妙。

孩子们在一个个体验感强的沉浸式游戏中，充分感知到一个可爱、可亲、美丽、美好的中国，感受新时代的中国风采，为中国发展感到自豪，为自己是一个中国娃娃而骄傲。

满足幼儿探索欲望

　　地球上可食用的淡水已经在慢慢减少，某大班老师带着孩子们自制净水器，找到了一种最原始、最为简便的方法。孩子们在对比四种材料净化泥水后的结果中，发现原来棉花、纸巾净化出的水最干净。当问其原因时，他们通过观察发现海绵上有小气孔，纱布中间也有缝隙，所以不能一次将水净化干净。

　　有个孩子问："老师，为什么今天的棉花不能过滤出干净的水了？"老师发现原来是昨天忘记更换新的棉花了，便问道："是啊，为什么今天的棉花不能变出干净的水了呢？你们可以观察一下这个棉花。"孩子们通过观察发现是因为棉花太脏了，已经不能再过滤沙土了。

　　活动中，老师通过提问、质疑，让孩子们继续探索。"为什么海绵这么大，过滤出来的水却不干净？""为什么今天的棉花过滤不出干净的水了呢？"在老师的不断鼓励、肯定下，孩子们继续观察，继续追踪，发现原来过滤的材料也是有极限的。后来，这个班的孩子将探索延伸到生活经验中，发现空调、空气净化器其实也要经常清洗滤网，而家里的净水器用的时间长了，滤芯是黄黄的。生活中的这些用具也需要经常清洗，这样才能更好地过滤空气、水源，让我们身体更健康。

　　记得那年郑州暴雨之际，看到河南告急，很多人被困，没水没电，生命告急时，网民们纷纷在下面留言：可以在家里绑几块太阳能电池，突发情况下可以照明或给手机充电救个急。如果每个人都有环保理念，有"自制净水"的经验，是不是遇到危急时，可以利用大自然的能源来缓解一下生存所需？面对大自然，我们都很渺小。只有保护好大自然，合理地利用能源，才能与大自然和平相处，获取生存下来的机会。

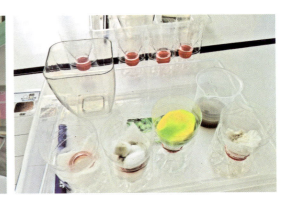

图3-4 "自制净水器"活动

在日常活动中，教师要善于营造具有多种探索可能性的环境。通过多种材料的投放，幼儿在活动中积极动手、动脑进行探索，从而获得多方面的知识和经验，促进全面发展。我们的目标不是把幼儿培养成科学家，而是让幼儿在活动中感受科学探究的过程和方法，体验发现的乐趣。

在活动中，教师要通过提问、质疑的方式，引导幼儿积极、主动地探索。在一日活动中，要不断引导幼儿尝试，在愤悱之后提出具有挑战性的目标。在取得一定的成果之后，再提出进一步的小问题、小目标，进而体验成功的快乐。

教师还应结合幼儿的兴趣特点，开展充满趣味性的科学活动。幼儿园的课程以活动为主，一日在园都要有一定的设计和衔接。这些设计和衔接要考虑到对幼儿探索冲动的激发，要考虑到幼儿探索行为的预设。尤其是科学活动，要将自然知识和科学素养融入科学探究活动设计中，让科学活动充满乐趣。

在此过程中，要尊重幼儿的主体地位，多给幼儿一些主动权，试着做一个旁观者、引导者，让他们主动发现奥秘，表达出自己的所看所想。当幼儿体会到一次探索成功的快乐后，就会不断钻研，不断提升自己的探究能力和科学素养，这才是我们真正的培养目标。

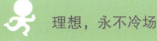

42

激发幼儿好奇心·理

本学期即将结束，我们开始拆除安龙园区从大门至教学楼的帐篷。从9月开学至今，这些连着的帐篷挡住了夏天的烈日、秋冬的雨雪，保证了总园280名幼儿在任何天气状况下都能顺利入园。如今，帐篷一拆，瞬间觉得园区敞亮了，空间变大了。离园时，走出来的好几个孩子都在说："好像变了嘛！""哪里变了？"老师追问着。"哦，是帐篷没有了！""爸爸，为什么要拆帐篷呢？"一个女孩子边走边问爸爸。"不知道！"爸爸随口说道。我在一旁听了，不由倒吸一口气，这句漫不经心的话顿时泯灭了孩子的好奇心。如果家长这样说多好："哦？你发现啦，为什么要拆帐篷呢？"你可以听听孩子的想法，可以鼓励孩子去问老师，还可以和孩子一起讨论"为什么要搭这一路的帐篷"。如果能细细地讨论下去，孩子的生活经验、知识面都会逐渐丰富起来。

2020年12月底，中班孩子说天气预报时讲到了零下2度、零下6度。它们代表什么意思呢？哪个是最高温度，哪个又是最低温度呢？班主任张老师鼓励孩子们回去问爸爸妈妈：一来有利于培养孩子的任务意识，二来让孩子们明白提问也是一种获得知识的方式。第二天，一半的孩子将问题的答案带回了班级，天气寒冷和温度之间的关系成为当天讨论的话题。于是，张老师又随机调整了

图3-5　有无帐篷的对比图

原来的课程内容，将思维课程里的"小猴吃香蕉"提上来。用数轴表示小猴和香蕉的数量。如果香蕉都分完了用数字0表示，小猴少了一个香蕉应该怎么表示呢？孩子开始慢慢理解−1比0小，−2比−1小……我们虽然不和孩子说数轴、负数，但能在生活中帮助孩子理解数学。

当我们和孩子面对真实的生活情境时，也许对成人而言已经习以为常、熟视无睹，但对孩子来说却是新鲜、好奇的。愿爸爸妈妈在陪伴孩子的过程中多俯身，用"儿童视角"去和小朋友共同发现、倾听、讨论和思考，相信有"亮眼睛、会提问"的孩子会更聪明！

孩子必须先有内心生活的创造，然后才能将其表述出来。为了创作，他们必须自然地从外界吸取建筑材料。在他们能发现事物之间的逻辑联系之前，对其思维必须多加锻炼。我们必须为孩子们提供他们内心生活必需的东西，然后让他们自由地创造。只有这样，我们才会遇见一个两眼闪闪发光、边走边思考、灵气十足的儿童。[1]

好奇心源于每日的生活，源于每天自然地接纳外界的摄入。这些正是其未来创造性学习、生活和生产的基石，也是其人生丰富意义的种子。教师要懂得呵护孩子的好奇心，要舍得让出自己的成见，给孩子自由感受和体验的空间。

然而，如果仅止于此，又不足以引导和推动孩子的发展。成人不能耽于孩子所谓的"自由"生活，而要善于在关键的地方给予孩子恰当的引导。也许有的家长会认为孩子都是这样的，你不可能跟在屁股后面和孩子一起好奇，这恰恰会失去许多促进孩子发展的机会。

儿童喜好在虚无、令人痴迷的世界遨游，就像原始人一样，他们总是被迷人、超自然和虚无缥缈的东西所吸引。对此，我们要指出的是，实际上在任何情况下，这种原始状态都只是暂时的，会被其他状态取而代之。对孩子的教育应当帮助他们克服这种状态，而不延伸或发展这种状态，甚或让他们停留在这种状态。[2]

好奇心难能可贵，孩子在这个年龄有着天然的优势，可以说是智慧发展的关键期。这时多陪陪孩子，多引导孩子，对孩子的一生都会有着深远的影响。从孩子的视角重新感悟世界，这也是养育孩子行为本身带给家长心灵的润泽和回馈。

---

1 ［意］玛利亚·蒙台梭利.发现孩子[M].胡纯玉，译.北京：中国发展出版社，2006：151.
2 ［意］玛利亚·蒙台梭利.发现孩子[M].胡纯玉，译.北京：中国发展出版社，2006：144.

43

在生活中丰富体验

在散步大活动中，孩子们在花坛边、大树下到处寻找蚂蚁的踪迹，有的还在埋头挖洞。可是蚂蚁都躲到哪里去了，怎样才能捉到呢？这个问题引起了孩子们的思考。他们想用吹哨的声音来引蚂蚁，可是蚂蚁没来！于是，改用手电筒的光吧！怎么还没有来呢？用米粒或放块糖呢？"来了，来了，蚂蚁终于来了！"孩子们欢呼雀跃。"可是，蚂蚁好像来得不多。"最后孩子们终于发现，原来饼干屑可以引来一大群蚂蚁。

那天中午，孩子们兴高采烈地将捉到的蚂蚁搬进了教室。可他们午睡起床后发现死了不少蚂蚁，未免有些沮丧。于是，老师问："为什么蚂蚁会死呢？"经过讨论，孩子们知道"原来蚂蚁是群居动物，如果它们离开了同伴，就很容易死"。有孩子说："那就再抓点蚂蚁来，它们不就群居了吗？"就在孩子们兴致勃勃地去捉蚂蚁时，有孩子说："没有蚁后，蚂蚁还会死的！"又有孩子问："哎，怎么办呢？"孩子们终于得出了一个似乎暂时无法接受的结论：把小蚂蚁们放回去！有孩子说："放回去吧，放回去就不会死了。"有孩子说："放回去吧，小蚂蚁就能见到妈妈了。"尽管有些不情愿，但孩子们还是将那些剩下的蚂蚁放回了草丛。他们不仅学会了捉蚂蚁的方法，了解了蚂蚁的习性，还知道了大自然才是蚂蚁的家。

秋天的味道在哪里呢？在丰富的食材里。我们准备了各种食材：枸杞、红枣、黑芝麻、莲子、绿豆、黑豆……孩子们对食材产生了兴趣，了解了食材的功效，如红枣补血、莲子安神、罗汉果润喉等。于是，他们开始自己挑选食材，放在小台秤上称一下分量，再记录下自己准备的是什么。有的记录了八宝茶的配方，有的磨起了芝麻核桃粉，还有的配置了营养粥。有的孩子说："我爸爸这几天上火，我要用绿豆、莲子配个降火茶。"有的说："我妈妈每天要忙到晚上，我给她做些补脑的芝麻核桃粉。"有的说："我妈妈每天要用电脑，可以给她喝明目的枸杞菊花茶。"孩子们不仅认识了秋天的食物，还知道了食材的丰富营养，更表达了对身边人的满满爱意。

2015年，我园参加了上海市第二轮民办优质园的建设。如果说在2012年首轮创建中，我们从春、秋两季混龄体育大活动入手，第二轮创建时，我们着重进行了"激趣健体"课程的优化。这是因为我们发现，一个幼儿的成长不能仅仅靠运动，社会需要培养的是德智体美劳全面发展的幼儿。

"激趣健体"课程坚持"一日生活即教育"的基本理念，通过园内各类符合幼儿年龄特点和教育发展规律的多样化的实践活动，给予幼儿丰富的经验与体验。

以"丰收的节日"为例，"大自然、大社会是我们的活教材"，但生活在繁华都市里的幼儿却很少有亲近自然的机会，这就造成我园幼儿发展的不平衡（运动能力强，亲近自然少；单独活动多，结伴活动少）。因此，我们设计了"丰收的季节"主题活动。

整个大活动历时三个月，分为播种阶段、日常活动阶段（秋游、主题活动、散步活动等）和"丰收的节日"主题大活动阶段。孩子们在整个活动过程中不仅收获了认知，激发了亲近自然、探索周围世界的兴趣，更重要的是培养了初步与自然和谐相处、关爱身边人的意识。事实证明，我们通过课程的优化，促进了幼儿发展的多方面平衡。

依据皮亚杰的认知发展阶段理论，3—6岁幼儿处于前运算阶段。在这一阶段，幼儿建立了符号功能，可以将感知内化为表象。但这种表象的建立，仍然需要幼儿的亲身参与、亲身体验。

幼儿在生活中"体验"，可谓"以身体之，以心验之"。教师应该在一日生活中觉察和抓住自然体验、自主体验的成长契机，给予幼儿真实、充分的体验过程，从而获得更具体的体验感觉、知觉等，积累更丰富的经验。这样更能激发幼儿参与、学习和探究的兴趣，有助于增强幼儿的思维能力，培养幼儿的社会情感，形成良好的行为。

儿童在生活中体验着生命的成长，在生活的体验中实现自身的生成，进而发展成一个完整的人。[1]作为幼儿教师，应让每个"生活在当下"的幼儿多一些积极主动的体验，过"丰富有意义的生活"，顺天性地帮助幼儿在自然教育下快乐成长。

1　马丽群.体验儿童的生活体验——基于生命哲学的视角[J].教育与教学研究，2012（9）：126—129.

44

在生活中发现和探索

　　亲亲带回了一个"神舟六号"玩具回家组装，组装好带回园时下面多了一根吸管。亲亲说："这个'神舟六号'的螺丝是爸爸帮我拧的，可是装好后它也没法自动飞上天了。"

　　亲亲说："爸爸带我看了火箭发射的视频，我们发现真的火箭是靠燃烧产生的动力将火箭推送飞上天的。"

　　亲亲说："为了安全，爸爸说肯定不能点火产生动力，要想其他办法。"

　　"于是，我们在家找了一个吸管，把它扭弯了，靠我们吹气的方法，让火箭飞出去。"

　　"但是，我在家试了还是没成功。"亲亲一时觉得有点沮丧。

　　自由活动时，很多小朋友都凑过来一起研究。

　　有的孩子说："这个吸管太细了，中间还折弯了，所以火箭吹不上去。"

　　有的孩子说："可以试试粗一点的吸管。"

　　就当大家都一筹莫展时，有个孩子拿了一个脚踩的打气筒，说："试试这

图3-6　探索"神舟六号"

个，这个脚踩的力气大。"

大家想办法连接好接口处后，用脚踩下去，火箭还是一动不动。

就当我也想放弃时，有个孩子突然发现："下面这个孔有风吹出来了。"

亲亲在他的提示下，拔掉软管，将手放在插孔处感受。原来打气筒下面有两个插孔，踩压时，一个有气冒出，应该是出气孔，另一个没有气冒出来。那是干什么用的呢？

有孩子说："那是进气的吧。我们软管插错了，空气喷不出来，火箭就飞不上去了。"

大家尝试着换了一个孔，再踩压时，终于成功了。

如今大力倡导低碳经济，建设生态文明。低碳生活就是在生活中尽量采用低能耗、低排放的生活方式。学校作为对下一代进行宣传教育的阵地，我园对中、大班幼儿也开展了环保主题大活动。

图3-7　歌表演《大家的地球大家爱》

一开始，我对这个内容要设计什么样形式的活动是有困惑的。节约能源是个老生常谈的问题，但要真正让4—6岁的孩子感兴趣，发自内心地去理解能源的意义，非常有难度。在任老师和课程组老师的协助下，我们通过网络找到了很多关于节约能源的活动素材。

首先是歌表演《大家的地球大家爱》。它讲述的是一群孩子为救生病的地球妈妈做出努力的故事，将生活中需要注意的节能环保小知识编成朗朗上口的儿歌，用边唱边跳的形式演绎出来。因为它是沪语儿歌，所以非常适合我们的本土化课程。

当时的想法仅仅是通过这种新颖的形式来让孩子多了解一些低碳环保方法。有一天，我们离开教室关灯时，有孩子突然用沪语唱起："节约用电、关紧水龙头……"我发现，就像我们小时候唱的"七不行为规范"，简洁明了的歌词已将环保意识不自觉地融入孩子心中。于是，结合中、大班幼儿不同的年龄特点，中班幼儿学着说唱，大班幼儿可以边唱边合作表演。老师们创设了小舞台、道具、服饰，让孩子们作为"环保宣传大使"，因此有了充分表达表现的平台。

另外，在课程中注重沪语传播，不仅是为了上海本地的孩子传承本土文化，还有一部分是因为东展幼儿园大约有三分之二的孩子的祖籍是外省的，他们的父母从祖国各地来到上海，都是上海的建设者。如果能让这批孩子理解、认读沪语，我想他们将来能更好地融入我们的城市，能更好地为上海的发展贡献自己的力量。

这里还有个小故事：当时班级里就有这样的一个小男生，来自浙江。他如同大部分男生一样，运动能力强，但语言表达却含糊不清，自身有些好动，对于一般的集体学习活动很难集中注意力。突然有一天，我们在学说这首沪语儿歌时，他很认真、很安静地听着。当时我们在想，普通话都说不清楚的孩子能接受新的语言吗？结果是肯定的。他对沪语的音调非常感兴趣，一改往日非常排斥说话的习惯，一句句地跟着大家学念。后来我经过网上查证，发现沪语结合了江南地区语言中不少古老的语音、词语，具有语言跨越度远、宽容度高的特点，能让全国各地的孩子都找到了共鸣。

0—6岁幼儿就处在语言模仿的重要时期，对语言的接受度往往比成人认为的要高。于是，我们在平时的活动中坚持定期融入一些沪语儿歌、游戏说念，传承传统文化。

与其说我们是孩子的老师，不如说是孩子促使着我们不断地成长。

说到节约能源，孩子们就会问："能源是什么？"我试问了班级的孩子："你们知道什么是能源吗？"他们的回答五花八门，有的说是水，有的说是电。我问："电是哪里来的呢？"他们回答："发电厂呀。"我又问："发电厂又是怎么发电的呢？"他们回答："是用机器吗？"……在大部分孩子心里，他们觉得电是天生就有的吧。水和电对我们的生活至关重要，所以要节约用水用电。孩子们对能源的重要用处几乎都是一知半解的。

对于这个问题，其实我们也不是专业的，但不能因为孩子小，就胡乱搪塞过去。于是，我告诉他们："这是一个特别有趣的问题，大家可以活动后去查一查相关的资料，到时候再一起来讨论。"旁边的老师说："这个是不是太难了，他们不懂的。"但是，我觉得既然要谈这个问题，老师首先要清楚，这样才能给予孩子正确的引导。这就是俗话说的：教给孩子一杯水，教师要有一桶水。孩子们通过查阅资料发现，原来能源是能提供能量的资源，包括热能、电能、光能、机械能、化学能等。如果将能源按来源来分，又可以分为三大类：一是来自太阳的能量；二是来自地球本身的能量；三是月球和太阳等天体对地球的引力产生的能量，如潮汐能。然后，我们便要和孩子讨论：选择哪几种能源呢？最后决定将几种比较贴近孩子生活的能源作为研究对象，如太阳能、水能、风能……研究目的：看看它们会产生什么样的能量，如何造福于人类的生活。孩子们只有了解了能源产生能量的意义，才会自发地去保护它们，这才是环保生活真正的目的。

所以，当老师绞尽脑汁地设计活动时，不如先走到孩子身边，与孩子一起讨论。你会发现只有走近他们，才知道他们真正需要的是什么，从孩子身上迸发灵感，不断地"武装"自己。同时，将孩子提出的问题作为活动目标或者需要解决的难点。

我们可以从网上购买到很多关于能源小实验的玩具，减少了自制玩具的时间，但网上品种很多，除了要认真筛选外，还要特别注意它的安全性。老师先操作一遍，再挑选一些适合中、大班幼儿年龄的能源小实验玩具，如太阳能发电、水力发电、动力发电、空气动力、空气液压……

但是买来的玩具都是半成品，需要自己组装好才能玩。我在尝试安装第一个水力发电机玩具时遇到了困难，开始没有发电成功，经过反复摸索后最终成功。这次的失败让我突然觉得这个安装过程非常适合孩子们自己去探索，他们能通过了解构造来熟悉其中原理，能在不断试错的过程中激发起探索的兴趣。于是，我将这些玩具作为班级幼儿完成区域活动的小奖品，获得奖品的幼儿可以选择与同伴一起组装，或带回家与家人一起去安装。孩子们如获珍宝，个个都很珍惜。让我惊叹的是，东展幼儿园一直坚持培养孩子们的建构能力，因此大多数孩子几乎都能看得懂图纸。有的两人一起探索，有的还带着爸爸妈妈一起探索。通过组装、调试，他们对这个实验的原理已然摸索得很清楚了。

我们常说制作说明书是思维的转化过程，重点在于能否将知道的表达表现出来。如何让孩子们将知道的事情表达出来呢？有一天，当我跟孩子们说，这些玩具要在大带小活动中和中班弟弟妹妹一起玩。怎样才能让他们玩明白呢？有的说："弟弟妹妹在身边时，我们可以讲给他们听。"我问："你们不在身边怎么办呢？"有的说："可以把玩法画给他们看，画个'玩法说明书'。"这个主意真不错，小朋友们马上就开始行动起来。他们从自己的视角出发，用一些符号、图形记下玩法、注意事项及安全提示，更便于孩子们之间信息的沟通。

图 3-8　玩具说明书

a：不仅在说明书上贴了玩具的照片，还贴有几号区，方便弟弟妹妹看到说明书就能到活动室内找到相应玩具。
b：这两条弧线表示要用手捏一下，瓶子扁了，空气就会顺着箭头把火箭推出去。
c：红色区域说明太阳能是如何带动螺旋桨转动的。
d：这是安全提示，动线符号表示风扇在转动时，不能用手触碰。

除了自己班的小朋友外，其他小朋友也在反复探索、摆弄这些玩具中有了很多惊喜的发现，如我提问、我回答。

这些能源小实验的玩具安装起来都比较简单。为了便于幼儿安全操作，材料几乎都是泡沫、纸板等，所以经过多次活动后，就容易损坏。一开始我非常苦恼，每天要检修玩具，调整液压钳里面的气体量。当阴天或雨天时，太阳能玩具就没有办法玩了。有一天，奶奶老师来园参观，恰巧天气是时而阴时而晴。正当我们想解释时，奶奶老师说："非常好，就是要让孩子们去发现为什么今天太阳能汽车不能向前走了，找到原因也是一种探索。"

图 3-9　孩子的问答

a：我想问——风、空气、太阳是怎么产生电的？这些电对人体有伤害吗？
b：我回答——倒水时速度要快，带动下面的齿轮转起来，灯就亮了。
c：我回答——太阳热能产生动力发电，才能让风扇转动起来。
d：我回答——棉花和餐巾纸能过滤出很干净的水，但是海绵不行，因为有洞。

是呀，我们要让孩子看到生活的常态，知道在反复实验中材料会破损，太阳能汽车需要太阳等。教育不是提供给孩子完美的材料，不是让孩子绕开困难，而是让他们发现问题，才能去更好地探索、解决问题。

于是，我不再急于将坏的玩具藏起来。当面对幼儿实验不成功时，我会特别留心地加以观察引导。我惊喜地发现孩子们对于坏的玩具更感兴趣，不断地组装、摆弄，能发现很多秘密。

有孩子说："有物体遮挡住太阳光，风扇就不能转了。"（太阳能的作用）

有孩子问："为什么这个直升机螺旋桨只能转，不能飞上天呢？"

有孩子说："我发现太阳光强时车走得快，太阳光弱时车就走得慢，可能电量不够了。"（蓄电问题）

有孩子问："如果直升机要飞上天，是不是需要一个很大的太阳板，积蓄很多的太阳能？"

有孩子说："水力发电机的齿轮转得慢，倒下的水流也慢，或者水流没对齐齿轮，就不能带动发电机发电。"

有孩子说："如果液压钳的管子漏气了，压力就没有了，动力钳就动不了了。"

有孩子说："如果听到太阳能车子发出'咔咔咔'的声音，就要检查齿轮是不是错位了。"

之前组装过的小朋友还会把电线部分拆开，再扭一扭，检查一下是否松动了……这一切，让我仿佛看到了若干年后的机械师、工程师，孩子们太棒了。

教育的意义就是要让孩子在生活中激起更多发现探索的兴趣，获得一定的经验，并能运用到生活、科技中，创造更美好的未来。对于孩子们最感兴趣的这些能源小实验，他们已经能从自己的生活中找到这些小发明，如幼儿园的太阳能灭蚊灯、动力发电电动车、太阳能地暖、热水器……甚至能一眼认出天和核心舱旁边格子状的物体是太阳能板。孩子们还会利用这些技术画出太阳能发电机器人、太阳能卫星、太阳能电车……虽然前人已为我们创造出这些新环保产品，但相信小时候经历的探索、实验过程，会让科技兴国、生态环保等理念扎根于他们的心中。

学龄前儿童的思维还是依赖于具体的动作和表象，并不能进行抽象的逻辑思考；但他们又对世界充满了好奇心，愿意积极地尝试、探索和理解周围世界。东展幼儿园的"激趣健体"园本特色课程，一直注重的就是"顺天性而教，循规律而育"。通过创设童趣的环境，让幼儿获得多样化、丰富的实践经验和体验，在生活中"引发兴趣、体验乐趣、陶冶情趣"。

陶行知先生提倡的"做中学"，强调幼儿通过自己的双手实践掌握知识或技能。我们提倡科学，就是要提倡玩把戏，提倡玩科学的把戏。科学的小孩子是从玩科学的把戏中产生出来的。任小孩子自由地去玩，不能加以禁止。[1]在东展幼儿园里，科学活动正如陶行知先生口中的"玩把戏"。

幼儿游戏离不开玩具，自制科学玩具能更好地培养幼儿的想象力及创造力。"自制净水器"小实验中，孩子们通过看一看、摸一摸、玩一玩、比一比，在轻松自主的氛围中动手体验游戏操作，了解棉花、纸巾、纱布、海绵四种不同材质对水的净化能力，并将更换新的净化材料能提升净化功能的活动经验迁移到实际生活中，认识到空调、净水器的滤网、滤芯也要及时清洗更换，这样才能保证机器的净化功能，让我们的生活更环保、更健康。

教育是"无痕"的，它源于生活又回归于生活；教育又是"有痕"的，它总是记录着孩子们成长的足迹。立足幼儿的实际生活，巧妙渗透科学教育，真正做到科学活动向幼儿日常生活的渗透，真正做到科学教育的生活化、日常化和常态化，更有助于幼儿凭借已有的生活经验，更轻松地理解与掌握科学知识，让幼儿的科学素养进一步得到提升与发展。

---

1 张泉君.著名教育家演讲鉴赏[M].济南：山东人民出版社，1995：243.

45

在共同生活中认识自我

经过这么多年的实践，东展幼儿园的"激趣健体"课程获得了家长们的认可，其实是运动背后所体现的东展幼儿园的教育理念、教育初心打动了家长。

运动会后，有家长说道："东展幼儿园的运动会让我们看到了遵守规则的契约精神、不计成败的参与精神、奋勇争先的竞技精神、团结友爱的协作精神、刻苦练习的坚韧精神、精益求精的工匠精神，以及即使遭遇挫折也要努力完赛的拼搏精神和为同伴乃至对手加油鼓劲的无私精神。"

近年来，保教主任任懿老师一直在寻求这方面的突破：运动对孩子来说是什么？他们对运动会是怎么想的？运动的本质是什么？为什么要让孩子运动？运动除了增强体质外，还能陶冶精神。运动的本质就是让孩子们通过运动感受到运动能带来快乐。我们举办运动会，就要思考怎样让孩子成为运动会的主人和快乐的主人。

以往的运动会中，孩子们还是比较被动的，老师会综合各方面的考虑来确定名单。为了让孩子能主动地参与这些活动、寻找快乐之源，激发孩子参加运动会的内驱力，我们尝试做了一个活动，即"我报名我来赛"。整个活动主要分为以下六个阶段。

第一，认识项目。两位班主任对是否开展和如何开展活动进行讨论，在思想上达成一致，同时完成初步规划。

对中班孩子来说，运动会的游戏项目还是比较抽象的。在"我报名我来赛"活动开始前，孩子们用了两至三周的时间，对每个比赛项目中的小游戏都有所了解。然后，我们用了大概一个星期的时间，来了解由多个小游戏组成的八个比赛项目，并用照片和录像帮助他们回忆各个小游戏的玩法及规则。

第二，交流讨论。在这个过程中，老师有意识地去和幼儿讨论这个游戏的难点在哪里和获胜的方法。我们想让他们认识到游戏里面有不同的侧重点，结合自己在之前运动中的体验，提高对自我的认识，进一步发展自省能力。

第三，自由报名。老师出示比赛项目和可以参加的人数，每个孩子可以报两个项目。在选择的过程中，有的孩子是数人数的，有的孩子关注自己感兴趣的项目，有的孩子关注可以参加的人数。也就是说，虽然有的孩子对这个项目感兴趣，但是这里已经满员了，就不参加了，去换别的。

第四，再次讨论。报名结果一出来，我们就发现这样是不能参加比赛的，人数和比赛的要求差太远了。其实，孩子们也发现了这个问题。中班孩子一开始的选择都依据兴趣，没有问题。但是，在这个过程中，他们就要开始选择和取舍。这并不是真的以每个人的主观意愿为主的，因为我们还有集体，大家是代表班级去参加的比赛的，集体也是一个考虑因素。于是，我们组织了全班的讨论。

老师问："人多可以参加比赛吗？"

孩子说："人多了是不能参加的。"

老师问："为什么呢？"

孩子说："这个项目只要五个人，而我们班级出了十个人。人家都比完了，我们还没比完。"

老师问："怎么办呢？"

孩子说："如果你不会这个项目，可以不参加。"

从这里可以看出，孩子们对于"道理"都是懂的，但是没有触及他们的切身利益。于是，我们又进行了一个游戏项目的小组讨论。这次的讨论点更聚焦了。

老师问："那么去掉谁呢？"

孩子们都同意去掉，但谁都不愿意说去掉谁。大家脸色都很凝重，左看看，右看看。然后，突然发现那天有一个小朋友没来，所有人都说去掉他。

老师说："这个小朋友没来，去掉他，我们要征得人家同意，对吧？"

于是，我们在人员齐了的情况下，进行了第二次讨论。

这时候，突然他们想到之前大组讨论时说，你不参加这个项目，可以去参加别的项目。

对中班孩子来说，人多了，就不能参加。谁要走，也就意味着自己就没有游戏了，那是不行的。但是我们可以和他们解释清楚，你不参加这个，还可以参加其他项目。明白这一点之后，孩子们开始动起来了。

孩子说："我要去参加'幸福圈传递'。"

老师问："为什么呢？"

孩子说："报名的时候我数错了，其实是九个人，现在我可以回去了。"

孩子说 :"我去参加别的项目,因为我在别的项目上很能干。"

这个男孩的运动能力比较强。看到这个男孩起了个头,老师就顺势问其他几个男生 :"你们怎么办,谁愿意去参加其他项目?"

这时候有四个人说愿意参加其他项目。

老师问 :"只要走两个,你们走了四个,这个游戏怎么办?"

孩子说 :"也不行的,人少了。"

孩子说 :"不行的,我们人少去比赛,虽然赢了,但是不公平。"

老师问 :"这个比赛最后的目标是什么?"

孩子说 :"我们要获胜。"

老师问 :"除了你们说的挑自己喜欢的报名外,还有什么方式可以用来选择谁去参加比赛?"

孩子说 :"谁厉害谁上。"

第五,练习比赛。在练习和比赛的环节,每一组都会有比赛组和陪练组,原来报名参加的就是比赛组成员。关于陪练组,我们询问班上其他孩子 :"我们是一个集体,你们谁愿意帮助他们?"之前孩子们玩了三个星期的小游戏,他们对这个游戏的体验还不够。他们在做陪练的过程中,也有机会尝试不同的比赛项目。

第六,人员调整。两个星期之后,开始有孩子会感觉到自己在这个项目上是强的,在另一个项目上可能不行,或者说好像不合适。于是,我们就开始进行班内比赛,调整参赛名单。在比赛组内进行评比,愿意参加陪练组的孩子也能加入这个比赛。这样就出现了新的比赛组和候补组。候补组由班内比赛中没有获胜但仍愿意参与的孩子组成,他们会和比赛组一同练习。通过一次次的组内比赛、一次次调整,最后确定了最终的比赛阵容。

在整个活动过程中,孩子们的一言一行时时都给老师带来惊喜 :惊喜于他们对问题的认知,惊喜于他们的 "大度",惊喜于他们的不同。孩子们在一轮轮练习、比赛、选择的体验过程中总结出自己在哪些方面比较擅长、在哪些方面还不够擅长,逐步知道自己和他人是不一样的,很乐意接受一个这样的自己。同时,在整个准备的过程中会亲身感受,看到自己通过努力取得的进步,从而建立自信心。

"我报名我来赛"这一活动背后体现了教会孩子运用自主选择权。第一次报名时,孩子们的选择基本上是无意识的。经过多次讨论,孩子们慢慢地了解到报名选择其实要考虑很多因素 :爱好、人数、能力、集体……他们也从中体验到选择除了意味着得到外,同时也意味着放弃与担当。

在幼儿园的共同生活中，孩子们通过"我报名我来赛"活动，尝试学着跳出一个"我"字。在活动中，从"我"到"我们"，从"自我"到"他我"，从"个人"到"集体"，整个适应过程就是孩子们的发展过程，即孩子的社会化过程。

　　作为教师，在活动中首先要让孩子初步尝试认识自我，认识自己的心理状态，认识自己的长处和短处，认识自己的特点，等等，进而鼓励他们尝试调节自己的行为。其次，更应让孩子认识别人，在集体中学会商量、妥协、合作……从小培养孩子具有合作的愿望和行为，对孩子的人际交往能力、合作意识和行为的发展均是一个良好的启蒙教育。

　　在共同生活、认识自我的过程中，要鼓励孩子从"我"中跳出来，初步认识到"我们"，认识到别人，认识到"我"的局限性，才能更好地完善自我和提高自我。

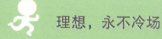

培养孩子的计划性

　　"可爱的中国"主题大活动中有室内户外、楼上楼下50多个游戏，孩子们对每个活动区有哪些游戏、游戏怎么玩都非常了解。而且，"可爱的中国"活动仍然是以"大带小一起玩"的形式进行的，因此活动中，我们看到了很多哥哥姐姐照顾弟弟妹妹的场景，既温馨又有爱。

　　开展主题大活动，不仅仅是为了培养孩子与同伴交流、与人相处等社会能力。最近我们发现，孩子们参与活动的目的性不强，如活动开始了，却不知道该从何玩起，不"会"玩了。针对这样的问题，我们采用了"制订计划书"的方法，先回忆游戏活动有哪些，再选择自己最想玩的三个地方画下来。老师进行记录，活动结束后大家一起分享讲评"今日计划是否完成"。

　　第一次和弟弟妹妹结对商量，孩子们很激动，一起把想玩的游戏都画下来。结果第一次活动后发现，大家都没有完成计划呢。对此，我们就"什么是完成"的问题展开了讨论。有的孩子认为，我玩到了就是完成了；有的孩子说，老师

图3-10　制订计划书

给我彩圈了，代表我完成了。一番讨论后，老师及时总结：如果在这个活动区老师给了彩圈、贴了星星，或者活动后有作品、材料包等，就证明你完成了。

有了"完成"的概念之后，孩子们再展开讨论。有孩子发现："我们想玩的游戏很多，一次没办法玩那么多，所以我们没有完成计划。"又有孩子说："可以把自己最喜欢玩的画下来。"

的确是个好办法。这一次，从计划书上看，孩子们明显有目的了。活动后的分享讲评环节，大部分孩子完成了两个计划。由此可见，孩子们开始有意识、有目的地按照计划进行游戏，而非"四处闲逛"了。不过，也有只完成了一个或一个也没完成的。大家再次展开讨论：为什么你们只完成了一个？

有孩子说："弟弟一直想玩××游戏，玩得不肯走，我就只能留下来陪他玩，然后时间来不及了。"有孩子说："第一个游戏玩的时间太久了，走到玩第二个游戏的地方时，音乐就响了。"还有孩子说："我们想玩的游戏区关闭了。"的确，因为大活动开始后有一段时间气温骤降，考虑到孩子身体的适应性，所以我们将户外的几个活动区改到室内，对活动区的内容也做了调整。

结合这些问题，我们再次商量讨论出各种好办法：选的游戏要离得近一点；走路要快一点；多画一个游戏；如果××游戏关闭了，我们就去玩××游戏……

在第三次制订计划书时，有些孩子已经能考虑到活动中的行走路线了，目的性更强了。分享讲评时，终于有孩子完成了三个计划。最后，我们总结出制订计划的三个要点：第一，记住自己的计划，按照计划玩游戏；第二，要想一想第一个游戏从哪里开始；第三，根据第一个游戏的位置思考路线，避免走来走去浪费时间。

图3-11　分享计划书

大活动开始两周，在这个过程中，我看到孩子们的目的性越来越强，说明"制订计划书"是有作用的。我们也希望通过这样的方式，培养孩子发现问题、解决问题的能力。

大活动是东展幼儿园孩子们最爱的活动。周老师通过细致观察，发现班上孩子居然"不会玩了"。怎样突破游戏瓶颈呢？增强幼儿的计划性就顺理成章了。在引导过程中，周老师并没有急于求成，而是分成三步走——理解什么是完成计划、思考实施计划中会碰到的困难、交流完成计划的经验。幼儿发现问题在先，思考解决在后，如幼儿在游戏中发现的"行走路线"就是有趣实用的小窍门，特别是遇到无法完成计划的情况，要和幼儿一起分析原因。

幼儿园教师特别是中大班教师，要重视对幼儿目的性和计划性的培养。计划是幼儿对活动进程、活动结果的安排和预期。《幼儿园教育指导纲要（试行）》强调，教师要"提供自由活动的机会，支持幼儿自主地选择、计划活动"。"3—6岁儿童发展行为观察指引"提出，教师要"鼓励和引导幼儿学习做简单的计划和记录，并与他人交流分享"。

在学前阶段，培养幼儿制订并努力完成计划，是培养幼儿优秀学习品质、做好幼小衔接的重要途径。一般可分为以下几个步骤——制订计划、执行计划、反思与改进计划、小结评估。教师应敏锐地发现幼儿因为无计划而陷入的困境，引导幼儿积极主动地制订计划。如春秋游准备什么，小组野餐时每个组员分工带哪些物品。幼儿经过商量、分工，感受制订计划的有效性。实际情况中会出现多种影响计划的因素，如活动安排、活动难度、同伴刺激等。教师要及时关注，通过交流分享、回顾重现，提出具体建议，帮助幼儿制订更有针对性的计划，并及时推广经验。一日生活中的很多环节和游戏都可以渗透计划性的培养，如生活管理、美工活动、建构游戏、故事表演等，引导幼儿建立有序做事、及时反思的习惯和能力。

在自主交往中培养社会品格

老师说："小朋友们，现在你们组成了大象家族，要团结友爱、共同前进。请商量一下谁来做领头象。"

哥哥、姐姐、妹妹举手说："我！"（自信且主动，但是没有理解"商量"的含义，而是举手报名）

弟弟没有说话。

老师说："需要和自己的队友商量哦。"（引导幼儿商量）

哥哥拉过弟弟说："我来做吧！"（有目标地协商）

妹妹说："我要做！"（能大胆表达）

（哥哥、姐姐、妹妹都想做，情况有点僵持）

老师说："谁可以说说自己能做领头象的原因。"（引导幼儿展现自己的优势）

姐姐对着妹妹说："我比你大，领头象都是年纪最大的！"（说明理由，尝试说服同伴）

哥哥说："我也是大班的，我可以做领头象。"（抓住"年长"优势，勇敢争取机会）

姐姐对哥哥说："领头象都是母的，你不是。"

哥哥说："好吧，我在后面保护你们吧。"

（协商完成，排好队伍——姐姐、妹妹、弟弟、哥哥）

之前，云南的"大象旅行团"引起了广泛的关注。"象"往之家活动通过丰富的场景、有趣的游戏，让幼儿了解亚洲象的生活习性和本领，萌发爱护动物、亲近自然的情感。在一路"象"北游戏中，4—5名幼儿组成一个大象家族共同前进。大家要通过商量选出领头象，排成一列，一路上都要保持队形、团结友爱、互相帮助，不能有一头象掉队，还要保护好小象。

图3-12　"象"往之家活动

选出领头象是大象家族遇到的第一个难题，以下几种情况是比较多见的。

情况一：自荐——"我是哥哥（姐姐），我做领头象"。

情况二：推荐别人——"让弟弟妹妹做（领头象），我在后面保护他们"。

情况三：讨论协商，具体如下。

（1）按颜色：按头上的折纸颜色确定。如果有3个是粉色的，就请唯一的蓝色大象来做领头象。

（2）比身高：比一比谁长得高，谁就是领头象。

（3）按性别：象群中都是母象做领头象，所以请女生来当。男生更有力气，可以保护同伴。

（4）看年龄：年龄最大的来当领头象。

（5）猜拳：请有意愿当领头象的孩子猜拳决定谁来当。

以上是我在大活动中对一组"大象家族"做的实录。

对照《评价指南》中领域三"自我与社会性"的内容，我做了如下评价分析。

表3-1　幼儿活动评价表

	活动表现	教育建议
哥哥	能接受同伴的协商，愿意妥协，愿意保护、照顾比自己小的同伴	在与同伴发生矛盾冲突时，除了退让外，还可以尝试去说服同伴，坚持自己的观点
弟弟	在小组中能听从同伴的指令，愿意跟随同伴一起活动	在平时活动中积极思考，大胆表达自己的想法
姐姐	能用合理的理由说服同伴，敢于表达自己的观点	在坚持自己的想法的同时，还能听一听同伴的想法，关心同伴的情绪变化
妹妹	主动提出要做领头象，能大胆表达自己的需求	通过游戏、阅读等方式，掌握社会交往策略，学习协商、表达

在商量的过程中，可以观察到每个幼儿都有不同的表达方式，这和他们的年龄、性格、语言和交往发展水平有关。

通过观察，我们可以发现，做领头象的不一定能力最强，可能是自身社会交往策略较丰富，也可能是同伴都愿意谦让；没有做到领头象的不一定能力弱，也可能是他们更愿意担任保护者、观察者。通过大活动中的合作游戏，幼儿有机会在解决问题的过程中获得经验。我们要给予幼儿充分的自主解决问题的机会，不要急于帮助他们去化解矛盾，更不要为了完成游戏而催促幼儿。

社会性发展是指通过与社会群体、集体、其他个人的相互作用和相关影响，逐渐掌握社会经验，具备良好的交往技能、健康的社会情感、较好的人际关系，进而形成社会关系统。[1]

"3—6岁儿童发展行为观察指引"指出："知道自己和他人不同，接纳自我；

---

[1]　王凤娇，朱亚蓉.利用同伴交往促进幼儿社会性发展的策略研究[J].天天爱科学（教育前沿），2022（7）：22-24.

关心和尊重他人；喜欢并适应群体生活。"

1. 帮助幼儿了解自己

认识自己、了解自己是幼儿社会性发展的基础。幼儿园通过开展各类主题活动，鼓励幼儿了解自己的身体特征，知道自己与他人的不同之处与相同之处。

把握"升班"的契机，开展"我长大了""开学典礼"等活动，引导幼儿进一步认识自己、感受成长。

教师要善于观察、发现幼儿的兴趣点，开展生成活动，如在运动会中鼓励幼儿自主报名，通过自主选择、比赛，发现自己最适合参加的项目，从而了解自己和同伴的长处，接纳自己，萌生了解他人、关心他人的兴趣。

2. 引导幼儿关心他人

教师应根据幼儿的年龄、兴趣、已有经验和发展水平，创设丰富有趣的活动环境，投放安全有益的活动材料，并在活动中及时观察、记录幼儿的活动情况和游戏水平，鼓励他们互相帮助、共同进步。

混龄主题大活动是东展幼儿园的园本特色。在结对和自由选择游戏的过程中，幼儿的合作意识、语言表达能力、社会交往能力等都得到了锻炼和提升。哥哥姐姐主动关心弟弟妹妹，把自己的本领教给他们；弟弟妹妹感受到来自哥哥姐姐的关心呵护，在自己成为哥哥姐姐后，也会把这份爱传递给自己的弟弟妹妹。

3. 鼓励幼儿适应群体

自主游戏可以让幼儿收获丰富的交往体验，进而实现社会性发展。教师要立足幼儿的身心发展规律，让幼儿与同伴一起乐玩游戏、共同成长。[1]

幼儿园应积极开展角色游戏，鼓励幼儿主动适应群体。在自主游戏活动中，创设游戏情境，支持幼儿学会自发地开展合作，进而学会如何在共同目标下相互配合，在真实的游戏情境中逐渐把握个人与群体之间的关系。

幼儿园应重视幼儿的社会性发展，围绕幼儿的社会性发展需求，改进、优化教育策略，培养幼儿良好的心理、人格品质，从而帮助他们更好地融入社会、适应群体。幼儿社会性发展过程是从自我到他人再到群体，因此，我们积极引导幼儿了解自己、关心他人，进而主动适应群体，在自主交往中培养良好的社会品格。

1　孙海静.以自主游戏促进幼儿社会性发展的策略探究[J].新课程研究，2023（12）:77—79.

理解和欣赏每一个个体

10月9日，月亮班的孩子进入音乐厅"幸福好生活"区域做游戏。月亮班中个子最小的两个女孩子主动组合在一起，共同选择玩珍稀动物六面图。

过了一会儿，其他玩珍稀动物六面图的小组都已经完成游戏了，只有她俩还在拼图。我一看，她们选择了扬子鳄图片。这幅画相较于大熊猫、东北虎等其他色彩鲜明、特征明显的图片来说要难得多，六张图片看上去都是灰蒙蒙的。

开心嘴里一直念叨："好难呀，好难呀……"但她既不提出换游戏，也不尝试拼图，只是反复讲这句话。妮妮并不理会开心的抱怨，似乎一点都没有受干扰，只是反复地将大拼图移来移去，非常耐心地比对，努力探索玩法。

差不多10分钟以后，她们还没有成功。我开始担心她们是否会有挫折感，但她们都没有放弃，而且都相当淡定。我决定帮帮她们，在比对图片、尝试移动5分钟后，我建议她俩换张相对简单些的图片。

她俩情绪依旧很好，去换了张金丝猴。这张比较简单，妮妮很快拼出了大概。开心则在旁边说："哇，好可爱的金丝猴啊！"我引导妮妮再次比对了小图的细节，最终成功了。妮妮得到了大彩圈，开心也得到了小彩圈。

对于她们的组合故事，我有以下几点想法。

妮妮的能力明显比开心强，对她来说，一个六面拼图虽有挑战性，但通过努力是可以完成的，但开心对拼图完全没有概念。虽然妮妮长得比开心还矮小一点，但光看外表，是绝对不能发现她们的能力差距如此大。

她们虽然在一起，可是并没有产生合作行为，从头到尾开心只是旁观，而妮妮也没有表示需要开心帮忙。所以对大班初期或者是月龄偏小的幼儿来说，合作玩还是一件比较难的事。

两个孩子的性格非常好，碰到困难都很淡定，情绪管理水平较高。不同的是，妮妮的淡定是反映出"没关系，我再试试"的坚韧不拔，而开心的淡定则反映出"没关系，不会也不要紧"的乐天派心理。

最后，妮妮凭实力得到大彩圈。开心虽然在拼图中什么忙也没帮上，可是这个小可爱一直不离开自己的同伴和未完成的游戏，我觉得也值得表扬。毕竟，这样的孩子做个朋友还是相当好的。

在活动中，幼儿一般会选择与志同道合的同伴一起做游戏。有的幼儿会选择与自己程度相当的同伴一起合作，也有的没有什么特别的考虑，就是纯粹愿意在一起。儿童时代的结对游戏，大多数不会体现功利性。作为教师，在组队行为上，顺其自然为好。开心与妮妮的结对，就是一个纯粹自然的过程。

让幼儿获得结对体验，在活动中相互了解，也是其内在价值的体现。作为教师，不仅要在游戏的过程中尊重他们的想法和创意，更要在他们有需要的时候适时地支持他们，并帮助他们顺利完成游戏。同时，在游戏中，我们也能观察到幼儿的游戏水平，给予他们充分合作和自主游戏的权利。

每一个个体都有其独特的生长、探索、感悟过程。幼儿教师要理解和欣赏每一个幼儿的发展历程，特别要注意避免在群体中对幼儿进行上、中、下等的比较，而是要尽可能地尊重、信任幼儿，发现和感悟幼儿独特的故事、情感、障碍与价值。

要欣赏、发现幼儿，做一名了解幼儿、放开自己的教师。要克服自己作为教育者的优越感，不要让自己成为所谓的"答案提供者"，而要成为幼儿讨论场的"话语调度者"。"了解幼儿"和"放开自己"是互为因果的。只有深入了解每一个幼儿，才能走进幼儿的世界，深切地了解每一个幼儿。

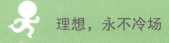

通过言语交流
丰富心灵世界

过了一个春节，三个园区的孩子们回园后老练了很多，但似乎还有些懵懂，毕竟三周没上学了。

开学第一天，全园大拜年是我们的传统。师生互相拜年，校园里充满了欢乐。一早的总园里，凡能主动和老师说新年好的小朋友，自然就会先得到老师们的"红包"呢！

上午9点开始，我带着红包走进每个大班。月亮班的孩子秩序井然，个个眼睛发光。我要求他们要连着说出四句以上的祝福语，他们的祝福语都不尽相同。太阳班的孩子像喻老师一样热情，从"一帆风顺"说到"百事可乐"。还有孩子说，老师们今天都穿了红衣服，"红红火火"。云朵班的27个孩子的坐姿特别端正，当听到我说要说不一样的祝福语，前面小朋友说过的后面小朋友不能说时，他们更是全神贯注地倾听与表达，表现了良好的学习习惯。彩虹班的孩子们很活泼，他们祝我"虎年大吉，如虎添翼"。我笑问："如虎添翼是什么意思？"孩子们瞬间愣住了。小金举手说："老虎有了翅膀，就能飞起来。它这样飞在天上，小鸟都害怕吧！"我说："对呀，老虎如果长出了翅膀，本领是不是更强了？如虎添翼就是本领更强的意思！"

最后一个班级是星星班，我们之间展开了一次有趣的讨论。有孩子祝我"八方来财""恭喜发财"。我问："什么叫发财呢？""发财就是有钱，有钱可以买好吃的。"有个女生第一个回答。"有钱可以买玩具。"深深说，"可以买飞机票出去玩。"小明说："可以去学喜欢的跳舞。""范老师你知道吗，有钱还可以买黄金。"悦悦神秘地说，"还能买房子、买地呢！"我暗暗惊叹这孩子似乎蛮有经济头脑的。"有钱还可以付学费！"乐乐的回答出乎意料但在情理之中。"有钱可以住迪士尼酒店。"小宇接着说。

我问："你们想知道范老师想买什么吗？"孩子们点头。我说："你们说得都很对，但我喜欢用钱买书，因为书里有许多我们不知道的故事，可有趣了。你们陆老师就喜欢看书。"我问陆老师："你都喜欢看些什么书？""我喜欢看历史书，如《三国演义》。"聪明的陆老师立即接上了我的话。我说："看书能让我们看到更大、更广阔的世界，多看书的人会思考，会有更多的本领呢！"

图3-13　园长进班发新年红包

我真心希望东展幼儿园的孩子们将来不仅拥有丰厚的物质，更应该有充沛的精神世界。

还有孩子祝我"岁岁平安"。我问："什么是平安呢？"孩子们纷纷说："平安是走路看路不摔跤，平安是过马路看红绿灯，平安是外婆切菜时不能切到手，平安是奶奶烧菜时不被油烫到……"孩子们讲得多好呀！我很享受和他们在一起交流的时光。

回到办公室，我细细回味这些交流。首先，孩子们的讲述源于生活，无论是"有钱可以做什么"还是"什么是平安"，都是他们在实际生活中接触到的或是听成人日常交流中形成的。这就提醒我们，对幼儿园的孩子来说，具体、日常、形象的事物是他们的经验范围。所以当我们交流时，务必耐心地倾听孩子的描述和想法，细细和孩子交流讨论。对大班孩子来说，尤其要养成倾听同伴、围绕一个主题进行话题讨论的习惯，这样才能有益于做好幼儿衔接在学习习惯上的准备。

其次，抽象的言语需要成人做解释，如"如虎添翼""一帆风顺"等。比如，有孩子祝我"貌美如花"。我说这句话老师们都爱听，听得我都"心花怒放"了。同时，我做了一个"心花怒放"的动作来帮助孩子们理解这个成语。当全班孩子学着我做这个动作时，我问孩子："'心花怒放'表示什么情绪呢？""开心呀！"孩子们马上就理解了。这说明幼儿期是口头语言培养的关键期，所以教师、成人在日常带班、生活中的用语要力求规范、准确，甚至可以根据具体情境恰当使用成语，再用一定的肢体动作来帮助幼儿理解具体的意思，这样可以帮助大班幼儿逐步实现从口头语言到书面语言的经验准备。

最后，在生活中教师要有意识地坚持使用规范、礼貌用语（如请你让一让），甚至成语（如认真听，可以说全神贯注、聚精会神、目不转睛），让孩子们反复"磨耳朵"。这样日子久了，孩子们会储备许多丰富的语言。

的确，家长的坚持更重要。老师们经常会给孩子们布置小任务，如中、大班有报菜单、讲新闻等。我发现云朵班的家长整体做得很好，班主任陈老师会记录下孩子每一次的表达。在她的记录里可以看到孩子们都经过了充分的准备，再在集体中表达出来，这个准备的过程对孩子的表达和自信心的建立是大有帮助的！

幼儿是天生的沟通者，在成长过程中，他们想要分享观点和倾听世界的热情是显而易见的。语言和交流能力是幼儿所需的基本能力之一。语言发展又是日后阅读理解和在其他学科领域中取得成功的必要条件，因为语言是用词汇和句子表达观点的工具。社会性和情感发展同样如此，都高度依赖于语言技能的发展。《3—6岁儿童学习与发展指南》更直接指出，语言是交流和思维的工具，幼儿期是语言发展，特别是口语发展的重要时期。因此，应该重视幼儿的语言教育。

老师在和孩子交谈时，语言本身就得到了发展。借助"新春大拜年"这个传统活动，师生互道祝福。"一帆风顺""红红火火"这样的祝福语脱口而出。对于比较应景的"如虎添翼""八方来财""岁岁平安"等祝福语，或许孩子们会说但又不知其具体的含义。老师们结合孩子们的生活经验，敏锐地抓住这一教育契机，鼓励孩子们用自己的语言表达对于这些祝福语的理解，在轻松愉悦的氛围中进行真正的对话，让孩子来主导谈话，共享经验，激发表达欲望。在这一过程中，孩子大胆、开朗、自信的社会交往品质得以熏陶和培养。

每个孩子都是独一无二的，100个孩子就有100种语言。根据大班孩子的年龄特点，教师要在肯定孩子的同时，用规范的语言、适宜的肢体动作进行归纳总结和提升，帮助孩子们丰富词汇、完善表述。这是一场可延展的来回交谈，包括思维的碰撞、经验的分享、词汇的积累和语句的完善。老师规范地示范，孩子主动地倾听、大胆地表达，平淡的谈话爆发着无穷的教育魅力。这就是我们东展幼儿园教师的日常。奶奶老师也一直跟我们说："一日生活皆教育！"在园本课程中，将幼儿语言教育和节日文化有机结合，吸引幼儿与教师、同伴或其他人交谈，体验着语言交流的乐趣。大家一起分享，一起协作，一起探索使用语言的不同方式。

语言是一门艺术，只有从小让孩子生活在丰富的语言环境中，才能让孩子谈出精彩，话出趣味，掌握语言的技巧，提升思维的敏捷度，丰富心灵世界，提高和同伴之间的言语交往能力，为其未来读写能力的发展奠定基础。

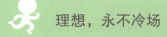

支持认知经验的获得

"造花坛"是一个幼儿在做做玩玩中思考各种有规律的排列方式，发展幼儿的空间思维能力（左右中心对称）的大班个别化学习活动。

教师为幼儿提供 5 cm×5 cm 和 7 cm×7 cm 的底板，幼儿使用四叶草、康乃馨、郁金香、太阳花等折纸，以及不同颜色的盆花和草地自由构建有规律的花坛。

材料一投放，这个区域就成了"热门景点"，孩子们拿着各色的盆花开始设计自己的花坛。经过两周的游戏，我观察到大部分孩子最常用的方式是，通过间隔排序来造花坛。在介绍自己的花坛建造方式时，他们会用"一排……一排……一排……一排……"或者"××花和××花间隔排队"的句式来表达想法。

我想这些都是他们已有的经验（模式排序的经验），是对已有经验的运用，但他们还未建构起对称这个概念。正当我思考解决方法时，一位小朋友的花坛让我看到了一丝曙光。

我高兴地问他："你建造的花坛有什么规律？"

他说："像蛇一样。"

我又问："什么叫像蛇一样？"

"就是从这里（底板一角）开始一盆太阳花、一盆郁金香、一盆太阳花、一盆郁金香……"他一盆一盆地指着说。说完了又快速地用手指沿着盆花绕了一圈，说："像一条蛇。"

我说："你的方法蛮特别的，别的小朋友都是一排排地造花坛，你是一盆盆地造花坛，而且真的很像一条蛇。"

我问："除了这个规律外，你造的花坛还有其他规律吗？"他看看我，再看看花坛，摇了摇头。

我又问："你再看看有什么别的规律？"

孩子看了许久，说："就是……"他把刚才的规律又重复了一遍。

他用的"蛇形"排列，从本质上说仍旧是直线排序，而我为支持幼儿自主建构对称这个概念所提供的正方形底板的作用并未显现。

又经过一段时间观察，我发现那些能造对称花坛的幼儿也只是偶然为之，没有建构起对称这一概念。

于是，我再次观察幼儿的游戏，观察他们造花坛时所选用的盆花颜色和种类，通过提问或介绍的方式了解他们使用的规律……

几天下来，我发现孩子们仅仅满足于操作建构的动作，如果不是我上前询问或是集体介绍，他们很少会在搭建结束后重新审视自己的作品。而且他们基本上完成一次花坛的建构后就会去选择其他游戏，很少有孩子会再来一次。

于是，我有了两个初步的判断。

首先，孩子们仍处于游戏初期。因为这是一个新投放的游戏，每次参与的人数也不多（2人），建构所需要的时间也比较长（10分钟以上）。如果在搭建过程中因用错了规律而进行调整，所需要的时间会更长。这些因素都使得孩子的游戏经验还不够丰富。

其次，搭建有规律的花坛这一情境激发幼儿自主建构的动力不够。几乎没有自主深入游戏的幼儿，更不要说自主建构新的概念了。

是继续等一等，还是在等的同时提供一些相应的支持？如何引导幼儿自主地"审视"自己的作品，发现其中的对称概念？

考虑到幼儿如果长时间在"低"挑战的情境中做游戏，就会因对游戏失去兴趣而放弃，我决定在给予幼儿思考空间的前提下，提供一些支持。

结合之前的观察发现，在游戏中加入一些新的支持材料——设计图和新的挑战——设计比赛。在搭建有规律的花坛的基础上进行设计比赛，看哪位"园艺设计师"设计的花坛既有规律又很独特，并把这样的设计图贴在版面上供其他幼儿观看和投票。

通过提供设计图，让那些对"对称"还是无意识的幼儿（即虽然他们搭建的花坛是对称的，但是教师在询问造花坛的方法时，没有进行相关阐述，甚至连"左边和右边是一样的"这样含糊的表述都没有）在进行记录的过程中，再一次审视自己的作品。越来越多的幼儿逐渐发现自己搭建的花坛中的对称。加上"设计比赛"这一情境激发了孩子们的胜负欲，有些孩子越搭越感兴趣，建构呈现的方式也越来越多。有的孩子说："我搭的花坛，上面和下面是一样的。"有的孩子说："我搭的是一圈圈围起来的。"……

关于对称的概念，孩子们开始慢慢建构起来……

在这个过程中又发生了一个让我特别"纠结"的事情：我发现每次的分享交流

图 3-14　搭建对称的花坛

活动与幼儿的搭建过程相同，幼儿只是关注了模式排序，并未感知到对称的概念。同时，除了"介绍人"外，其他幼儿的积极性也并不高。

我们常规的做法是把对称的花坛展现在幼儿面前，通过引导幼儿观察比较和我对于对称的讲解，让其他幼儿理解感知对称，再通过之后个别化学习时幼儿自主地操作去建构概念。但是，这样还是在教师引导下的学习，并没有体现幼儿的自主建构概念。有没有更合适的方法呢？如何引导幼儿向着对概念进行自我建构的方向发展呢？

于是，我试着在分享交流时呈现不同幼儿搭建的花坛，让其他幼儿从难到易地给花坛排队，并说说理由。这次每位幼儿都积极参与，有的幼儿说："花多的很难，花少的简单。"有的幼儿说："这个图案我看到过，我觉得简单。"还有的幼儿说："我一下就看出来中间有个正方形，所以我觉得简单。"……他们开始慢慢从只关注模式排序过渡到整合地看问题。

在活动前，应为幼儿提供"没有唯一答案"的真实问题情境。在数学个别化学习活动的设计和实施过程中，我们始终把推进幼儿思维发展、培养幼儿自主思考的能力作为主要目标。在活动中，通过不同的方式支持幼儿认知经验的获得。从幼儿认知角度说，幼儿的学习都与自身已有经验相关，因此在创设活动情境时，应注重为幼儿提供复杂且"没有唯一答案"的真实问题情境，并在这个问题情境中为幼儿提供已有经验和教学目标之间的线索，帮助幼儿自主建构。

图3-15　整合分析搭建的花坛

　　根据问题情境——造有规律的花坛，教师提供的材料隐含着多种模式的可能。仅仅一种底板，幼儿使用两种盆花就创造出了十多种不同的花坛，更不用说底板的不同与盆花的不同组合所构建出的无数花坛了。教师使用单数的底板，使得幼儿在考虑模式排序的同时也有考虑左右、上下和中心对称的可能性。正是这样"没有唯一答案"的问题情境激发了幼儿参与活动的兴趣，他们能自由地按照自己的原有水平造花坛。所造的花坛没有对错之分，只有不同模式的创造。

　　同时，通过对情境的调整，增加了挑战性，更有效地激发了幼儿自主建构的兴趣。他们沉浸在创造不断变化的花坛的喜悦中，因此使掌握主动建构模式和空间方位概念成为可能。

　　在活动中，要基于幼儿自主解决问题的水平进行适时调整。皮亚杰认为，无论是讲授知识者还是接受知识者，都需要经过内在的同化、顺应，将知识进行归类，建立自己独特的视角，去看待生活中事物的本质、规律及联系。空间想象能力的发展，要从幼年时期开始。此时有充分的机会去探索周围的事物，保持好奇心和求知欲，在二维平面、三维空间中感知事物的形态与变化，培养空间想象能力，从而形成一定的知识结构。

幼儿对概念的学习是可以自我建构的，其对概念自我建构的过程就是基于原有的认知经验生成意义、建构理解的过程。教师在此过程中的作用不是知识的传授者和灌输者，而是幼儿对概念进行自我建构的支持者和促进者。

　　基于儿童视角，我们看到幼儿自主建构的过程中是有缺陷的。比如，幼儿往往局限在一个点上思考问题，很少能考虑整体。在整个活动中，教师根据幼儿解决问题的水平，不断调整提供的材料和情境；幼儿通过在情境中与材料的充分互动，考虑到有规律地造花坛，逐渐建构起了新的知识经验。

　　当问题呈现在幼儿面前时，他们是在摆弄、操作材料的过程中，基于以往的经验，依靠他们的认知能力逐渐自主构建的。教师需要在幼儿进行自主建构的过程中提供支持，倾听他们的想法，思考他们这些想法的由来，并以幼儿自主解决问题的水平来适时调整材料和指导，引导幼儿基于原有的知识经验来建构新的知识经验。

　　在活动后，应聚焦思维发展的分享交流。对于活动后的分享交流，教师们一定不陌生。它是教师指导作用的集中体现，精彩的交流分享能把个别的兴趣变成大家的兴趣，将随意的操作变成有益的探索，让幼儿形成适度的挑战和持久的激励，可以推进幼儿各方面的发展。

　　在数学个别化活动的分享交流过程中，教师更要思考如何促进幼儿思维能力的发展。因此，分享交流的讨论问题不再是单一、独立的，而是要指向幼儿思维能力的发展。不同的幼儿因为各自原有经验的不同，使得他们对同一问题的看法和理解经常是千差万别的，这些差异在分享交流中就成为宝贵的思维火花。不同幼儿对概念的自主建构是不相同的，通过分享交流，每位幼儿都会有不同的收获，并在他原有经验的基础上得以提高。

　　就如在活动中，教师通过调整分享交流的方式，不仅仅就一个问题点（对称）组织幼儿进行讨论，而是让所有的幼儿都能在自己原有解决问题的水平上进行思考，表达自己的想法，积极参与讨论。通过这样聚焦思维发展的分享交流，幼儿慢慢地从只关注模式排序过渡到开始整合地看待问题，思考如何既考虑模式又考虑空间，使得造花坛的规律更多样，并逐渐构建起概念。

在活动中激发幼儿的数学思维

　　大班月亮班的两位班主任都是新上任的，如今已经开学四周了，我准备去她们班级看看。

　　上午是周老师带班，5年教龄的她教态自然、语言清晰，能和孩子们玩到一块儿。边上的张老师在耐心地和个别孩子做交流指导。我从早上8:30看到中午，区域活动、生活、集体教育和运动过程中，全班井然有序。

　　一早的活动区活动是孩子们自主选择的，他们在区域里玩得不亦乐乎。分享交流的时间到了，周老师拿出了一个正方体，问道："这是用百变三角形拼搭而成的，它有几个面？"孩子们各抒己见。"是6个，顶上2个，边上4个。"一位男生反应很快。"每一面的颜色都不一样的。我们从黄色这面开始数，一共有几个面？"周老师边演示边带着孩子数，同时问孩子们："这6个面都是什么形状的？""正方形的。"孩子们异口同声地回答。周老师又问："这么多的三角形是怎么变成正方形的呢？""眼睛亮、拼得快"的彤彤迅速完成了一面，周老师立即表扬。周老师问："还差5个面，谁愿意来试试？"敏敏和乐乐积极举手，同时拼搭，很快就完成了5个面，最后合成为一个正方体。

　　这是一次学前数学领域的分享交流，周老师的引导要点清晰。过程中的师生互动如此有效，想必两位老师对交流的步骤进行过充分的讨论。幼儿园里有数学吗？答案是肯定的。幼儿园的数学不仅有认数、数数、计数、数的组成，还有形状、空间、方位、时间、体积、模式、排序、测量、守恒等。和中小学完全不同的是，幼儿园的数学蕴含在生活中。对幼儿来说，探究数学的机会无处不在。

　　幼儿的年龄特点决定了他们的认知是具体形象的，他们的数学经验需要依靠大量的"建构"来积累，也就是要"玩"。孩子们在操作学具的过程中不断

图 3-16　分享交流环节

积累数理逻辑经验。虽然说教、背诵的内容孩子们能记一时，但通过强化训练完成的"条件反射"是连杂技团的小狗、小猫都能做到的，而我们头脑中的内化、理解、探究、思考才是人和动物的最大区别。因此，活动区活动中大量"玩"的经验是必需的，这也是我们一直提倡"玩中学"的道理。

开学初，大班哥哥姐姐为托班弟弟妹妹制作了装月饼的小盒子。虽然是美工活动，但你去细细观察幼儿把用压花机压出来的花贴到盒子上时，就能发现有的作品已经呈现了"中心对称、左右对称"的规律。在幼儿期，我们一般不会正式和孩子讲规律的名称，但孩子在操作过程中一定会在头脑中形成具体的表象。当小学老师讲到"中心对称"时，儿时做纸盒的经验必能帮助他更好地理解概念化、抽象的知识。

运动后的孩子们满头大汗，自然要换一件干衣服。可月亮班却有个小男孩穿上了一件稍厚的外套。周老师轻轻地问他："是不是昨天有点冷，妈妈给你穿了这件外套？"孩子点点头。周老师说："可是现在很热了，咱们脱下来好吗？"小男孩显然不愿意。周老师说："那这样，我们先把拉链拉开好吗？"他同意了。当周老师走开，和孩子们开始交流下一个话题时，我看到张老师悄悄地走近小男孩，帮助他脱去了外

图 3-17　折纸小花篮

套。我暗暗惊叹，两位老师配合得如此天衣无缝。

最近，有大班家长面对幼小衔接时会问："你们幼儿园上了什么课？"其实家长不了解，"能根据冷热及时增减衣服"也是幼小衔接的内容之一。在幼儿园，孩子的一日生活都在老师的关注下，老师有责任帮助孩子形成适应小学生活的基本能力，如整理物品、独立吃完一份饭菜、口渴了要及时喝水、上厕所后使用便纸、不迟到、帮助老师收拾器具等，而到了小学后，这一切就得靠孩子自己了。

所以，幼儿园的幼小衔接课程是蕴含在孩子的一日生活中，以整合的方式呈现的。仍以数学为例，总园操场上有2辆车，老师问："1辆车要4个人骑，那么2辆车要几个人来骑？"这不就是10以内的加法吗？在生活中，老师真的可以让8个孩子坐上2辆车，再让其他孩子数一数。你看，这样的数学学习岂不是远比让幼儿在纸上做几十道加法题来得更有意义呢？

通常，我把幼儿园阶段对孩子的培养比喻为"磨刀"。在这个阶段，让孩子在各类活动中提高身体素质、养成良好的自理能力、培育好习惯、积累各种经验以及与人相处的方法，如此才能为后续的可持续发展蓄力，才能为未来铸就一把"好刀"。希望我们的家长能充分认识、遵循学前儿童的身心发展规律，坚持让他们每天上幼儿园，使他们有充分的时空去参与丰富的活动，让他们能自由地去感知、去活动、去成长……

幼儿的数学思维发展是在与周围的人、事、物以及自身的认知结构互动的过程中实现的。"3—6岁儿童发展行为观察指引"提出，在数学认知领域，幼儿有三方面的表现行为："初步感知生活中数学的有用和有趣""感知数、量及数量关系""感知形状与空间关系"。

东展幼儿园将数学思维活动以各种形式蕴含于一日生活中。幼儿在活动中通过直接感知、实际操作和亲身体验获得相关经验。同时，教师引导幼儿在问题情境中解决生活中的实际问题，从而提升幼儿的数学思维能力。

东展幼儿园在幼儿的一日生活中创设问题情境，引导幼儿感知数学的有用和有趣。比如，在运动中通过创设多种的情境引导幼儿思考排队列的方法。比赛游戏时，思考怎样排列才能使得每组队伍的参赛人员一样多等。

在中、大班园区，时钟"无处不在"：进园晨检处，通过时钟了解自己的入园时间，拿取代表"准时到园"的红色晨检牌或代表"迟到"的绿色晨检牌；幼儿园每个楼层的走廊里都有时钟，孩子们在大活动中通过时钟可以知道自己还能进行多久的游戏，或者自己喜欢的表演还有多久才开始；大班孩子能通过教室里的时钟，参与安排自己的一日活动。

东展幼儿园在幼儿的一日生活中创设问题情境，引导幼儿感知数、量及数量关系。如案例中所述，在骑车这一问题情境中，幼儿为了使游戏能顺利进行，主动使用多种方法解决了骑车人数问题。幼儿把数学经验运用到解决实际问题的过程中，经历了判断、推理、验证、交流等一系列数学探究，逐步提升逻辑思维能力。

园内秋游活动前，幼儿进入"东展超市"，用十元钱购买小零食。在凑满十元的问题情境中，幼儿根据自身不同的喜好，选择不同的食物进行组合，使用加、减、凑数等方法进行运算，在玩玩算算的过程中理解"加""减"的实际意义和学习加减运算。

东展幼儿园在幼儿的一日生活中创设问题情境，引导幼儿感知形状与空间关系。小班幼儿关注图形的基本特征，能识别并命名不同图形。于是，老师们就创设了一个"你和哪个图形宝宝做朋友"的问题情境。每日到园后，幼儿自己选择一个图形宝宝做朋友，并把自己的照片用夹子夹上去。在每日的点名活动中，教师会通过"今天你是哪个图形的朋友""××图形的朋友有几位"等问题，引发幼儿观察图形的基本特征，对常见集合图形进行分类的兴趣。

每年7月，东展幼儿园大班师生都会精心准备一场盛大的毕业典礼。其间，邀请弟弟妹妹观看典礼也成为一个传统活动。中、大班孩子们都十分期待那一天的到来。"从我们教室到大礼堂可以怎么走，有几条路线？"中班孩子看着幼儿园的立体地图和哥哥姐姐们制作的幼儿园室内外地图设计路线，并亲自实践路线是否成功。在活动中，幼儿通过解决问题情境，尝试理解事物之间的空间关系。

幼儿园开展数学教育的最终目的是使幼儿能运用数学的思维方式发现和解决生活中的问题，这是一种将普通的数学知识和特殊情境相结合的能力，也是考察数学素养高低的标准之一。[1]

1　张俊.给幼儿园教师的101条建议·数学教育[M].南京：南京师范大学出版社，2007：199.

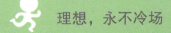

引导幼儿主动建构数学思维

我园从2007年开始研究皮亚杰思维课程，从本土化研究到基于幼儿认知经验推动其思维发展，再到如今的个别化思维活动和园本特色思维课程的实施优化，张蕾老师作为该课题的负责人，多年来一直在实践中坚持研究幼儿的思维活动。

比如，"小猴吃香蕉"是一个引导幼儿理解数轴的活动。通常的教法是教师先通过讲解的方式帮助孩子认识数轴，然后再让他们通过对物体的操作进一步理解数轴的含义。在课题研究中，张蕾老师改变了以往的方法，先让孩子将不同数量的小猴和香蕉在数轴上做表征，并通过追问了解孩子的原始想法。

"如果是三只小猴，爱心夹应该放在哪里呢？"张蕾老师问孩子们。有个孩子看到有三只小猴，就把爱心夹夹在了数轴"3"处。同时，另一个小男孩看到猴子拿了三根香蕉，却把爱心夹夹在了"−3"处。"不对，你放错了，应该夹在'3'这里。"果然，其他孩子马上提出了异议，可是小男孩坚持要把爱心夹夹在"−3"处。"你为什么要放在这里呢？你是怎么想的，能告诉我吗？"张

图3-18　数轴活动"小猴吃香蕉"

老师依然很耐心地询问，可小男孩低头不言语。于是，张老师仍然把爱心夹夹在了"-3"处。

"明明错了，为什么不马上讨论指正？"一旁听课的老师们在暗暗嘀咕，"这样会误导小朋友的认知。"虽然我心里也有疑问，但凭着多年对张蕾老师的了解，我相信她一定是有自己想法的。

张老师问："小朋友，0表示什么？"

有孩子说："没有香蕉了。"

张老师继续追问："如果少了一根香蕉，爱心夹可以放在哪里？"孩子们不约而同地指向了"-1"。

"如果少了三根香蕉呢？"张老师继续引导孩子们做表征。张老师说："你来试试吧！"果然她又请了刚才的小男孩上前操作，这回他又要把爱心夹夹在"-3"处。张老师指着他第一次放的爱心夹问："这个爱心夹代表什么？"小男孩说："三根香蕉。"张老师问："爱心夹应该放在哪里？"小男孩犹豫了，想了一会儿，笑着把先前夹在"-3"上的爱心夹取下，改夹到了数字"3"上。

大家都会心一笑。教学活动结束后，老师们问张蕾："为什么小男孩放错夹子时不及时纠正？"张老师说："我认为小男孩原有的认知经验中也许没有负数的概念，他知道三根香蕉可以用数字'3'表示，但上面已经有夹子了，而另一边的'3'上面没有夹子。因为他并不理解'-3'前面小杠的意思，所以可以忽略。"

"但随着教学的进行，我们学习了'0'表示没有香蕉，少一根香蕉用'-1'表示。因此，他也明白了'3'和'-3'的区别。"如果张老师在前面就去纠正，小男孩会因为不理解而纠结，会对他的主动思考形成干扰。相反，如果尊重他的想法，他会在与同伴的交流互动中慢慢改变认识，这种改变是主动的，有利于思维发展。

这次集体学习活动让我很感慨，也很惊叹：张蕾老师的坚持、执着，对儿童思维的观察、预判、互动、理解、引领在过程中展现得淋漓尽致。尊重幼儿是所有教师会经常挂在嘴边的话，也是教师认为自己一直在遵循的理念。但在实际教学中，当幼儿的认识与教师不同时，教师还是会很纠结，还是会不由自主地去纠正他们的认识。细想一下这次集体学习活动，我们能发现幼儿想问题的方式和成人不同，是因为他们的经验、认识水平与成人不一样。如果要让幼儿思考，教师就必须接受幼儿从自身经验、水平出发的认识，否则很难推动幼儿的主动思考。故而，培养幼儿思维，教师首先要发自内心地尊重他们的认识，甚至要尊重他们"错误"的认识。教师只有以"清空"自己认识的方式，以"空杯"的心态去与幼儿互动、交流，才能真正理解幼儿的想法，并在这个基础上去助推他们的发展。

思考是主动的过程，是以思考者已有的知识经验、认知水平为基础的。因此，在推动幼儿思维发展的过程中，教师无法决定幼儿如何思考，只能顺势而为。顺势而为的前提是要尊重思考者，尊重他们的认知经验和认知水平，更要尊重他们"错误"的认识，这样他们才能经历一个独立思考的过程，才能获得真正的思维发展。

基于这样的认识，我们将"真正尊重，真心倾听"作为了解幼儿认知经验的基本原则。除此之外，在了解幼儿认知经验方面，我们还会有以下一些做法。

第一，用生活化的立体情境激发幼儿表达的愿望。教师对幼儿认知经验的了解源于幼儿的表达。根据幼儿思维具体形象的特点，他们只有在面临熟悉、有感觉的情境时才会思考，并有表达的愿望。所以，了解幼儿认知经验的第一步就是要为他们提供立体、熟悉的情境，即将需要思考的问题用贴近生活的立体情境呈现出来，这样既可激活幼儿的生活经验，引发思考，又符合幼儿思维的特点。

第二，让幼儿通过游戏性的操作材料表达自己的想法。幼儿的思维是具体形象的，但在解决抽象问题时，他们常常会运用动作思维和具体形象思维相结合的方式思考问题。让幼儿用游戏性的材料操作表达，可以反映他们本真的思考过程，便于教师了解他们的真实想法。所以，每次开展活动时，我们都会为幼儿准备人手一套带有情境性的操作材料，让他们像玩游戏一样围绕需要思考的问题摆弄材料。幼儿通过操作不仅表达了各自的想法，也经历了一次思考的过程。同时，教师从幼儿外化的思维中体会到了每种方法背后的认知水平和生活经验。在接下来的交流中，教师的引导就能更贴近幼儿的具体想法，从幼儿实际出发的讨论也更容易被理解，幼儿的主动建构就更容易实现。

我们在皮亚杰思维活动中使用了这些策略，使幼儿在认识事物或解决问题的过程中，不满足或不局限于唯一的答案，能着眼于与事物之间的多方面联系。如幼儿在思考问题时，不再仅仅关注事物的一个方面，他们思考的角度更加丰富、多元。有时连教师都没有发现的细微变化，也能被幼儿一一捕捉。同时，幼儿在活动中能打破陈规，按不同的条件，不断地调整思维的方法，灵活运用一般的原则和原理，通过主动思维解决实际问题。

帮助幼儿建立思维通道

在以往的幼儿园教学中，教师常常在提问后期待正确答案，所以当幼儿没有回答正确时，教师会对问题做进一步的解释，直到幼儿没有问题了。每次遇到这样的情况，我就会想：孩子们没有了自己思考的过程，也就失去了主动学习的机会。

思维活动"时间机器"旨在通过情境故事，在说说、看看、摆摆的过程中了解现代、古代、远古时代的不同，培养大班幼儿观察、比较、概括能力。

活动中有一个环节是让幼儿将物品的图片按照"现代""古代""远古时代"进行整理。一开始幼儿整理的结果是这样的，见表3-2。

张蕾老师问："谁还能整理得更清楚一些？"有的孩子上来将图片放正并对齐。"是呀，整理对孩子来说不就是放正、对齐吗？""我觉得是张老师没讲清楚，小朋友不明白应该做什么。"下面听课的老师在窃窃私语。

可课堂上的张老师并不着急："图片的位置已经很整齐了。谁还能通过排列，让人看得更清楚？"这时，有个孩子上来把穿着现代服饰的小朋友图片放在高楼图片的旁边。张老师随即追问："你为什么这么放？"这个孩子回答："小朋友住在楼房里。"（见表3-3的灰色部分）

"这是一个高质量的追问，小朋友们开始有目的地考虑事物之间的关系了。"我暗想。

张老师继续追问："小朋友住在房子里。那么古代又是什么样的呢？"孩子们开始不断地主动上来调整图片。（见表3-4的灰色部分）

就这样，经过一次次的调整，最后就形成了如表3-5所示的分类表。

执教的结果很顺利，孩子们渐渐达到了教育的目标要求。

随后的教研中，老师们围绕"谁还能整理得更清楚一些"进行了讨论。老

表 3-2　幼儿的第一次归类

现代	汽车	高楼	空调	榨汁机	现代着装
古代	草屋	扇子	石磨	唐装	轿子
远古时代	步行	树皮裙	石头榨汁	自然风	山洞

表 3-3　幼儿的第二次归类

现在	汽车	高楼	现代着装	榨汁机	空调
古代	草屋	扇子	石磨	唐装	轿子
远古时代	步行	树皮裙	石头榨汁	自然风	山洞

表3-4　幼儿的第三次归类

现代	汽车	高楼	现代着装	榨汁机	空调
古代	草屋	唐装	石磨	扇子	轿子
远古时代	步行	山洞	树皮裙	自然风	石头榨汁

表3-5　幼儿的最终归类

现代	高楼	现代着装	汽车	榨汁机	空调
古代	草屋	唐装	轿子	石磨	扇子
远古时代	山洞	树皮裙	步行	石头榨汁	自然风

师们的纠结点在于，是否需要提相关的辅助问题，如"请把住的地方按照现代、古代、远古时代的顺序排列"。但经过了观摩活动，大家逐步达成共识：如果立刻使用辅助问题提示幼儿，对大班幼儿来说，思维的难度降低，仅仅是原有经验的再重复。因此，提问本身可以看作是一个让孩子思考的过程。

这次教研，我又一次看到了张蕾老师的教学智慧，看到了现场教研活动的效果。我们的思维活动让幼儿面临不同的问题，是为了让他们思考，所以教师应该帮助幼儿建立思维通道，即引导幼儿思考，而不是直奔答案。在思维培养中，答案不是目的，思考才更重要。

幼儿思维的发展，既不是直接生理成熟的结果，也不是直接学习的结果，而是个体和环境相互作用而使认知结构不断发生质变的过程。在这一过程中，幼儿主动地以同化或顺应的方式与客体相互作用，感知、理解客体，并建构相应的认知结构，获得自身的发展。

因此，在教学过程中就需要"幼儿在前，教师在后"的教育策略，让幼儿"走到教学的前台"，改变幼儿被动模仿、被动接受的学习方式。教师在教学过程中从幼儿视角出发，为其创设合适的教学情境，引导他们主动学习、探索、与客体发生作用。比如，在"时间机器"活动中，教师尝试在问题与答案之间建立一个通道，让更多的幼儿自己经历走过通道的过程，这个通道就是幼儿思考的路程。

"教师在后"并不意味着教师要躲在幼儿身后，无所作为，任由幼儿发展，而是慢慢地离开教学主体的地位，不再一切以教师的教为中心，在教学中根据幼儿的认知经验推进幼儿的思维发展。但在实际操作中，教师们往往很难把握这个"度"。如何往后退，退到哪儿适宜，成为教师的新困惑。

当教师退到了幼儿的"身后"，是不是就意味着幼儿马上就来到了前台？其实不然。此时教师需要再"推"一把，让幼儿在不知不觉中站上前台，并主动探索和思考。生生互动是一个好办法。生生互动是指在集体教学这一具体情境下，幼儿与幼儿之间发生的各种形式、各种性质、各种程度的相互作用和影响。这种生生互动是要在教师的调控下开展的，主要有以下几种方式。

第一，教具设计巧妙，便于幼儿相互交流。很多的思维活动都有幼儿操作的部分，幼儿通过对实物的摆弄建构自己的思维。如何让操作材料便于幼儿进行交流分享？我们设计了磁性操作材料：把操作材料和白板画框都粘在磁片上。当幼儿上前介绍他的思维结果时，很容易就能贴在大黑板上，方便幼儿介绍。同时，因为操作材料使用了磁片，所以更改起来也极其方便。在活动交流分享过程中，孩子们不断地看着画板，听同伴介绍整理的方式，思考他用的是什么方法，并且大家为其出谋划策，使整理的方式更加合理。这种操作材料的呈现方式使得幼儿间的交流多了，他们的观察比较、归类整理等思维能力都得到一定的发展。

第二，"让幼儿成为同伴的'小翻译'"。成人与幼儿思维之间有很大的区别，作为成人的教师不可能也做不到完全像幼儿一样思维。但是幼儿间的语言是幼儿化的，情感是亲切的，思维水准是差不多的，他们有着只有他们自己才能理解的语言。在活动中，可能有些表达能力不太强或是思维水平较弱的幼儿的回答让成人听起来有点儿词不达意或无法理解，这时"小翻译"们就出马了。他们根据自己的理解向老师和其他幼儿转述同伴的回答，使得同伴得到了心理安慰（有人明白我说的是什么），并建立了自信心，又从"小翻译"的转述中学会了如何表达。在这样的过程中，"小翻译"们的专注力、倾听能力、理解能力、思维能力和表达能力获得了很好的锻炼。

第三，"让幼儿做做'小裁判'"。在活动中，老师不再是一位评判者，而是通过"你们觉得对吗""你们同意吗？为什么"这样的提问，把判断权交给幼儿，让其他幼儿对他的回答进行评论。在这个相互评论的过程中，让幼儿共同参与、交流，从而推进幼儿思维的发展。

在这样的思维活动中，不仅幼儿的思维得到了发展，教师们也在研究过程中变得更有耐心了。比如，有耐心地听幼儿表达，即使他讲得不清楚，即使他的回答听上去没有回答到点子上，但从来不打断他们，而是引导他们往下讲。这种耐心从哪里来，就是对每个幼儿的信任——信任他们都在思考问题，信任他们能把自己的思维表述出来。同时，教师们变得更会分析了。比如，从不同的角度去分析教材，思考如何让幼儿思维在原有的基础上得以发展。

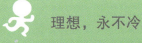

抓住生成的教育契机

大活动时，大班太阳班的一个女孩子迎面走来，说："范老师，你的头发和我们喻老师很像！"我一愣，最近没变过发型呀，并问："是我和喻老师都是短头发吗？"孩子点点头走了。

上午走进太阳班，一看到喻老师，我恍然大悟：原来喻老师烫头发了！喻老师比我略小几岁，我们身高差不多，又都戴眼镜，所以孩子才会说我们很像。

"喻老师，你换发型啦！"几乎每个孩子今天进班时都会这样说。偶尔也会有几位悄悄地看看喻老师，点头附和。

"对呀，我烫过头发了！""你们觉得我这发型怎样？"喻老师问。

"蛮好看的，卷卷的，像海浪一样。""像玫瑰花一样，漂亮！"有的女孩子说。

"我觉得有点像方便面。"一个男孩子说。

"有点奇怪呢，像马戏团的小丑。"另一个小男孩边说边伸手碰碰喻老师的头发。

"不好看，像大狮子。""像狮妈妈！""不对，狮爸爸才有卷毛呢！"孩子们七嘴八舌地讨论着。

"真是这样吗？我们找找资料看看。"喻老师追问。

"不对，像鸡窝！"孩子们还真是童言无忌啊！我暗想：喻老师会不会有点生气了。可她依然兴致勃勃地说："是有点乱哦。今天上班被风吹了，所以这个发型也有人叫'鸡窝'头。"话音刚落，全班孩子笑了起来。

有的孩子说："哪像狮子了，像金丝猴，毛毛的！"

有的孩子说："不对呀，金丝猴应该是金色的头发！"我和喻老师都忍不住笑了。

有的孩子说："头发上撒点金粉吧！"

有的孩子说："不好不好，那就染成金色的！""染发啊，我妈妈说对身体不好。""好像要用染发膏。"

"对，染发膏不利于健康。"喻老师一本正经地说。

有孩子说："未成年人不能染发，我奶奶说的。"

有孩子问："什么是未成年人？""就是满18岁了。"乔乔小朋友明显很有经验。

图3-19　讨论新发型

有孩子问："喻老师，你几岁了？"

喻老师认真地说："我是成年人，所以可以染发、烫发了。"

这是一次愉快有趣而又激烈的讨论，太阳班最后得出的结论是，成年人可以烫发、染发，但为了身体健康，次数要少些。

整个讨论过程，我和喻老师都忍俊不禁。老师烫了个新发型，作为天天和她在一起的孩子们自然会有一番评论。我很高兴能听到孩子们这么多率真的表达，也很欣赏喻老师能如此平等地和孩子们进行交流。尽管有些童言无忌，但喻老师始终面带微笑，说明老师是站在儿童的立场去思考的，是基于其年龄特点在理解儿童的。在这样的师生关系中成长的儿童，心智是健康的，思维是活跃、自由的。

这是一场随机生成的话题，讨论的过程是彼此共享快乐的过程。我想，这是家庭教育所无法比拟的。因为成人和孩子的思维水平不同，导致成人会居高临下地看待孩子。可在幼儿园就不一样了，这么多同龄的孩子在一起，你就能发现孩子是如何思考的。比如，有的孩子说老师的发型好看，也有的说不好看。当老师追问"卷卷的发型像什么"时，有的孩子说像"海浪、玫瑰花、狮子、金丝猴"，也有的孩子说像"方便面、小丑"，甚至"鸡窝"。让不同的声音在教室里碰撞，使孩子的思维不断被激活，这就是学校教育和老师的魅力。

喻老师善于引导大班孩子倾听，让孩子们互动共振，是因为大班孩子要幼小衔接了，不仅要自己会表达，还要学会倾听、思考别人的问题和想法。这里不只是听老师说，也要学会倾听同伴不同的声音。往往，孩子间的思维是比较接近的，同伴的一句话常常能让小伙伴们"顿悟"。在生生互动、师生互动中，幼儿才能逐渐调整自己的想法，形成有益的对话。

最后，喻老师十分敏锐地捕捉到交流中的价值点，即母狮和公狮外形上（即狮子的鬃毛）的不同，以及小朋友是否可以染发、烫发。喻老师通过引导、回应，鼓励孩子们去寻找获得知识的途径，顺水推舟地将健康的生活理念传递给了孩了们。

这是一场生动的师生间的对话。要把控好一个随机生成的话题，需要我们相信孩子，带着开放的心态去和孩子自由对话。我们还要在交流中迅速地通过价值判断、时机判断，来有效地推进孩子们的发展。也许下次交流时，我们还可以从"烫发后怎么让头发看着不乱"等仪态、美感方面去做引导了。

此外，我们更要敬畏儿童。大活动时，太阳班的一个女孩对我说的："范老师，你的头发和我们喻老师很像！"其实是孩子一早已经看到了喻老师发型的变化，而我的确尚未发现，我和孩子的思维不在同一个频道上了。

这次关于老师发型的讨论，是幼儿园千千万万趣事中的一个。日常生活中，孩子的一句话看似不经意，一连串的动作看似很奇怪，也许其中是有"故事"的。作为成人的我们看到了吗，读懂了吗，理解并推进了吗？每一个孩子的童年都值得被尊重，都有其不可取代的意义。爸爸妈妈们，当孩子向你们走来，想要分享他们的"故事"时，请尝试卸下成人的武装，停下手边正在忙的事情，请耐心地和孩子做一次亲密无间的交流吧！

　　幼儿的一日生活中会出现各种各样的情况，当老师的预设与幼儿的生成发生冲突、幼儿个性表现、幼儿自然表达时，都可能会出现教育契机。当教育契机来了，我们该如何把握呢？首先，我们要尊重与顺应幼儿群体和个体表现，这样我们就有更多的机会看到幼儿更多的可能性。其次，要学会察觉和理解教育契机的意义。当教育契机出现时，老师要学会抓住它，迅速捕捉到其中的价值点；当新生成的教育契机打乱了原计划时，还要学会反思，甚至调整原本的活动计划。正如上文中喻老师在倾听幼儿讨论时发现生成的教育契机并展开讨论，进一步推动了幼儿的发展。

　　其实，幼儿一日生活中的每个环节都蕴含着教育契机，教师要细心观察、用心思考，更好地理解和回应幼儿，抓住生成的教育契机，调动幼儿的积极性，创造出更有意义和有效的教育环境，激发幼儿的潜能，促进幼儿的全面发展。

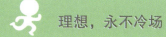

给孩子自悟的空间

在主题大活动中，火箭发射基地的游戏规则是，参加游戏的孩子需要独立折叠一枚火箭才能进一步参加游戏。所以，有意愿参加此项游戏的孩子会事先在教室里折叠一支火箭备用，也有孩子选择来到活动后现场折叠一支火箭参加游戏。

这天，活动正如火如荼地进行中，三个大班孩子手牵手走进活动室。只见两个女孩快速从口袋里拿出火箭进入游戏区，而另一个男孩则不知所措地在边上说："我从来没做过这个东西。"我正在纳闷，同行的女孩马上解释说："他是我们班的新朋友，之前没学过折纸。"我顿时读懂他那双满怀期望又无奈的眼神。为了唤起他的信心，我拿出手工纸边做折叠动作边问他："你会像我这样对角折吗？"

他说："这个我会的！"

我问："那么对边折呢？"

他说："我也会！"

我说："只要会对角折和对边折，就算会折纸，就一定能折出火箭！"

话音刚落，只见他马上拿起纸折了起来。考虑到他虽然之前没有很多折纸经验，但毕竟是大班孩子，应该能尝试通过观察成品来探索折叠方法。所以，我提出线索性问题："这两条斜线是对角折还是对边折？横线是怎么折的？"他立即准确回答并迅速动起手来。很快，第一步双三角就折成了。在整个折叠过程中，他不仅能分辨方向，甚至对折线的正反、折叠动作都能准确把握。绝对是个空间知觉和逻辑思维能力超强的幼儿，只是不知道折叠要领而已。

我说："瞧！你会折纸的，我教也没教，你就自己折出来了！"

他说："嗯！这个很简单！"

我说："后面也很简单，只是折的方向不同。"

之后，他每折出一步，我就负责说折纸要领。短短几步，就完成折叠了。他拿着自己的作品像火箭般地冲向游戏区，对着小伙伴们兴奋地挥着手中的火箭。

在过程中，我并没有说过一句"你真棒""你真聪明""你真动脑筋"之类赞扬的话，但他通过努力探索，最终取得了成功。内心的喜悦带给他的感触，远比他人给予的评价更深刻。

正是"只要会对角折和对边折，就算会折纸，就一定能折出火箭"这句话，让原本认为"我不会"的他觉得"我可以"，有了自信心和努力的勇气。

当幼儿在活动中遇到困难时，老师不要急于介入，要给予幼儿更多自主探索的时间和空间，适时、适度地帮助幼儿，这样孩子们会有更多体验，也会有意想不到的收获。

首先，教师要"适时"介入。要耐心地观察幼儿的行为表现，联系侧面信息，将幼儿的障碍放到其发展过程中去思考，从专业的角度判断与选择应对措施。这个过程必定是一个较长的观察思考过程，即便对成熟教师来说，也需要考虑每一个个体在不同作业活动中的发展表征。所以，教师要避免盲目地介入，避免在与教学目标不一致时的功利性介入。

其次，教师要"适度"介入。在幼儿作业活动过程中，存在诸多的变量。如幼儿的发展性、个性差异、经验，又如活动的性质、教师的教学风格等。这些变量都在影响着幼儿的认知、感受和信心，教师要判断在什么角度、多大程度上给予幼儿帮助，能改变其中的某个或某几个因素，进而帮助幼儿提升问题解决的整体效能。否则随意介入，打断幼儿正常的探究过程，便极有可能加剧幼儿思维发展和行为协调的混乱。

教师要适时、适度地帮助幼儿，让幼儿自主探索、自主成长。通过自悟，幼儿的自信心进一步增强，在未来遇到困难时也会更加积极主动、乐于探究、迎难而上。

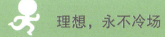

鼓励孩子解决困难

在"托塔李天王"活动中，孩子们用一个个折叠的亭子叠加成宝塔，把折叠好的宝塔放在贴有双面胶的塑料底板上，端平向前走，保持宝塔不倒直至终点的幼儿即可获得"托塔李天王"称号。折纸活动一直是孩子们很喜欢的活动，在"托塔李天王"这个活动中更吸引孩子们的是李天王的帽子和"托塔李天王"的称号。

图 3-20　宝塔作品

登登是一个狂热的"哪吒"粉丝，一听到"托塔李天王"，就决定要去挑战一下。这是一款合作类游戏，热情的登登很快说服了满满和他一起挑战做"托塔李天王"。游戏刚开始，兴趣相投的兄弟俩一个箭步就占领了有利位置，并开始了创作。然而"出师不利"，折好的亭子总是开裂。我走过去观察了一下，发现他没看清楚折纸步骤，总缺了一步。好强的登登即使都快折坏了手工纸，也不愿意举手询问。看着他紧锁眉头，我真想冲过去帮助他，但是转念一想：不对啊，这是合作游戏，可以借助同伴的力量来解决问题呢。就是这么巧，满满似乎听到了我的心声，突然问了登登一句："要帮忙吗？"登登拼命点头。满满仔细地看了登登的亭子，找到了漏掉的步骤，并告诉了登登。一心想成为"托塔李天王"的两个小伙伴齐心协力，很快就完成了五个亭子。

几分钟之后，登登拿着亭子跑来问我："老师，我们的宝塔为什么总是倒下来？"满满说："对啊，对啊，笑笑她们托着走来走去太神气了，我们的就是不行啊！"其实我早就看出了他们的宝塔问题所在：登登着急折，拿了五张一模一样的纸，没有发现每层宝塔的大小关系。选择大的纸做底层，才可以有很好的稳定性。然而，我觉得如果直接告诉他们答案，对登登和满满来说没有直接的体验，缺乏亲身的探索。所以，我把答案憋在了肚子里，而是运用提问式的语言告诉他们："请你们仔细观察一下，你们的宝塔和图片上的宝塔有什么不一样吗？为什么图片上的宝塔能站稳，而你们的站不稳呢？"两个小伙伴齐刷刷地看向图片，说："我发现了，图片上面的宝塔每一层大小都不一样啊。"我追问："那你们再看看这些材料，有什么不一样吗？"登登看到了材料盒的层数，发出了夸张的感慨："天哪，我怎么没有发现还有这么多不一样的手工纸呀！真是太粗心了！"边说边开始抽取不同的手工纸，重新改良了宝塔。

两位小伙伴如愿地戴上了"托塔李天王"的帽子，珍宝般地把宝塔放在了托盘上，托起了他们心爱的宝塔。"嗒！"倒了，扶起来，继续。"嗒！"又倒了。根本没有办法直立起来，更别说托着宝塔走路了。眼看着他们要灰心了，我赶紧提醒："登登，你们看看托盘上的粘胶。宝塔是贴得多一点好还是少一点好呢？"他们的眼神中终于又有了希望，于是默契十足地将底部的宝塔折了一下，让更多的部分与托盘上的粘胶结合。五层宝塔很快就站立了起来，这下子两个人何止是漫步，那是得意得不行，都快飞奔起来了。

"要做厉害的'托塔李天王'，五层可不够哦！"我趁热打铁地说了一句。两个小伙伴马上分工，又各自做了一个，七层宝塔平地而起。要不是时间的限制，他们还要挑战更高的宝塔。回到家后，他们不约而同地在家里继续挑战更高的宝塔，分享着成为"托塔李天王"的喜悦。

在这个区域里，登登又帮助了好多小朋友，一大批"托塔李天王"相继出现。登登和满满不怕困难，为着自己的目标不断努力着，一次次地尝试，最终实现了自己的目标，这让两个孩子变得更加自信了。

但作为教师，我其实是痛苦的，因为打从一开始我就看出了他们即将遇到的困难，几次都想出手帮助，但我忍住了。孩子们更多的是需要在过程中自我探索、相互启发、感受顿悟，从而习得自助互助、克服困难的经验。

问题是一切思维活动的源头，从学前期开始，教师就要注意培养幼儿发现问题的意识。只有当幼儿发现问题了，才能引导他们表达问题和解决问题。"3—6岁儿童发展行为观察指引"也明确提出，幼儿喜欢接触新事物，对新事物充满好奇，喜欢提问，会主动追问和探索。

在案例中，两位小朋友当遇到"宝塔"无法站立的问题时，他们沉浸在游戏的快乐中，未根据老师提供的游戏方法进行重复性操作。但他们并没有及时找到出现问题的原因，这也是在幼儿园阶段大部分小朋友会出现的情况。遇到困难时，他们会直接表示"我不会"，并不善于发现问题、表达问题。

如何引导幼儿发现问题、表达问题？首先，应当积极为幼儿创造宽松适宜的活动环境。比如，创设了大量的主题大活动、班本化活动，让幼儿在自主的环境中结伴活动。在过程中，孩子们有大量的机会发现问题，尝试着通过查看步骤图、询问同伴等方法自主解决问题。其次，要提供更为专业的支持。我们可以发现，当孩子们遇到问题时，老师比孩子更为着急，但是作为专业的学前教育老师，则要懂得激发、保护孩子发现问题的兴趣。老师并没有直接帮助幼儿解决问题，而是以陪伴、引导幼儿为主，以提问的方式帮助他们发现问题、表达问题。

苏霍姆林斯基主张，让幼儿生活在思考的世界里，观察引导幼儿学会发现问题、提出问题、分析问题和解决问题，正是让幼儿生活在对客观事物进行系列思考的世界里。[1]尝试分析问题和解决问题都是要基于幼儿发现问题，需要教师继续深入探索，不断大胆创新。

---

1 ［苏］B. A. 苏霍姆林斯基.给教师的建议（修订版）[M].杜殿坤，编译.北京：教育科学出版社，1984：159.

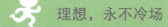

57

给孩子适时的仪式教育

2022年6月10日下午，我坐在电脑前逐班审核大班每位孩子的毕业评语。

"运动场上生龙活虎，'密室探险'时沉着冷静，无论何时，你都全力以赴，很有潜力哦！""你的眼中闪烁着智慧的光芒，是老师得力的'小助手'，还是人见人夸的'东展宝贝'。"

为每位毕业生认真撰写评语是我园的传统，每看一句，孩子的形象就会跃然出现在我脑海里。大班的孩子们，我们已经近3个月没见面了。

2022年的毕业生着实让人心疼，爸爸妈妈的心情我感同身受，所以我和行政团队、大班老师想给这届大班一个不一样的毕业典礼——"云毕业"。自5月份以来，我们一直在思考：真的要做吗？怎么做？技术上如何支持？5月中旬，大班的刘爸爸主动和我们对接，免费提供媒体支持，一起策划、实施"云毕业"！

5月24日，我园以保教主任任懿老师、课程组长张晨华老师为核心的云毕业团队首次和刘爸爸团队会合，一场全新的"云毕业"拉开了序幕。5月30日到6月9日，"云毕业"核心组也在有条不紊地开展工作：毕业典礼日期敲定、方案和流程安排、动画制作、视频制作、节目编排……

离"云毕业"的时间不到一个月了，大班老师的工作还有很多：毕业照是根据家长们提供的照片合成的，要考虑到每个孩子身形的胖瘦、脸型，因此要逐一核对效果；园方的全年级活动视频是从活动录像中选取的，因此要做拼接、剪辑，以保证达到148个孩子都有镜头的要求；由于云上典礼的特殊性，孩子们无法现场表演，而采用视频录制的方式，因此老师们要反复斟酌、拍摄表演的录像，让小朋友可以在家看着学习。随后几周，还要线上彩排、录制小主持人的发言等。

毕业典礼是让毕业生通过讨论、准备、排练到最后的呈现，从而体验、经历、感悟到自己成长的一个过程。对于这届毕业生，尤其要让他们体会到即便在家里，经过自己和全班小朋友的共同努力，也能一起光荣毕业。

　　由于幼儿的年龄特点，家长对"幼儿园毕业典礼"有所争议。崇尚简单的家长更注重孩子的体验，追求完美的则更看重每一个成长的句点。前者会自诩从儿童视角出发，不能因追求完美的呈现而失了孩子的本真；后者则更坚持传统文化秉承的在每一重要节点对过往和将来的"交代"。有人说，后者才是"仪式感"，其实前者亦是。只是，也许因经历了一些不快的体验、无序的安排，把"矫揉造作"当成了"仪式感"。

　　生活之所以成为生活，是因为它已远不是简单的生存。东展幼儿园是一所有教育理念、教育信仰的幼儿园，将"仪式感"渗透在园内各类活动中。一次充满神圣感的开学典礼、升班仪式，一场刻骨铭心的运动会、主题大活动……"仪式感"存在于每一次仪式之中，它不是机械的"填鸭式灌输"，而是各种各样的仪式规范和内涵，是每一次精心的安排和细水长流的教化。

　　东展幼儿园每一年的毕业典礼，是"仪式感"在大型活动中的全面展现。"仪式感"更体现在每一件小事中，如站得正坐得稳、给毕业表演服排序。孩子在或重复、或需动脑、或庄重的过程中，感受到了"仪式感"是一个过程，而非"过场"。

　　"水不激不跃，人不激不奋。"东展幼儿园的孩子们就是在一次次的"仪式感"中，渐渐懂得生活的真谛，爱上生活、爱上自己！相信他们在未来，无论在何处，都能让学习和生活中的每一个普通日子过得有趣又有益！

58

温暖而善意的纠错教育

2023年，东展幼儿园开展春季运动会时，总园的门厅里陈列着大大小小的奖杯和奖牌，吸引中、大班孩子驻足观赏。

有一天上午，担任当天护校的陈老师在问："小奖杯到底有几个？好像是少了一个？"

"应该是5个，怎么只有4个了？"保教主任任老师说。放奖杯和奖牌的地方是每个中、大班孩子进园的必经之路，总园又有10个班级，似乎有点儿难找。于是，任老师申请查阅监控，监控一看心里便有了底。

图3-21　中、大班春季运动会的奖杯和奖牌展示区域

任老师走进了月亮班，同班主任张老师一起和彬彬小朋友"悄悄"聊了起来。任老师问："今天早晨你进来时有发生什么特别的事情吗？""没有！"彬彬接得很快。任老师追问："真的没有什么特别的事情吗，在奖杯那个地方？""没有！"彬彬说。

"可是，我发现门厅的小奖杯少了一个呀……"张老师说。"你知道是怎么回事儿吗？"任老师问。"老师，你知道吗，我的书包拉链是开着的。"彬彬开口了。"哦，书包是拉链开着的吗？"张老师鼓励孩子继续说下去。彬彬说："书包拉链开着，奖杯就滚进去了呀！"两位老师强忍着笑意，很默契地追问："奖杯会自己滚进去吗？""不会……"彬彬有点不好意思地低下头。"那这奖杯是你家里的还是幼儿园的呢？"张老师问。"幼儿园的。"彬彬终于把小奖杯从书包里取了出来。"你是不是很喜欢这个小奖杯？"张老师轻轻问他。彬彬点头。"嗯，我也很喜欢这个奖杯。运动会上会有很多大奖杯、小奖杯，是奖励给班级和有进步小朋友的。如果你想要，就要努力争取，可千万不能自己拿哦！"张老师认真地对孩子说。

"谢谢你把这件事情告诉了老师，你真是个诚实的孩子！"张老师笑着和彬彬握了握手。

这件事就这样"云淡风轻"地过去了。我很欣慰执勤的陈老师有着敏锐的观察力，我更欣赏张老师和任老师专业的解决方法。面对孩子自己悄悄拿了奖杯，她们没有"上纲上线"地批评，更没有升级为"偷"。两位老师基于真实的生活情境和孩子一起"悄悄"讨论，在交流的过程中始终保持平静。

专业的幼儿教师都知道，中、大班孩子这样的行为是旨在获得自己想要的，但很少会考虑到自己行为的后果。比如，这学期我们的大班也发生了不少"奇怪"的事情：有的班级女孩子的漂亮发夹被小朋友放在自己抽屉里了，有的班级老师的彩圈被小朋友悄悄拿走了十几根，还有的小朋友将其他小朋友做给妈妈的花占为己有。这都说明了中、大班孩子的社会性高度发展了。在这个时期，我们要帮助幼儿了解集体的规范，平衡自己和他人的关系，而发生问题时正是我们帮助幼儿的最好时机。

这个年龄的孩子还是以自我为中心，当看到自己喜欢的东西，情不自禁地就想拿过来。两位老师基于真实的问题与孩子互动，认可孩子天真的"借口"。她们没有居高临下地交流，而是用询问真实问题的方式来促使孩子思考"奖杯会自己滚进去吗"。她们始终保持着解决问题的态度，而不是对孩子进行责备或者惩罚。

幼儿园的中、大班阶段是孩子道德发展的关键时期，社会性发展也是幼儿学习与发展的重要组成部分。因此，我们有责任在生活中利用一个个事件来帮助幼儿区分"正确"和"错误"，帮助幼儿从自我中心过渡到服从规则，最终形成一个符合社会规则和价值观的行为判断系统。此外，当老师和彬彬妈妈交流时，家长也很认可。我很高兴，家长和幼儿园保持了一致的价值观。从某种程度上说，家长是幼儿最初也是最为重要的道德行为榜样。

当孩子开始社会性发展、道德感逐步建立时，面对发生的问题，成人所要做的就是心平气和，就事论事，不要一味说教，切忌"上纲上线"。

3—6岁是幼儿社会性发展的重要时期，也是对幼儿进行道德启蒙教育的重要时期。同时，幼儿道德发展有其独特规律。教育家乌申斯基说，教育者要从各方面教育一个人，首先要从各方面了解这个人。

比如，故事中的彬彬小朋友对于自己喜欢的东西，就情不自禁地想占为己有。面对这样的孩子，老师们根据孩子的个性特点，有针对性地加以正面引导，整个过程中并没有一味地说教或者直接指责，而是给孩子留出空间。这个空间是给孩子的，他在其间可以更好地思考自己的人生，修正自己的轨迹，暗暗认识到"把幼儿园的奖杯悄悄带回家并不是一个正确的行为"。这个空间也是给教师自己的，教师在其间可以更好地思考自己的教育之道，心平气和地了解孩子的真实内心想法，即"小朋友只是单纯地很喜欢幼儿园的奖杯"。最后的表扬让孩子原本紧张、害怕的情绪得到缓解的同时，强化了孩子良好的道德意识——做一个正直、善良、诚实的人，会受人尊敬！有了这种空间，教师柔性有度、顺势引导，才会更见成效。或许这种温暖而善意的纠错教育，就是柔性教育的真实写照吧！

刚易折、柔有韧，柔性教育中的动静相宜、刚柔并济，让我们的教育保持着平衡、发展与和谐。这样温暖而善意的纠错教育怎么不叫人认同呢。

第四辑

同心向园

　　东展幼儿园的家长年轻、思维活跃，也敢于表达表现。在筹备此书时，我曾与家长们进行了深入交流，我发现这些年轻父母不仅认知层面高，还非常愿意讨论、思考学前教育的问题。或许，我们的老师在幼儿教育专业方面的理论知识和实践经验会更多一些，但家长的学习能力远超出我的预期。只要给他们一个正确的引导，达成一定的共识，他们很快就能找到适用的教育方法，形成正确、科学的教育理解。

　　幼儿园的工作不仅仅在于家园共育，更在于幼儿园是年轻父母做家长的启蒙阶段，良好的互动沟通、积极的双向奔赴，将帮助家长树立科学的育儿理念，支持他们成为陪伴孩子成长而不断学习的智慧父母。

59

理想，永不冷场

一起经历生活

开学第四周的早晨，在安龙园区门口，我看着中、大班孩子们陆续进园：进门，摘口罩，向老师鞠躬问好，自己走到测温仪前测温，晨检，随后自己洗手，走进指定的班级区域。比起开学第一、第二天的忙乱，如今，家长和孩子们都已经熟悉了来园的流程，一切显得有条不紊。

这次开学对孩子们来说是有考验的，尤其是对新中班的小朋友。从茅台园区到安龙园区，换了更大的环境、陌生的设施，而且第一天爸爸妈妈就不能送入园。有的小朋友紧张了，有的哭了。当孩子们情绪稍稍稳定后，我问他们为什么要哭。他们有的说因为不认识新幼儿园，有的说有那么多人。还有的说老

图4-1　开学典礼

图4-2　中、大班幼儿自主入园

师都戴着口罩，有点害怕。想想大部分孩子们都有7个月没来园了，有些扭怩、有点焦虑也是挺正常的。

但是，没几天孩子们就熟悉、适应了新环境和老师。这届新中班让很多老师都赞不绝口，他们能听指令，行为有序，整体发展较均衡。可见，在托班和小班阶段，我园老师的保教工作是扎实的。在开学典礼中，大班孩子就让我刮目相看了。本以为这么久没来园，孩子们会松散、拖沓，但却坐姿端正、歌声优美。拿着升班证拍照的模样，着实让我们都觉得他们长大了。

开学第二周开始玩水，特殊时期不能混班混龄，但以班为单位的活动让操场上充满了生机。开学第四周，迎国庆活动即将拉开帷幕，各活动室已经准备就绪。我看到大班孩子在讲"战疫英雄"的故事，听到园长室门口的小舞台上孩子们唱起了"读唐诗"，中班孩子开始热衷于"小小特种兵"、"登长城"、买月饼……每次看到孩子们脸上有笑、眼里有光，我都会感慨："这就是一个幼儿园应有的模样！"

这周一是家长带换洗被套、枕套、床单"三件套"的日子。来园时，我很意外地发现，大班月亮班有很多小朋友是自己背着较大的书包进来的，原来他们的"三件套"都已经放在书包里了。

我突然想到了"幼小衔接"。幼小衔接是什么？仅仅是做几道算术、写几个字吗？在我们看来，幼小衔接还应该是良好生活习惯、自理能力的培养，从来园背书包开始，从孩子的日常生活入手。升入大班，家长就可以为孩子们准备一个大一些的书包，里面可以放替换的衣服、玩具、图书等。到换卧具的时候，"三件套"完全可以放入书包，让孩子自己独立背着走进来。我也看到有的小朋友的书包尽管不小，但家长很有意识地放手，让孩子自己提着"三件套"入园。

多好呀！在总园老师的眼睛里，中、大班都是大孩子了，所以"凡是孩子们能做的，都应该让他们自己做"。这一年锻炼下来，到小学时还会担心孩子们"手不能提、肩不能背"吗？"具有自我服务、自我保护等基本能力"也是幼小衔接中社会适应性的一部分。

在幼儿园，"生活即教育"。还是以来园为例，第一、第二周是我们帮助孩子熟悉新环境、缓解小部分幼儿的入园焦虑的时期，而从第三周开始，老师手上则多了"大拇指"贴纸。对能主动回应老师问早且会鞠躬的小朋友，我们都会贴上"大拇指"，这就是在培养孩子有礼貌的好习惯。我们的老师一早上不知要和多少个孩子问早、弯腰鞠躬，到来园结束时常常都是口干舌燥的。但我们很高兴地看到开学第四周，几乎大部分孩子都会问早鞠躬了，还有的孩子会主动打招呼呢！这一周，保教主任任老师开始观察孩子们洗手，如是否能自己独立洗干净小手，是否会用毛巾擦干手上、手腕、手指缝、手臂上的水珠。不要小看这个要求，很多孩子洗手不会认真揉搓手心、手背。当下，我们对洗手有了重新的认识。洗手不仅是卫生习惯的问题，更是在培养孩子做事认真的习惯。在目前的气温下，鼓励孩子们将手上各部位的水都擦干净，到天再冷时，就不会担心孩子着凉了。

每天的来园，很普通，很寻常，但蕴含了许多教育的契机。

图4-3　来园洗手

在孩子的生活中，我也看到了很多家长的认真。比如，来园时，许多家长都会鼓励孩子们要主动向老师问早鞠躬；换"三件套"时，蜜蜂班很多家长都会细心地将孩子的名字写在包装外面，尽量不给老师添麻烦；在准备国庆"小广播"活动中，有的家长会和孩子一起认真准备……孩子们的成长孕育在寻常日子里，让我们在生活中渗透，在点滴的过程中帮助、促进幼儿的发展！

著名教育家、思想家陶行知先生对杜威的"教育即生活"进行了改进，提出"生活即教育"。他说："生活即教育，一日生活皆课程。"这便是范园长所身体力行的"一起经历生活"。

从"范园长手记"里可以看出，她抓住了幼儿生活中琐碎的小事，以"爱"为先导，为幼儿创造充满激励的生活氛围。她了解幼儿所思所想，将幼儿的生活自由化、灵活化、游戏化、适度化，采取恰当方式，捕捉教育时机，激发幼儿开展自主探索，寓教于乐，维持幼儿在生活中受教育的状态。

从入园晨检到自己收拾书包准备放学，从游戏活动到吃饭休息，东展的老师们善于挖掘生活素材，合理设置内容。他们给孩子们讲文明、懂礼貌的教育，给孩子们遵守规则、遵守纪律的教育，给孩子们不挑食、节约粮食的教育，给孩子们养成生活自理能力的教育，等等。东展幼儿园通过生活中的课程，通过挖掘一日活动中各个环节的教育资源，保证幼儿的健康成长，发展幼儿的表现能力，为幼儿梳理教育的整体性。

记得刚入学时，两位园长就和家长说，希望家长早点送幼儿入园，放学晚些来接。现在作为毕业生家长，当真的要告别这所美丽的幼儿园的时候，才真正体会到了老师的用心。我们的孩子在东展幼儿园的每一分钟都在接受熏陶、浸润式地成长。老师们希望孩子们能有更多的时间在这里感受生活和接受更多的教育。

感谢东展幼儿园，感谢范园长为幼儿创造了丰富多彩的生活内容，以密切联系幼儿实际生活为教育载体，以幼儿的整体生活世界为教学空间，让幼儿走进学校生活，让学校生活融入幼儿的世界。

（家长　纪钱慧）

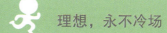

60

成为观察者和创造者

　　2020年，因疫情原因，家长不能送幼儿入园。东展幼儿园的三个园区根据地理环境、幼儿年龄段的不同，实行错峰、定时来园和离园。于是，老师们又比以往多了一项工作，就是每天定时去接、送孩子来园和离园。中、大班孩子能独立行走，会等待，也能排队跟着走，而托、小班孩子年幼，就需要老师的搀扶，甚至直接抱上手。几乎每个园区的老师们都在早上7:30之前到园，因为在幼儿到园前，她们要搬放好孩子们当天的运动器械，然后去协助测温、晨检、带幼儿进班级。作为园长，我要对全体老师表示由衷的感谢，为了全园孩子的安全和健康，你们都克服了很多的困难，很了不起！

　　为了让家长更多地了解幼儿在园生活的情况，我发现"学迹365"平台的班级圈里，教师发布的内容远远超过园方规定的"每周一次"。尤其是"怎么好玩怎么来——区域活动环境创设的教研"发布后，有不少家长在来园和离园时说："原来老师还要自己做这么多教玩具吗？"也有家长问我："范老师，老师这么辛苦，为什么还要自己做，咱不能多买点玩具吗？"我听了很高兴，这说明家长很关心老师。

图4-4　小班教师接送幼儿入园进班

　　如果说书本对小学生来说是主要教材，教玩具就是孩子学习的主要载体。托班至大班的孩子，由于年龄特点，他们的学习方式注定要亲身体验、直接感知、实际操作。也就是说，在这个阶段，孩子们的思维尚在直觉行动和具体形象阶段，他们的学习肯定是在"玩中学"，很多经验的积累都是在和环境、教玩具、他人的互动中逐步建构的，因此教玩具就显得很重要。每年东展幼儿园在编制预算的时候，对教玩具的添置都有很大一笔经费给予保障，对环境设施、运动器械、图书等都有大笔的投入。但为什么还要做呢？

首先，现成购置的玩具功能相对单一，无法满足我们对幼儿各领域发展的要求。按照《3—6岁儿童学习与发展指南》的要求，幼儿发展分为健康、社会、语言、艺术、科学五个领域，各年龄段在这五个领域都有相应的具体目标。如大家很关心的数学学习就属于科学领域范畴，而数学里的"手口一致数数、数的形成、数的组成、序数"等无法在一个单一的玩具里呈现。其次，即便是同一年龄段同一班级的孩子，他们也会存在发展水平上的差异，功能单一的玩具无法为孩子的发展搭设"脚手架"，无法做到因材施教。

以健康领域为例，一般小班下学期到中班的孩子要学会使用筷子，但在园只有午餐这段时间才使用。为提高学习兴趣，老师们在活动区创设了很多使用筷子的游戏活动。如图4-5a是用筷子将各种颜色的木珠夹入相应颜色的蛋糕托里的游戏，这里就渗透了数学里的颜色匹配和分类。

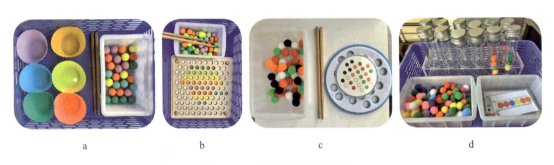

图4-5　使用筷子的游戏活动

b：你明显能看到圆孔多了，这就训练了孩子们的知觉。
c：用筷子夹的是软软的"小球"，对幼儿的握筷能力要求更高了，大小不一的"小球"要放进合适的圆孔里。

图4-5d是"小医生配药"游戏。幼儿做小医生，要根据右边小盒子里的"药方"，用筷子将白色药丸放入药瓶中。从夹筷的横向移动到纵向移动，难度就更高了。

大家看一下，同样是使用筷子的游戏，当孩子们来玩时，他们是无意识的，但老师确实是有意识地在认真观察，看看孩子在哪种水平上，进而做出适当的调整和推进。

如果一个孩子先玩的是图4-5d的"小医生配药"，老师观察后发现对他太难了，就会建议他先去试试图4-5c或图4-5b。倘若孩子连图4-5a、图4-5b的游戏玩起来都有困难，就建议他先使用筷子夹更大一点的物品。这几个层次的夹筷材料就是我所说的"脚手架"。同样的夹筷游戏，老师设置了4个层次，满足不同发展水平幼儿的使用需求。当孩子们对于图4-5c的游戏玩得比较熟练了，老师就鼓励孩子们去玩图4-5d的游戏。不仅在活动区里使用筷子，在午餐时老师还要进行指导。最初允许孩子们先用筷子，最后刮饭时用勺子，再慢慢逐步过渡到完全使用筷子。

　　同样，我们再来看看小班活动区的环境创设吧！对于"使用剪刀"的任务，老师也搭设了"脚手架"。

a	b	c

图4-6　使用剪刀的游戏活动

a："火锅"里放食材——随意剪。
b："小猴吃香蕉"——开始剪短线。
c："给小兔粘兔毛"——尝试剪长线。

　　当老师发现全班孩子大多数都能剪长线后，就需要再创设新材料"做小蛇"——剪曲线了，孩子们还能用剪曲线的方式来丰富画面。

　　对幼儿教师而言，需要具备的专业能力有很多：对幼儿的保育能力、环境创设能力、游戏活动的支持与引导、教育活动的计划与实施、观察与评价能力、与家长的沟通能力、自我的反思与成长等。在幼儿的一日活动中，东展幼儿园尤其看重教师的环境创设和观察与评价幼儿的能力。这也就是当家长送幼儿到班级后，我不太主张教师和家长多聊的原因。我的想法是除了家长必要的交代外，来园时正是每个孩子在运用自己的方式和活动区教玩具、材料进行交互作用、自主建构的时候，教师的主要任务应该是去认真观察、指导，推进每个孩子的发展，反思自己提供的区域活动教玩具、材料是否还需要调整。因为在幼儿的一日生活中，要保证生活、运动、学习、游戏四大板块活动的实施，要保证孩子有自主建构学习的机会，早晨的活动区活动时间是非常宝贵的，千万不能浪费。

　　在观察孩子活动时，以前我们是用文字记录的，现在老师们拿起手机就能记录，的确方便很多。我们鼓励教师研究孩子，允许老师们用手机拍下孩子的活动状况和发展水平，用来分析、推进孩子的发展。但我们也不希望过多地为孩子摆拍照片，毕竟老师要面对全班20多个孩子，要保证面向全体，要关注到每个孩子在生活自理能力、

图4-7 剪刀游戏"做小蛇"

运动、集体教学活动等方面的发展状况，并进行指导。尤其是托、小班的老师，幼儿年龄小，生活方面面更需要全面、细心地照顾。往往是一眨眼工夫，他们就摔倒了或者被同伴碰到了，带班的安全是班主任的首要职责。

我记得几年前，有次外出秋游，有位老师带着孩子边走边不停地拍照，我看到后当即严厉批评。老师委屈地说是想给班上的家长们看，然而我说当孩子们走在路上，且在外面，作为班主任，首要职责应该是全神贯注、目不转睛地保护好孩子们的安全，引导孩子按照教学计划观察秋天的季节特征、动植物变化，而不仅仅是拍照。所以，请各位家长谅解，要完成安全、高质量的带班，在实践中切实推进孩子的发展才是一线教师最主要的任务。

当我们用一些耳熟能详的指标来衡量幼儿园、教师及课堂时，往往并不明确甚至无法感知这些指标丰富的内涵。这些标准术语却被东展幼儿园教师修炼成了自身的素养乃至气质。

他们将"善于观察与评价幼儿"内化成"成为教育观察者"的自我要求。东展教师既要关注单个幼儿在特定情境下的情绪（情感）、行为及动机（兴趣）、当前发展水平，也要关注集体环境下的每个幼儿。观察时，既要保持注意力的广度和持续性，又要做好注意力分配。"评价"幼儿，其依据是幼儿外显的行为，洞悉的是幼儿内隐的心智和综合发展水平。

　　他们将"善于创设环境"内化成"成为教育创造者"的自我要求。学龄前教育不提倡过多的标准化，简单的"拿来主义"、各种"堆配置"，不符合学龄前儿童发展特点。东展教师作为"教育创造者"，他们从观察与评价幼儿到环境创设，中间还需要经过若干颇有原创性、艺术性的调整阶段，帮助目标落地，比如目标拆分、降低难度、循序渐进等。

　　每一名教师的观察力和创造性，也成就了东展幼儿园的品质。对幼儿发展规律的认识和把握，东展幼儿园是全面、深刻的，有独立思考并拿出了实际行动。如从托班阶段开始，就特别鼓励孩子们早上早点到幼儿园。最早到班上的几个孩子，可以拿到一把"钥匙"，进到一个有独特主题的游戏区域。在玩耍过程中，孩子还可以得到教师的一对一指导。东展幼儿园把单独玩耍设置为一种激励方式，保证了孩子每日一进入幼儿园，就能得到自主学习的机会。这正是遵循幼儿发展规律，重视幼儿发展权利，把学龄前教育普遍性要求和自身办园特色紧密结合的生动例证。

　　每一名教师每时每刻的观察与创造，值得我们敬佩，更值得每一位家长学习。如在家长眼里一件普普通通夹筷子的事情，教就行了呗，天天让孩子吃饭时用筷子不就行了。孩子学得不好，那就让孩子多试试……诚然，无为也是有为的辩证，但不应成为不求甚解的借口。如果不以观察、评估、活动、调整、反思、创造来辅助孩子的成长，我们又怎能证明自己在用心地养育儿童呢。

　　有家长反映，孩子很喜欢看今年托班春季运动会上由"爸爸团"表演的《小城夏天》。实际上，当时让孩子跟着一起跳，孩子很快就没了兴趣。家长和老师分析下来，可能是标准版的舞蹈动作速度过快，孩子跟不上。家长主动放慢了动作速度，适度降低动作幅度，并简化了一些动作。孩子在家看到精简版的《小城夏天》后，全程跟跳，过程中显得特别开心，还问爸爸"跳得对不对"。孩子们跳完后意犹未尽，还要求爸爸带他跳其他班家长表演的曲目，跳舞的兴趣一下子就被激发出来了。

　　如果每一位家长也能多一些观察、多一些创造，教育的契机将无处不在，教育的乐趣将无时不有，家园共育也便能相映生辉。

（家长　佟巍巍）

61

探寻适合孩子的发展之路

　　这一阶段，东展幼儿园陆续迎接了两种不同类型的督导，老师们多少有些疲累。晚上刚到家，就收到刚毕业的尧尧小朋友的微信语音："范老师，我要和三年级姐姐一起主持大活动啦！""还告诉你个好消息，我跳绳跳了170多个，哥哥姐姐都说一年级的弟弟太厉害了！"随后尧尧妈妈高兴地告诉我："尧尧的主持是在同年级6个班小伙伴里PK成功的。"我回复："尧尧跳绳在幼儿园算中等水平吧，现在竟然也得第一了，真是没想到啊！""范老师，你说我是不是为东展幼儿园增光啦？"听到尧尧语气里满满的喜悦与自豪，我的疲惫一扫而光。

　　"不过，范老师，尧尧目前写字还有点弱，没想到小学对写字要求这么高，就像你和班主任老师当时说的，折纸时还不够精细、平整，生活自理能力还有待提高。原来还是老问题呀！""另外，他粗心起来，10-10=20。你觉得他观察

图4-8　毕业典礼的小主持

是否有问题?"听了尧尧妈的话,我笑了。

做父母的总是追求完美,希望孩子的语言交流能出挑、运动能拔头筹,更要求他写字漂亮,数学得"五角星"。其实,哪有那么多的完美儿童?我们自己是否也能做到每一项都完美,每一门都是100分?连我们都做不到,又怎能苛求孩子呢?于是,我说:"要和学姐做主持、跳绳第一名的尧尧真棒啊,范老师听了太高兴了!不过那么厉害的小朋友,肯定做数学题也能看得更仔细。下次数学得'五角星'时也来告诉我好消息好吗?""好啊!"语音里的尧尧信心满满。要用长项去带动孩子暂时的不足,毕竟入小学才3个月,过早的定性评价不利于助推孩子发展。

接着,我想谈谈精细动作的问题。从尧尧托班入园开始,他的大动作和精细动作相较于他的头脑灵活、语言表达强是发展弱了些,其实也是正常现象。班主任张老师和小周老师经常在日常生活中锻炼他的生活自理能力,在折纸的方面提示他反复尝试折平整。

幼小衔接不是大班才开始的,从托班入园,我园就开始培养孩子独立上下楼梯、自己吃饭的能力。比如,小班孩子自己穿脱衣服、扣纽扣、拉拉链,中班孩子自己拆鱼骨、剥虾、使用筷子,大班孩子自己整理书包、分碗筷、倒牛奶。对于儿童写字能力的培养,不是在小班就开始逼着孩子拿笔写数字,这个年龄的孩子手还没有充分发育好,过早用笔描红,会为难孩子,造成坐姿不端正、视力受损,乃至学习兴趣的丧失。我园用幼儿感兴趣、能接受的学习方式来发展幼儿的精细动作,如日常生活中自理能力的培养,美工区中使用剪刀、彩泥、画笔、颜料,建构区里积木的堆高、连接、架空,折纸时的思考观察、动手操作,运动中的拍球、跳绳、悬垂。

之前,我在呱呱班看到了一个新玩具,这是托班陈老师用了三周的业余时间缝制完成的。玩具有六个面,全手工缝制,集结了多种发展托班幼儿精细动作的功能:纽

图4-9　托班幼儿的"新玩具"

扣、按扣、日字扣、搭扣、拉链等。玩具功能基本立足为幼儿生活自理做准备，但也有了新的拓展，如有了书包小搭扣等。该玩具由彩色织布一针一线缝制而成，安全又环保，大小非常适合托班幼儿。陈老师在里面填充了报纸，幼儿玩时翻面很轻松，可以单独玩，也可以几个人一起玩。这不是现成的豪华玩具，却是将发展托班幼儿精细动作的功能融合在一个漂亮、柔软的手工布艺玩具里。

我很惊叹80后的陈老师有如此高超的女红水平。"哪里呀，我原来也只会缝纽扣，是之前'老法师'吴威老师带着托班老师创设布艺玩具的环境时才开始学的呢！"仅仅几个月，托班老师的女红水平突飞猛进啊！是的，开学前托班全体老师缝制了大型的布艺墙。有的老师是零基础开始，缝了拆，拆了又缝，整整一个月完成了每个班不同的布艺墙。

汽车开开　　　　秋天的果园　　　　小小森林

图4-10　不同班级的布艺墙

如今，每个班都有一个主题，如"汽车开开""秋天的果园""高高兴兴上幼儿园""小小森林"等。这些环境有主题情景，颜色丰富。孩子一进入就想去玩，就能在和环境的交互中反复尝试，发展各种精细动作。等孩子们玩熟后，各班还能将布艺墙面取下消毒后交换。

这就是东展幼儿园"激趣健体"课程的环境创设，也是园本课程的"精华"所在。幼儿园用"顺天性而教"的方式来发展幼儿的基本动作，进而带动动作、思维、语言、艺术、科学、社会性的整体提高。因此，"儿童就应该像儿童一样成长"，在玩中慢慢积累经验、发展技能、推进成长。

美国心理学教授加德纳曾提出过"多元智能理论"，说人有八种智能：语言、数学、空间、身体运动、音乐、人际沟通、自我认知、自然认知智能，这八种智能在每个人身上以不同方式呈现，不同程度的组合使每个人的智力各具特点。我们都是普通人，在孩子的成长路上也都要拥有平常心，在和孩子的共同成长中、在和老师的交流中去发现自己孩子的长项和短板，以长项去带动孩子短板，让长项更强、短板补平。只有充分认识到自己孩子的认知风格和学习特点，才能找到适合他未来的成长方向，让每个孩子在自己的基础上健康、自信地成长。

每一个孩子都是独一无二的璞玉，他们光明璀璨的未来，离不开良师益友的精心雕琢。作为孩子健康成长第一阶段遇到的专业、基础、系统的启蒙老师，范园长和全体东展老师为我们展现了能工巧匠的必备技能：充分发掘每一个孩子独特的闪光点，加以鼓励并发扬；同时，通过富有针对性的阶梯式教学，润物细无声地补足短板。

首先是肯定。让孩子发现自己因一技之长而能融入群体生存，并为他人所接纳、亲近乃至慕学，有助于孩子树立自信，形成持续深造的主观能动性。以读书与表达为例，很多孩子也像文中的尧尧一样，从小爱听故事且善于表达。东展老师们因势利导，从中班开始就鼓励孩子们自愿报名为全班小朋友读书、讲故事，为语言能力突出的孩子们提供了展示自我的小舞台。每一次小小的进步，换来的都是老师们大大的鼓励。潜移默化间，孩子们对读书与表达的兴趣愈发浓厚，主动学习的意识也在他们的心灵里生根发芽。

其次是关爱。善于发现孩子个体性的差异与不足，在协助其补足短板上下功夫，从而有助于孩子更全面地发展。还是以读书与表达为例，除了上面提到的主动报名讲故事外，东展幼儿园还设置了值日生制度，每位小朋友不仅要在自己轮值的当日负责报天气、报菜名、浇花、洗手管理等其中的一项任务，还要在全班小朋友面前介绍自己以及当日的职责。针对语言功能起步较晚或内向、不善言辞的孩子，老师们从相对简单的值日任务开始，循序渐进地布置。一学期下来，孩子们从念稿到脱稿，内容也从一句话的自我介绍到翔实丰富。这种隐藏在"必修课"环节里的因材施教强化了孩子的弱项环节，让不同基础的孩子们共同进步与成长。

最后是耐心。孩子在一天内能有多少长进，真的微乎其微。然而，一星期、一个月、一学期下来，就会让孩子的父母感到惊奇。滴水可穿石，铁棒磨成针。东展幼儿园将每个孩子的教育视为一项长期工程，按相关教育大纲，有计划、有组织、有保障地进行，呈现出每个孩子自己特有的形象工程。宏观上看，五彩缤纷，百花齐放；具体上说，扬长补短，相得益彰。20年来，东展团队教书育人，依靠持之以恒的执行力，让这些各有所长的孩子在自信展现其闪光点的同时兼顾均衡发展，寻求适合自己的发展之路，成长为当今社会需要的复合型人才，拥抱美好未来。

（家长　丁佐成）

62

用心·做好每一餐

2—3岁幼儿从熟悉的家庭生活进入陌生的集体生活，面对着生活空间的拓展、生活方式的改变、社会交往范围的扩大，对幼小的他们而言，这是一次重大的挑战。

年龄越小，个体需求差异就越大。如何让新入园的幼儿们在餐食上平稳过渡，愿意尝试幼儿园的饭菜呢？根据历届托班的经验及本次各班家访的情况反馈，并考虑到幼儿餐食的喜好不同，以顺应幼儿的用餐需求为首要原则，由东展幼儿园的美食烹饪"老法师"吴威老师领衔，园区行政老师、保健老师和营养员组成的"东展美食组"已全面启动幼儿的膳食工作。

白饭变花样，米面天天有

开学前夕，行政老师提前沟通新生菜谱。考虑到幼儿对蔬菜的不喜之情，吴老师建议将各类时蔬做成煨饭、焖饭或烩饭。不同于以往的烹饪方式，将蔬菜汁水全部溶于米饭中，既保留了蔬菜的营养，又改善了白米饭的口味。

同时，东展幼儿园尊重并理解幼儿在家的饮食习惯，入园后，尽量考虑到和家庭饮食的衔接，粥食（菜粥、杂粮粥等）、面食（包括馒头）应保证每天都提供，让幼儿在就餐时的选择更多一些。如：开学第一天的菜谱中的主食是蔬菜焖饭，但有的幼儿不喜欢吃米饭，我们就提供了芦笋菌菇菜汤面、肉松白粥和花花发糕；第二天，不吃米饭的幼儿可以选择鲜肉小馄饨、拇指馒头或南瓜粥。每天的多种主食让托、小班的孩子们吃得不亦乐乎。

美食先教研，精益更求精

为提高营养员的烹饪水平，幼儿园定期开展美食教研，现场进行切磋。过程中，吴老师建议，蔬菜焖（烩、煨）饭应少油，各类肉丸应入味，汤羹勾芡卡时间，饭团分量需把控。

图4-11　托班午餐

图4-12　烹饪教研

　　通过实践操作和相互间的经验交流，我们将菜肴制作过程中的难点和重点一一细化，为后续的烹饪积累了一定的实操经验。

行政来陪餐，氛围感拉满

　　东展幼儿园有严格的陪餐制度。行政老师陪餐可以近距离地了解当日菜肴的烹调方式、口感及小朋友们的就餐情况，及时和营养员们沟通，调整菜谱内容，不断改进膳食品种及烹饪方法，以提高托班孩子的膳食质量。

同时，老师和幼儿一起共进午餐，不仅可以拉近彼此间的情感距离，还可以起到良好的示范引导作用。这是因为托班孩子最显著的一个年龄特点就是喜欢模仿。

每次陪餐前，可以先和小朋友们进行互动。比如，化身卡通米老鼠、星黛露，生动地为大家介绍今日菜谱。为了营造愉悦的就餐气氛，托班孩子还很热情地给园长妈妈戴上了大围兜。

图4-13　托班行政老师陪餐

在陪餐过程中，通过情境化的演示，小朋友们也张大了嘴巴，开始尝试自己拿勺吃饭了呢。

托班孩子非常喜欢和老师一起用餐。为了增进与孩子们的亲近感，我每一桌都去坐一坐，和孩子们共进午餐。有的孩子已经等不及了，对着园长妈妈直招手，示意快点过来。

小班行政老师的陪餐过程同样是气氛暖暖的，小朋友们都自己动手大口吃饭了呢！

图4-14　小班行政老师陪餐　　　　　图4-15　营养员进班

老师任何一句鼓励的话语、一个表扬性的夸奖动作，都会增加更多美妙的食欲感。

巡视多反馈，改进更及时

每天一早，保健老师和营养员验菜，以保证食材的新鲜度。行政老师每天要了解食材的配送、品质、数量等具体情况，严格把好幼儿食品溯源的这道关。对每日的烹饪要求再次进行提醒，尤其是鱼类，一定要剔骨剔刺，做到十二分的细心。为了增加幼儿的牛奶量，可以在鱼汤里加入牛奶，不仅味道鲜美，营养也更丰富。

每周，保健老师及时做好幼儿的营养分析，保证幼儿园膳食的营养均衡。为了让托、小班的小朋友们吃好又吃饱，我们在新学期下午的点心里增加了小饭团。有甜的红米枣泥饭团，有咸的猪肉饭团、鸡丝黄瓜饭团等。行政老师、保健老师和营养员每日巡视幼儿就餐情况，发现幼儿爱吃甜饭团，对咸饭团的喜欢则是一般。在之后的膳食工作例会上，吴老师提出在饭团中加入肉松，增加咸香美味感。果然，对于第二次的黄瓜肉松饭团，各班的小朋友们都吃完了。

用心陪伴处于适应期的托、小班幼儿，助力他们走好从家庭生活到集体生活的第一步，始终是东展幼儿园老师们在开学初的密切关注点。看到每天的饭菜几乎全部吃完，听着家长们对幼儿园膳食工作的肯定，作为园区管理者，也甚为高兴。虽然只有短短一个月不到的时间，从顺应个性化的需要着手，在集体力量的助力下，不知不觉间，新一届的萌宝们已经爱上了东展的美食。

接下来我们将思考的是，如何根据幼儿的生长需求与季节变化来不断更新菜品，添加适合的食材，保证菜谱的多样性及多元性，更要保障幼儿营养的全面和均衡，从而促进小朋友们的身体健康。这也是我们一直努力的方向……

对父母来说，宝宝"吃饭"是个永恒的话题。从婴儿时期关注每顿奶量到6个月后进行辅食规划，再到之后每天的膳食搭配，相信每一位父母都默默付出了许多努力。

根据膳食金字塔的建议，每天要摄入谷物、肉类、蔬菜、水果、奶制品等各类食物。对正在生长发育旺盛期的幼儿来说，通过每天的餐食摄入人体必需的营养，是保障健康成长的基础。

首先，我想特别提一下"牛奶"，东展幼儿园提供的鲜奶在蛋白质含量和品牌认知度方面都经受了充分的考虑和比对。原本入园前我还以为这款牛奶是上海幼儿园的"标配"，后来发现原来有些幼儿园不提供鲜奶，有些可能还是用奶粉冲泡的。

其次，在进入东展幼儿园以后，不仅每周可以看到一餐两点的菜单，每天也能在班级圈中看到班主任老师发布的午餐实物图，让家长可以了解宝宝每天在幼儿园里吃了什么，也能在准备晚餐时做出选择。如果中午幼儿园提供了红烧肉，晚餐就尽量避免猪肉，确保食物摄入的多样性。

讲完"吃什么"的问题，接下来我想说一下"怎么吃"的问题，相信这也是父母脑海萦绕的前十项问题之一。对于吃饭习惯，个体差异非常明显。尤其在托班时期，幼儿的精细动作发育还没有成熟的时候，行政老师的陪餐让宝宝记忆犹新，而且爱模仿的天性让他们能尽快学习大口吃饭的习惯。

对于"怎么吃"，东展幼儿园让我记忆犹新的还有两点。一是先喝汤还是先吃饭。一天宝宝回家告诉我，他以后吃饭都要先喝汤再吃饭，我才知道原来他超重了，需要减肥。幼儿园要求体重超标的小朋友先喝汤再吃饭，而体重正常的小朋友是先吃饭再喝汤，通过用餐习惯帮助小朋友将体重控制到正常标准。二是家长会上，老师特地强调要纠正幼儿拿汤勺的姿势，细听之下才知道握勺姿势将影响幼儿之后的握笔姿势。很感谢幼儿园能通过家园互动及时帮助幼儿养成良好习惯。

中国历来是一个讲究"吃"的国度，如何培养正确的饮食习惯，如何吃得健康又"大碗"，是每一个人成长道路上都要或正在经历的。希望所有的孩子都能吃得健康、苗壮成长。

（家长　郑弘）

63

如何预防传染病

安龙园区一中班因有位小朋友患了疱疹性咽峡炎而成为医学观察班。什么是医学观察班？简单来说，班级里若有一位儿童患了传染病，该班就必须做医学观察。根据疾控中心的要求，班上如有一个孩子被医生确诊为传染病，这个班级第二天就要进行终末消毒（即孩子们全部不能来园，园方对班上的所有物

图4-16　医学观察班

品进行移位消毒，孩子们的被子必须请家长带回清洗并太阳暴晒消毒），第三天方能来园。但因为传染病有不同时长的隔离期，这个班级就自然成了医学观察班。

为保证全园幼儿的安全和健康，这个班级的来、离园时间及通道必须与正常班级的小朋友错开。这也是因为在医学观察班的孩子走过后，他们所经过的地面、走廊、扶手及能触摸到的地方均要用消毒水进行擦拭。

非常感谢中班医学观察班的家长，他们都严格遵守了来、离园的时间，保证不和正常班级的孩子混合来园。医学观察班基本在自己的教室和单独划分的运动场地运动。该班级来园前的消毒水浓度会增加，大妈妈会用这样的消毒水擦拭班级的桌椅、衣柜、地面、厕所等，但请放心，擦拭时会开窗通风。在医学观察阶段，孩子们将不再使用毛巾，改为纸巾、湿纸巾。他们的餐具将单独使用消毒车消毒，先水开煮沸20分钟，再清洗后，水开煮沸10分钟，这就是肠道传染病的消毒方法。倘若隔离期满后，该班级没有再发现第二例，就可以"顺利解禁"。但如果又发现第二例，会被要求全班居家观察。

水痘、腮腺炎、猩红热、手足口病等，都是幼儿园中常见的传染病。随着社会的高速发展，有许多病毒产生了变异。手足口病在我20世纪90年代带小班时就出现了。记得当年，班上一下子好多位孩子得病，连我的搭班老师也被传染到了。近几年，手足口病病毒有了变化，所以儿童保健的要求也在不断升级。因此，我们保健老师的晨检很严格，发现一些症状就会要求孩子回家观察。

根据幼儿园的经验，有时候孩子出现了初步的症状，就是身体在提示你：孩子累了，免疫力下降了，马上休息一两天一般就会好的。但倘若你的孩子不听劝阻入园了，一旦感染了传染病，班级就会成为医学观察班，这样会使全班孩子的健康受到影响。

有的家长会问：怎么会得传染病呢？那是因为幼儿园不是寄宿制的，每个孩子都要回家。此外，有的中、大班的孩子家长还报了不少课外的兴趣班。在幼儿园，因为有疾控、儿保的督察，基本都会规范操作，尤其我园对这方面的操作是十分严格的。然而，小朋友毕竟不是生活在真空里，他们的年龄小、抵抗力较弱，自然很容易被感染。在集体生活中，孩子们交叉感染的概率也会高于单独在家庭的。

幼儿园是集体教育机构，是孩子们聚集的场所，健康是我们首要关注的问题。因此，请各位家长既要保持平常心，督促孩子们日常"勤洗手、勤通风、晒太阳、吃熟食、喝开水"，也要保证孩子的正常作息，尤其是双休日一定要保证午睡，注意控制带孩子出去玩、学习的时间，减少参加校外兴趣班的次数，毕竟幼儿的体力是有限的，这就是年龄特点。除此之外，要做到心中有大家，孩子患病了要及时去就医，并第一时间告知班主任，便于园方做好预防消毒工作。

我们就是一个大家庭，"牵一发而动全身"，为了孩子们的健康，请大家从我做起，"我为人人，人人为我"，给孩子们树立起一道安全屏障！

　　幼儿园是幼儿进入群体生活的第一站，幼儿也往往最容易受到病毒侵害。一次小小的传染病，不仅让幼儿自身感受到痛苦，更有可能让班级成为医学观察班。因此，当幼儿健康安全问题被再次提到一个新的高度，我们不得不思考在幼儿园阶段应该如何更好地通过家园共建来实现预防传染病的共同目标。

　　第一，应当从维护幼儿良好的身边环境出发。幼儿园应该建立规范的消毒措施，有针对性地制定相应的应急预案。家长们不仅要为幼儿提供健康的居家环境，也要尽可能避免携带幼儿前往人流密集的室内场所，从而有效切断可能的传播途径。

　　第二，应当从增强幼儿良好的身体素质出发。幼儿园可以通过注重饮食搭配、适量饮水、确保户外活动等方式来帮助幼儿实现营养均衡和体格发展。家长们可以结合幼儿的个体差异，通过适量的补剂和有针对性的大、小肌肉运动来进一步提升效果。

　　第三，应当从培养幼儿良好的卫生习惯出发。幼儿园可以通过集体教育的方式，引导幼儿产生"大家都这样，我也要这样"的导向效应。家长们可以通过个别教育的方式，利用课外阅读绘本、观看动画片等，通过更加生动的形式开展引导，两者必须打好"组合拳"。

　　第四，应当从树立幼儿良好的保健意识出发。幼儿园可以通过开设相关的健康课程，帮助幼儿初步形成保健意识，对传染病形成正确的理解。家长们在应对班级成为医学观察班时，也应该对幼儿进行积极、正面的引导，从自身出发消除不必要的恐慌和顾虑，以高度的信任配合幼儿园平稳度过观察期。

（家长　安梦丽）

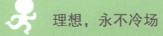

帮助孩子发现自己并获得成长

前几天，一位老家长联系了我：她的孩子安然原是东展幼儿园的首届毕业生，如今已是美国埃默里大学数学和金融双专业的大四学生啦。真是时光飞逝，2003年我带的托班小娃娃是一个文静乖巧的小女孩。齐耳的短发，忽闪忽闪的大眼睛，这是她在幼儿园时的模样。

谈及幼儿园对安然的影响，安然妈妈用了几个关键词：锻炼（虽然当年幼儿园刚开办，但一直注重孩子的户外锻炼，为孩子健康的体魄打下了基础）、饮食（在饮食上进行专业搭配，给予孩子成长足够的营养）、平和的心态（幼儿园的环境友爱宽容，允许孩子喜欢和玩耍自己专注的事物）。

正因为从小这样的培养，安然的心态很好，她既能欣赏同学的优秀，也能专注于自己喜欢的事物。在高中的时候，面对申请美国大学的压力，想要获得高绩点还是选择自己喜欢的学科，安然选择了自己喜欢但并不太擅长的生物。到埃默里大学之后，她又选择了感兴趣的数学和金融。我问安然妈妈是怎么看待女儿的选择的。她说，人生就是不断选择和追寻，尤其是对于年轻人，不断选择、尝试才能知道自己想要的是什么。在申请大学时，或许绩点更高些，孩子能升入好一点的大学。但如果进了更好的大学，读她不喜欢的专业，孩子就会不开心。

和安然妈妈交流完，我感叹安然有一位开明的妈妈。在今年的招生工作中，我遇到太多的家长问我们："你们幼儿园教些什么？教拼音吗？教加减吗？英语会自然拼读吗？有兴趣班吗？"在这个知识爆炸的时代，大多数的家长都唯恐孩子落后，不断让孩子去"学"点什么。大家追问的都是"知识"，而不是小朋友的习惯、兴趣、素养、个性、品质等。也许家长会觉得知识看得见抓得住，而素养、品质这些却看不见抓不着。幼儿阶段是受世俗"污染"干扰最少的时期，孩子的天性最容易在这个阶段被辨识和发现，而这种发现恰恰是在幼儿园的各类活动中发生的。

幼儿期的孩子是"玩中学"，学习方式是具体、操作、体验式的，所以东展幼儿园的课程就是设计、实施各类丰富的活动，让孩子一看就觉得"好玩""想玩"，就有了强烈的学习兴趣和愿望。幼儿的学习范围是大千世界，是积累全面整合的经验，因此，运动、饮食、环境、师生关系、同伴影响对孩子就很重要。

在幼儿园里，有班级活动、节日活动、混龄主题大活动等。教师通过观察来发现每个孩子不一样的兴趣、长项、学习方式和短板，再和家长交流，提出教育建议，家园一起更好地助推孩子成长。安然妈妈说，正因为有这么多的活动，当年作为班主任的我和她交流后，她逐步了解了自己孩子的特点。她说："安然文静乖巧，甚至有些胆怯。就像一个乒乓球，别的球一拍能弹得很高，可她也许是一用力拍就再也弹不起来的那种。"所以，在她一路的成长过程中，我们非常重视鼓励，努力培养她大胆表达和选择，做最好的自己。

这真是一个聪慧的妈妈，她知道作为当年的新手家长，本身也是没有经验的。因为她看到的只有自己的女儿，但老师能看到更多的孩子，看到这个孩子在群体中各方面的发展水平：习惯、个性、体能、思维方式等。知道了安然的个性特点，妈妈也在思考：教育的目的是什么？

教育家皮亚杰说过："教育的目标不是增加知识的数量，而是为孩子的发明和发现创造可能，塑造能做不一样事情的人。"这个世界如此多样，就像有人喜欢吃咸食，有人偏爱甜食；有的人擅长艺术，有的人喜欢理工科一样，这都是被允许的。每个人成为他自己，过他喜欢的日子，同时能在这基础上为社会创造出不同的价值，我想这就是培养人的意义所在。

在现实生活中，幼儿不是工厂里流水线上制作的"产品"。所以，陪伴孩子成长，不是一味地跟随或做加法，唯恐落于人后，而是要逐步了解自己孩子的气质、禀赋、个性特点，逐步形成对自己孩子的合理预期和认知。做选择的过程中也许还要舍得放弃些什么，重视游戏和生活对于学前幼儿的独特发展价值，方能在此基础上推进孩子的成长。

希望每个孩子都能经历东展幼儿园丰富的生活，在共同生活中逐步发现自己、获得成长；希望每位家长都能在老师的帮助下，在孩子的学习过程中更客观、全面地了解自己的孩子，帮助他逐渐成为更好的自己。

图4-17 帮孩子发现自己

　　大家在交流育儿经验时，总免不了卷入各种攀比的焦虑情绪中，似乎当下跑得快的才是匹好马，以至于家长自身也总在现实和理想中不断拉扯。东展幼儿园总是能给我的心灵打上一针镇静剂，范园长的笔记也会提醒我慢下来，不要着急，每朵花都有自己的花期。我们作为父母，具体又该如何保持清醒，或许可以从以下几方面入手。

　　首先做个倾听者。怎么又哭了？小妹妹也不是故意的，干吗又要不高兴？这种不对等的对话经常会发生在自己身上。殊不知，自己的情绪也在慢慢关上孩子与父母交流的那扇窗，甚至在孩子提问各种"为什么"时，大人的敷衍了事也在慢慢扼杀着孩子对这个世界的好奇心。虽然他还只是个孩子，但他也是独立的个体，他的声音渴望被听见、被尊重、被呵护。做个耐心的倾听者，走进孩子的内心世界，好好地听他把话讲完吧。

　　其次做个观察者。德国哲学家莱布尼茨在一次宫廷讲学时说："凡物莫不相异，天地间没有两个彼此完全相同的东西。""世界上没有两片相同的树叶。"小孩亦然，秉性不同，天赋各异。每个孩子都有各自的闪光点，有的喜静，有的好动，有的擅画，有的专舞。作为家长的我们，在日常生活中更要做个有心的观察者，帮助孩子更好地挖掘自己，唤醒孩子的兴趣和创造性，给孩子的生命沃土浇灌营养，静候花开。

最后做个配合者。孩子的养育往往不是一个个体所能完成的，需要多方配合。东展幼儿园所倡导的"家园共育"也将家庭教育和学校教育做了更好的结合，尤其范园长的手记也让我看到了很多孩子的另一面，让我对幼儿教育有了更深入的了解。我的孩子属于慢热害羞类型，很多时候都不善表达自己，但范园长那篇关于"塑料袋打结"的手记也让我看到了自己孩子成长的另一面。虽然只是轻轻拉了拉园长的衣角，但也是她在勇敢地表达自己。范园长也会很配合地看小朋友如何去演示，给予他们充分的尊重。这种配合其实是多方位的，老师与小朋友间、家长与老师间、家长与孩子间、整个社会与个体小家间，只有相互配合才能更好地共同进步。

英国哲学家伯特兰·罗素说过："教育不应该被看作是往容器里灌水，而应该是帮助花朵以自己的方式生长。"我们总渴望培育出社会所以为的千篇一律的"完美的"孩子，却忘了我们自身亦不完美。孩子是个独立的个体，不是任何人的附属品，他来到这个世界有自己的人生轨迹，是朵花也好，是棵参天大树也罢，哪怕是棵无人知晓的小草，都是独一无二的限量版。作为父母的我们，要帮助孩子去发现自己、了解自己，找到自己的节奏，更好地探索大千世界。

（家长　顾雯俊）

65

培养孩子独立面对世界的能力

开学这天，我在安龙园区门口迎接中、大班孩子们，感受到孩子、老师、家长从内心透出来的欢乐。尽管老师们已经很早开始陆续回园工作，但是仅有大人的幼儿园是不完整的，有了孩子们的热闹、欢笑，甚至哭闹、生气，学校才恢复了原有的面貌。

早上7时许，我走到校门口，看见前面有一个小学生独自走着，一看原来是我们幼儿园毕业的上上，如今他在隔壁长宁实验小学上四年级了。我问："上上你真厉害，已经自己上学了？"我知道他上学要过一条马路。"我三年级就自

东展娃 长大啦

在幼儿园的我　天天都好高兴

图4-18　东展幼毕业生——上上

己走着上学了！"上上自豪地说。我看着他的背影，肩比儿时宽了，人也高了，步伐稳稳的，真好！想想我们小时候，一年级就自己上学了，但现在很多家长对治安还有担心，能放手让孩子独立上下学的家长还真不多，给上上爸爸妈妈点赞！

昨天，微信里突然收到一对双胞胎的照片，定睛一看原来是老家长的教师节祝福。这对双胞胎如今在包玉刚实验学校，都读六年级了。这两个娃的家距离学校有1公里，小学一年级开始爸爸妈妈就陪着骑行，哥哥在五年级开始骑车上学，妹妹是从六年级开始骑车的。两个孩子自我园毕业后一直坚持运动，哥哥学足球和网球，妹妹学武术和排球，武术还得了学校"达人秀"的第一名。但最近因时间有限，父母征询孩子的意见，最后妹妹放弃了武术选择了网球。双休日，父母带着两个孩子一起骑行，目前哥哥的骑行和专业骑行的爸爸们保持在第一梯队。妈妈说，从幼儿园开始形成的运动习惯要保持，不仅能防止生病，还能让孩子保持旺盛的精力。在运动项目的选择上，家长有意识地选择一个集体项目和一个个人项目。看后我很感慨：在当下一味重视知识学习、一味在双休日补课的社会，还有能高质量陪伴孩子运动、敢于放手让孩子骑车、尊重孩子意愿的家长，真是难能可贵。

在孩子一路的成长过程中，从出生时我们全方位地呵护照料，到幼儿园入园时的第一次分离，再到中小学独自上下学，大学时自己远行，都是在培养孩子独立面对世界的能力。

做家长的，在孩子初入园时会有担心与不舍。比如，有位爸爸送完孩子后站在门口好久。我知道此刻他心里很难过，可能在观察孩子被老师抱进去后是否还在哭。当一个孩子哭着要往妈妈怀里钻，老师好不容易接过去时，我看到妈妈已经眼含泪水了，而妈妈身后的爸爸则坚决拉住妈妈的手，安慰着妈妈回头就走。还有一位小朋友，外婆牵着进门时还表情自然，分离的那一刻秒变"哭脸"，孩子仰头看外婆，没想到外婆一眼都没看他，毅然转身回家。如此坚决，我们都有些意外，而孩子的哭声也在第一时间止住了……新生焦虑不仅表现为哭闹，还会有因哭闹而引起的不愿意进食、午睡甚至生病等。也许有的孩子从出生到上幼儿园前一直没有生过病，但当孩子第一次面临分离焦虑时，也许生病就会发生在幼儿园。这些都是正常现象，说明年幼的新生在身心两方面都需要时间来慢慢适应集体生活。

幼儿园是一个丰富的小世界，这里的孩子有快乐、嬉笑，也有伤心、哭闹。我以为，这都是孩子们正常情绪的表露。有哭有笑，今天高兴明天不高兴；有打有闹，今天喜欢谁，明天又不喜欢谁了；日常闹个别扭，一会儿又玩在一块儿；今天元气满满，明天病恹恹了；等等。我们能做的就是观察、接纳、等待，适时地推进、引导，有时还需要坚持。当孩子到某个年龄时，就应该放手让他去做他本该做的事情。当他

图4-19　热爱运动的东展娃

有能力成为更好的自己时，我们的放手就是给孩子心灵的自由、健康的体魄，以及面对世界的种种能力。

　　如何培养一个孩子独立的能力？因为不同的成长环境、经历、标准，在不同的场景和境遇下，答案并不唯一。

　　回溯生命的本源，当一个孩子剪断脐带脱离母体，呱呱坠地来到世界，便成为独立的个体。此后，他开始吸吮、吞咽、咀嚼，学爬、学走，语言、动作快速发展……一切的一切，都是在为独立做准备。蹒跚学步时，他们会因为自己能掌控身体、自我行动感到兴奋；进入幼儿园后，他们会因为克服分离焦虑、融入集体生活感到自豪；幼儿时期，他们会因为不断地遇到"第一次"，对自己的能力进行探索。第一次自己接水和喝水、穿外套、系纽扣、洗袜子、上蹲厕，第一次搭积木、折手工、拍皮球、跳绳、唱儿歌……这些美好的体验，不断向他们传递着"我行""我能"的信号，犹如母亲施展的魔法，让他们变得更加自信自爱，也悄悄埋下了独立品质的种子。

意大利教育家蒙台梭利曾说："教育首先要引导孩子沿着独立性的道路前进。"看过太多的父母长辈，在孩子走路跌跌撞撞时直接抱起，怕饭凉受寒忍不住上阵亲喂，以"爱的名义"大包大揽，好像总有"三头六臂"为孩子"挡风遮雨"。但是，这却在不知不觉中阻断了孩子感知世界、认知自我的通道，放缓了他们学习独立、获得成长的脚步。

养育孩子的过程，父母不仅要付出爱和时间，更要善于观察捕捉孩子独立性意识的萌芽。通过对孩子需求和能力的认知了解，在不同阶段做出最恰到好处的放手，并在他们经历自我探索、认知、试错等丰富体验后，及时给予正向反馈和鼓励，做好孩子个人能力提升的助攻手。

对于幼儿园的孩子，要关注三方面的培养。首先是生活自理能力，这是独立的起点和基石。自己的事情自己做，不仅让孩子在肢体发育和动作上更协调，也从心理上减少对父母的依赖，添上一份责任与担当。其次是探究世界的能力。孩子与生俱来对世界充满好奇心，比如，在草丛里观察小虫，学小猪佩奇用脚踩泥巴等。在保证安全和不给他人造成麻烦的情况下，我们应该顺应孩子的天性，多多保护这种意愿。最后是处理问题的能力。孩子间难免会有磕磕碰碰，作为家长要学会不在第一时间插手，而是引导孩子尝试自己去沟通解决，并帮助孩子去思考这次的方法好不好，下次应该怎么做，在化解矛盾、消化挫败感的过程中获得更大的锻炼。

生命精彩，未来可期。我们要珍惜陪伴孩子的成长时光，更要学会恰到好处的给予和恰逢其时的退出。毕竟，孩子终将走向社会，早一点生活自理，早一点独立思考，早一点学会面对问题、解决问题，何尝不是为他们披上生活的铠甲，注入源源不断的勇气和能量？

（家长　鲁艳）

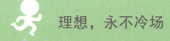

66

帮助孩子形成正确的行为习惯

冬日的早晨，安龙园区的门厅里已经满是来园排队等待保健老师晨检的小朋友和家长了。在熙熙攘攘的人群里，我突然看到一位爸爸正俯身严肃地对女儿说着什么，女儿看上去并不开心，可是爸爸依然低头在对女儿说话。我不由得走过去，一旁的一位奶奶说："这位爸爸做得对，孩子晨检时插队，爸爸在批

图4-20　东展幼儿园鼠年环境

评!"身边不少家长频频点头。我定睛一看，女孩是大班的。爸爸说完了，孩子似乎还不服气，爸爸便一路陪着孩子走进教学楼，边走边说，走到走廊尽头，才让孩子独自走进教室了。回头爸爸看到我说："都快升小学了，插队是要批评的。"说完匆匆赶去上班了。

我很认同这位爸爸的做法。在幼儿园，老师们看到过太多宠爱孩子的家长，晨检时排队要抢在队伍前面，孩子在走廊里打打闹闹，家长也只是微笑地看着。当老师指出孩子不足时，家长会不自觉地给孩子找理由："孩子还小。"坦率地说，很少看到这样敢于批评孩子的家长，尤其是爸爸。

中国有句古话，叫"三岁看到老"，讲的就是孩子的行为习惯要从小培养。幼儿园孩子学什么？是知识吗？不仅仅是，幼儿园更多的是培养良好的行为习惯——生活习惯、文明习惯、学习习惯，学会与人相处的基本规则，在集体生活中学习"社会化"。所以在共同生活中，孩子会产生只有和伙伴相处时才发现的状况。孩子年龄小，有些行为完全是天然、自发、没有恶意的。但倘若这些行为在集体中影响到他人时，我们的责任就是要让孩子们意识到这一点，并帮助他们去纠正。因此在幼儿的点滴生活中，要时时去发现，常常去提醒，不断去引导。当孩子的行为有悖于集体生活的规则时，教师和家长需要用表情、言语、行为来表明态度，必要时也可以进行谈话。

女孩爸爸的一句话让我不由得细想，家长认为孩子要升小学了，所以对孩子的表现有要求。的确，在幼升小阶段，家长们会特别关注我园有哪些专门的课程，为孩子们做了哪些准备。家长会问："英语要会讲多少？20以内的加减必须会吗……"老师则会告诉你，我们从托班就有"快乐英语天天有"活动。如果你能每天坚持和孩子一起听读5至10分钟，孩子的耳朵已经"磨"好了。您是否能坚持做到和孩子一起每天"磨5分钟的耳朵"？只有坚持"输入"，孩子的"输出"才会更顺利。幼儿的学习不在于时间长，更在于"细水长流"的每天的短时间坚持。

关于数学，我看过太多的孩子能做10以内的书面加减，却不会从7数到20，数不清楚同伴跳绳的个数。数学不仅仅是算题，更应该是"思维的体操"。幼儿的生活中充满了数字，如车牌、门牌、空调、电视机、日历、超市价目牌上的数字。它们代表的含义一样吗？我们是否在生活中去和孩子观察、交流、学习了呢？

刚才我仅仅是说了一个方面，幼小衔接不仅仅是知识方面的内容，行为习惯也是课程的重要部分。如"大班孩子每天早上8:15前入园，不迟到"就是一条。我很欣喜地看到许多大班孩即便在这寒冷的冬天，也能做到准时到园。其实这是在考验家长，要将孩子从温暖的被窝里唤醒，完成晨起、洗漱，吃完早饭，还要算上路上的时间，我知道家长确实是要费心的。但这是值得的，因为目前小学一般在早上8:15前进校，倘若你能从大班就做到按时入园，我相信你的孩子升入小学后就不会太难。这不仅仅是不迟到的问题，而且是家长要以自己的言行让孩子知道迟到是不被允许的，让孩子从小明白要"遵守规则、敬畏规则"。

在幼儿园，对于幼儿的迟到，老师们一般都会持相对宽容的态度。如果是因为下雨路堵或者家长突发状况，老师们都会给予体谅。但对于一直迟到的家长，老师再多说也会很为难。有一位孩子的长辈是初中老师，她是这样写的："范园长，我也是做老师的，让幼儿园老师和您这么费心地引导孩子不要迟到，是我们家长的失职。我很惭愧，不迟到是做学生的最起码要求，我们在孩子启蒙阶段没有做好。我会努力和孩子父母多沟通，让孩子健康成长。"在这位长辈的关心下，小朋友如今已经坚持近2周不迟到了。来园早了，孩子的自信心足了，笑容也多了。

我想，我们每个人都可以做好当下。做好当下就是要在生活中坚持去行动：坚持自己带孩子，坚持每天和孩子"磨耳朵"，坚持和孩子一起发现生活中数字的奥秘，坚持做到不迟到，坚持帮助孩子形成正确的行为习惯，坚持和孩子共同面对未来的世界。

幼儿园是孩子融入集体生活的第一站。这个时期，他们所处的外部环境发生变化：家庭不再是幼儿生活的唯一重心。他们开始与除家人以外的其他人，包括老师、同伴等频繁接触。他们通过观察学习和与人互动产生经验，包括成功和失败；获得反馈，无论正面或负面，都对自己的认知进行调整，进而确定行为方向。因此，在学前阶段，培养孩子对规则的正确认识，发展对秩序和规律的尊重非常重要。这是帮助他们形成良好行为习惯的必要前提。正如德雷克斯等人在《孩子：挑战》一书中所强调的："孩子生活在这个世界里，需要学习尊重自然法则。孩子必须体会秩序和规则是自由的一部分，如果不守秩序，所有人的自由都会受到影响。"[1]

但事实上，父母也好，年轻老师也好，尽管我们想要履行责任，却缺乏准备，在孩子出现问题时常会不知所措。这也意味着，为了达到教养的目标——辅助孩子建立规则意识，形成正确的行为习惯，大人同孩子一样需要得到指导、学习方法。我们需要认识到幼儿许多行为的自发性、不自觉性，但又不能把许

---

1 ［美］鲁道夫·德雷克斯，［美］薇姬·索尔兹.孩子：挑战[M].甄颖，译.北京：生活书店出版有限公司，2015：138.

多错误行为的产生单纯归咎于年龄，不切实际地期待良好习惯会突然产生，从而错失了教育的宝贵机会。父母和老师都应在点滴生活中去帮助孩子了解规则，用明确的态度（表情、语言、行为等）纠正其错误行为，并使之认识到自身行为对他人的影响。

孩子养成良好习惯，离不开家庭与幼儿园的共同努力。在幼小衔接阶段，父母不能仅仅依靠学校课程来帮助孩子获得知识，要从幼儿的成长规律出发。如英语的学习，应坚持给孩子"磨耳朵"。再如数学的启蒙，要指引孩子多观察生活、多积累感性认识。在引导孩子坚持按时到园不迟到的实例中，更是强调了保持规律在幼儿生活中的重要意义：规律对孩子来说就像房子的墙，赋予生活的界限和范围。没有哪个孩子能在无法预知和无法期待的生活中过得愉快而安逸。规律让人有安全感。稳的规律能赋予孩子清晰感，继而产生真正的自由。[1]

规律是必要的，但不应是僵硬和一成不变的。为了应对一些突发状况，我们需要对规律进行变通。但这样的破例不应成为父母为了方便自己或是满足孩子不当要求的借口。回想女儿在东展幼儿园度过的三年时光，我也曾认为孩子还小，偶尔请个假出去玩没有关系，孩子不会因此落下什么。不料这种想法却首先被女儿斩钉截铁地否定了，她对我说："妈妈，好玩的东西不会溜走，但不去幼儿园，我会错过跟老师学本领的机会，还有全勤奖的五根彩圈也会拿不到了。"再仔细一聊，才得知，为了鼓励孩子们到园的积极性，从而保证他们参与各种活动与课程的规律性和连贯性，老师们可谓煞费苦心，不仅为全勤设置了最高奖励，还定期在孩子之间开展各种本领比赛，没有孩子是甘愿落后的。自此直至大班毕业，女儿都保持着班级最高出勤率的纪录，她为此骄傲不已。我想，带着这份自信和在幼儿园养成的良好习惯，对于小学生活，孩子已经做好了准备。

（家长 李理）

1 ［美］鲁道夫·德雷克斯，［美］薇姬·索尔兹.孩子：挑战[M].甄颖，译.北京：生活书店出版有限公司，2015：168.

67

尊重孩子的情感

早晨来园，中、大班的孩子们都排着队等待拿晨检牌。队伍里的中班嘻嘻小朋友几次冲出队伍，似乎有些反常，原来她是在找妈妈。印象中的嘻嘻一直是个活泼开朗、动手能力强的"女汉子"，可今天这位"女汉子"怎么了？原来她在"纠结"一件"大事儿"。

图4-21　掉落的小兔子　　　　　图4-22　与班主任沟通中

周二的晚上，嘻嘻突然邀请妈妈陪她一起玩解压泥，妈妈欣然同意了。可在玩的过程中，嘻嘻有点心不在焉，说："妈妈，你有没有发现幼儿园的门厅少了一只兔子？"（原来开学时，老师们在门厅里挂上了很多手工折的兔子）

妈妈说："不知道呀！"

嘻嘻说："我觉得兔子很可爱，就跳起来拍了拍，一只兔子掉下来了。我把它放在保健室的柜子上了。怎么办呢？"

妈妈说："那你和老师去承认错误吧。"

嘻嘻想了一会儿问："如果小朋友犯了错误怎么办？"

妈妈说："要去承认错误呀，勇敢承认就是好孩子。"

嘻嘻问："妈妈，有没有人犯错误后哭了？"

妈妈说："有些人会的，因为觉得自己错了，心里有点难过。"

嘻嘻说："妈妈，我有点想哭。"

妈妈说："说明你知道错了。你去告诉老师你不是故意弄坏兔子的，老师会原谅你的。"

嘻嘻说："我不敢，老师不会原谅我的。"

妈妈说："你不去试试，怎么知道老师不会原谅你呢？"

嘻嘻不作声，想了半天，说："我还是不太敢，你陪我一起去和老师说吧！"

妈妈说："你长大了，是中班的小朋友了，自己去试试吧。只要你勇敢承认错误，老师会原谅你的。"

嘻嘻沉默了，手上不停地揉着解压泥，说："那好吧！"想了半天后又说："可是我还是不敢！"

妈妈说："妈妈知道你是个勇敢诚实的孩子，明天去试试吧！"

周三一早，妈妈出门赶着上班，已经走到楼下了，嘻嘻大声呼叫："妈妈，可是我觉得我还是不太敢，你陪我去道歉吧！""妈妈上班要迟到了，你自己去说！"妈妈回答。

虽然妈妈赶着上班，但还是给班主任发了条信息。蜻蜓班的陆婧老师带上午班，中午才看到嘻嘻妈妈的消息。于是，陆老师主动问："嘻嘻，你有什么事情想和我说吗？"嘻嘻愣了一下，吞吞吐吐地说："我有点害羞。"陆老师说："没关系，你说出来，也许老师可以帮助你。这样，你先去午睡，下午起床后来告诉我好吗？"嘻嘻点点头。

下午，嘻嘻主动向陆老师承认了错误。陆老师表扬了嘻嘻的勇敢诚实，还和她讨论了"好看的东西我不碰"。针对嘻嘻平时走路会奔跳，容易蹭到墙壁、橱柜的特点，陆老师又告诉她："走路的时候要走在走廊的中间，稳稳地走。"

离园时我故意走进教室问陆老师："门厅怎么少了一只兔子？"一旁的嘻嘻立刻站起来承认了错误。我和她握手，大大表扬了她一番。

嘻嘻的故事，总园的很多老师都知道了，大家都纷纷夸奖嘻嘻。冯园长对嘻嘻的表扬尤其到位："原来嘻嘻遇到有点难的事情，是可以和妈妈说哦！"

今天，嘻嘻又恢复了往日的活泼，还带了一盆康乃馨入园。因为三八妇女节快到了，小朋友都在为妈妈做折纸的康乃馨，嘻嘻妈妈想让全班孩子认识一下真实的盆栽康乃馨。

对于这个故事，我也有几点感悟。第一，原来小孩子的内心世界是如此细腻丰富。在嘻嘻和妈妈的对话中，我们就能看出孩子的内心活动，这说明中班孩子的社会

图4-23　给幼儿园送花

性情感高度发展。在人际交往方面，嘻嘻已经能做到：有问题能询问，遇到困难能向他人寻求帮助（主动找妈妈商量）；能知道引起自己某种情绪的原因，能在提醒下克制自己的冲动（孩子和妈妈对话的纠结、犹豫）。

第二，嘻嘻妈妈的引导很成功。她愿意及时满足孩子需求，陪孩子玩，很多时候孩子的纠结是在一起玩的过程中说出来的。其次，她一直鼓励嘻嘻去勇敢承认。当理解了孩子的犹豫时，她又主动联系了老师。同时，在嘻嘻和老师承认错误后，嘻嘻妈妈又做了一个"复盘"。今天她给我听了和嘻嘻聊天的录音，强化了"好看的东西我不碰""走路要稳稳的""遇到事情可以找妈妈来商量"这三点。

大家都知道，幼儿园就是一个小社会，孩子的社会性和情感发展是幼儿学习与发展的重要组成部分，它对于儿童身心全面发展具有重要的价值与意义。这方面不像绘画、阅读、运动那么容易被看到，孩子很多的社会性和情感表现往往会被成人忽略或误读，这就需要教师和家长在日常生活中细心地关注与敏锐地捕捉。嘻嘻妈妈就是抓住了这个教育契机，和老师们一起运用了支持策略，有效地推进了嘻嘻的发展。

我还想谈谈孩子的一个关键发展指标——"道德发展"。这件事说明嘻嘻已经有了内在的是非感，她会内疚、纠结，就说明她已经思考到是"故意"还是"不小心"行为背后的动机区别，以及可能会面临的不同惩罚。嘻嘻已经有了一定的道德发展——区分"正确"与"错误"。因此在这里，嘻嘻妈妈尽可能地和幼儿园保持了相同的价值观。

我也很高兴地看到陆婧老师在这件事的引导上很成熟，充分理解、认可孩子的社会性情感体验，没有劈头盖脸地扣"大帽子"，而是"徐徐图之"，鼓励幼儿主动讲述，从而让孩子的心情豁然开朗。

苏格拉底说过："每个人身上都有太阳，主要是让它如何发光。"东展幼儿园的老师们保护着孩子们身上的小太阳，并想着法子让小太阳闪闪发光。

　　因为爱，所以等；因为爱，愿意等。在东展幼儿园，孩子早上晚到不用觉得羞愧，因为老师愿意等。老师理解家长与孩子一定是事出有因，会积极了解并想办法帮助改进。下午家长临时有事，接娃不用着急，老师愿意等。老师说，你慢慢来，反正我们没有这么早下班。其实，东展的家长们非常清楚，老师也很忙很辛苦，白天要全身心地陪娃蹦、跳、唱，下班后还要忙于各种汇总、小结，以及第二天的准备工作。

　　让人感动并惊叹的是，在东展幼儿园里，保安阿姨也懂得有一种教育叫等待。托班的小米同学从小就胆小怕事，每次离园时，要求高的妈妈都要拉着她一一跟老师和阿姨说"再见"。保安阿姨一次次提醒妈妈并鼓励小米："我们小米已经眼神看着我们说'再见'了呢，过段时间就会用嘴巴说'再见'的。"然后轻声安慰小米妈妈，不逼孩子，再等等，慢慢就愿意说了。妈妈听了，惭愧又感动。

　　东展的二孩宝宝很多。东展的每一个"回头客"是源于整个家庭对东展三至四年的了解与认可。家长们都知道，东展的老师很耐心、很细心、很温暖，很愿意陪着家长等待，帮助家长捕捉教育契机，助力孩子成长。

　　北京市特级教师王欢认为，教育是70%的等待和30%的唤醒。好老师就是好教育，好老师一定要热爱儿童、尊重儿童。好老师一定要尊重孩子成长的规律，用爱心和智慧使学生能从容且有尊严地成长、成才、成人。

　　教育不是赛跑，放慢教育的脚步，孩子就会在不知不觉中展示生命中的美好。希望更多的家长和教育工作者能保持清醒。我们愿意与家长一起，遵从孩子成长的时间表，等待，等待，然后适时地给予爱的唤醒。

（家长　李蓉蓉）

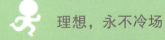

68

正确看待新生入园焦虑

又是一年开学季，网上传出了很多家长"趴墙"观望的照片。作为经历过孩子从幼儿园到大学毕业的"过来人"，我会心一笑。

开学三天，孩子的来园是哭闹的，在教室门口自然是一番"争夺"。一边是孩子又哭又闹不愿离开家人，一边是老师伸开双臂。当孩子被老师接过的那一刻，几位年轻的妈妈已经泪流满面，而一直站在园门外观望的爸爸则瞬间回头，焦急的眼神刹那间放松了。有不少长辈一步三回头，喃喃自语："我们家宝宝还

图4-24　正确看待入园焦虑

这么小……"纵使我每年都要面对孩子的入园焦虑，在这一瞬，鼻翼也会酸酸的。

我太理解家长们的感受了。作为妈妈我很心疼，但作为老师我知道这是孩子必须经历的第一步。第一次踏入集体，孩子正面临"分离焦虑"，几乎每个人都会经历。

我想告诉家长的是，入园焦虑是孩子在童年期遇到的第一个重大挑战。从家庭到幼儿园，孩子的焦虑其实是因为幼儿园和家庭之间在环境变化、人的变化和规范上的差异。对托班和新小班的孩子来说，班级的环境是陌生的，要将对家人的依恋逐步转换到对教师的依恋、信任是需要时间的。所以，我们都有"慢慢来"的思想准备，比如，孩子们适应集体的作息时间需要"慢慢来"，班主任了解孩子也需要有时间。

开学这三天，据我观察，孩子们的焦虑表现各不相同：有的小朋友爸爸妈妈送来的时候就哭，分开时哭，一抱到老师手上，老师说不哭他就不哭了；有的则正相反，送进来的时候不哭，到老师手上开始哭；还有的孩子起初是不哭的，但玩着玩着看到身边的小朋友在哭，他也"晴转阴转雨"了（这就是托班孩子的年龄特点，情绪易受感染）。

有的孩子抱着老师不放；有的抱着毛巾，抱着小被子；还有个小女孩抓着我的手机要打电话给她爷爷……

有的幼儿不会用水杯喝水，老师和大妈妈则一点一点地教幼儿喝；大多数孩子能躺在床上，哭一会儿后便入睡了，只有极少数不睡。入睡的幼儿中，部分睡的时间不一定很长，半小时后会醒，哭一会儿，老师拍拍，也就又入睡了。有的醒了就不睡了，老师会陪在其身边。绝大多数的托班小朋友基本上不会一直哭，大多数是哭哭停停，主要是在午餐和睡觉时或者是转换活动室时会哭。

我做一线教师的时候，曾对幼儿入园焦虑做过研究，发现孩子其实是焦虑害怕的。他们害怕什么，为什么在场景转换时要哭？原来上厕所害怕不会坐马桶，因为家里使用尿片多；吃饭时的哭是看到使用的餐具和家里不一样。有的小朋友习惯于被喂，慢慢要尝试自己用勺了，会担心；可也有孩子家里是喂的，但一看其他小朋友会拿勺了，他们也会自己学着拿勺了（其实老师都会帮助的）。到卧室了，一看窗帘放下来了，担心自己睡着了爸爸妈妈就不会来接了……2岁的孩子是不会用语言来表述的，所以通常的方式就是哭闹，哭闹是孩子表达焦虑情绪的一种方式。从孩子心理健康的角度来说，哭出来反而是孩子正常情绪的流露，家长不必太担心。

每年开学，行政老师都会特别关注托班、小班，不仅孩子、家长焦虑，班主任这时的工作量也是巨大的。从来园到离园，面对全班哭闹的孩子们，为了分散幼儿注意力，老师需要不停地组织活动，一直在唱唱跳跳或组织游戏，体力消耗较大。尤其是午餐时，老师身上抱着一个孩子，边上拉着一个，手里还喂着一个，还要关注身边幼儿的进餐，注意力是高度集中的。有时抱着哭闹的孩子会尿在老师身上，会呕在老师肩上，着急时还会抓老师头发。因此，东展幼的老师都是穿着方便工作的衣裤，不能穿漂亮的裙子、高跟鞋。也许你来接孩子时，她们的头发还是凌乱的。开学第一天，老师们的午餐时间最早的是中午12:45，最晚的是13:30。有的甚至刚吃了一口，小朋友一哭，又放下了。这段时间老师们都吃得很少，因为上午太累了吃不下。只有到孩子们全部离园了，才能安心地啃上几口面包。

班主任老师在特别疲累时，特别需要关心和理解。华东师范大学学前教育系的华爱华教授曾说过：家长与教师的熟悉度高能缓解孩子的陌生焦虑。孩子的安全感如何从家人转移到老师身上呢？最关键的一点就是老师和带养人的亲密程度。当孩子看到家长和老师很熟悉、很亲密，当孩子在家里听到家人对老师积极、正面的评价时，孩子就会感受到老师是可以信赖的，就会在这样的氛围中将安全感逐步迁移到老师身上。

有小部分家长的担心我们也很理解。请家长放心我们给孩子喝的水、吃的食物出厨房前保健老师都会检查，保证是常温的，不会烫伤孩子。另外在家园互动方面，沟通很重要。我这里要说个案例：有个中班孩子玩耍时摔了一下，膝盖有点磕破皮了。保健老师在处理伤口时，安慰孩子说："我们很勇敢，没关系的。"孩子也很听话，回家后也将老师说的话告诉了家长："老师说没关系的。"可是，家长看到孩子磕破皮的膝盖非常心疼，听到孩子说"老师说没关系的"后，对老师产生了异议："我们孩子膝盖都破了，老师还说没关系。"其实，这是老师安慰孩子的话。但由于孩子年龄小，不可能将事情经过完整地表述出来，就会出现误会。之后，班主任与家长进行了沟通，家长也就释然了。所以，及时的沟通多有必要。

各位家长，我们已经迈出了勇敢、可贵的第一步，孩子从家庭到幼儿园，总会有从不适应到适应的过程，这是幼儿社会性发展的必要经历。正如我们总园、我身边的朋友、同事也在经历孩子在不同成长阶段的焦虑一样：一位中班插班生入园，虽然没哭，但一直在说"我很紧张，我很害怕"，看到班主任就心定了；幼升小的家长在担心小学照顾不如幼儿园细致了；小升初的家长在焦虑孩子要独立乘坐公交车上下学了；初升高的家长一直在纠结孩子高中生活的高强度；考上大学的家长在担忧孩子是否会自己独立挂上宿舍里的蚊帐。此外，孩子要到国外读大学的家长也是各种焦虑：是否吃得惯？上课全英文是否能听懂……开学季或许都是焦虑季，但无论是对新生还是成长中的学生来说，只要家长放手，以平常心和耐心去看待可能遇到的困难，信任老师，在老师的帮助指导下，孩子一定会慢慢适应幼儿园生活。

所谓入园焦虑，是指适龄幼儿离开父母进入幼儿园游戏和生活，与亲人分离形成的烦躁、忧伤、紧张、恐慌、不安等情绪，是幼儿从自然人到社会人转变过程中所发展起来的情绪。入园焦虑可以分为以下三个阶段：第一个阶段是反抗期，孩子进入幼儿园和亲人分离时进行反抗、持续性哭闹、又踢又踹等；第二个阶段是失望期，表现为哭闹断断续续、表情迟钝、不和他人接近等；第三个阶段是超脱期，这时孩子会接受外人的照顾，情绪变得稳定，并且开始正常活动，如玩耍、吃东西等，但是接触到亲人后情绪又会反常。

对于入园焦虑，家长要提前去教孩子喝水、吃饭、如厕等，同时要培养孩子的表达和沟通能力。在心理上要给予孩子一定的铺垫和引导，鼓励孩子做好心理准备。在送孩子入园的时候，不要传递消极情绪，要抑制自身的情感冲动，果断给予最自然的辞别。离园后，包括在家里，要认真倾听孩子的讲述，积极、正面回应孩子的情感波动，强化幼儿园的美好形象，必要的时候要主动跟园方沟通。在日常生活中，家长可以跟着幼儿园的节奏，不断在家庭中复现或模仿幼儿园的活动，尽量弥合幼儿园和家庭之间的差别。

分离是必须的，焦虑是正常的，情绪是可以接纳的。要坚信，老师们是孩子养育路上最合适的合作伙伴，他们"识娃无数"，有对策，会有效地引导孩子快速适应集体生活。相信孩子、理解孩子、关心孩子，坚定地陪伴着孩子去迎接新的成长，孩子入园时绽放在我们面前的定将是最可爱的笑脸。

（家长　李蓉蓉）

帮助幼儿缓解适应焦虑

小班开学了，原托班部的孩子们第一次来到茅台园区小班部。经过三周的假期，面对陌生的新环境，小部分孩子的情绪有了波动。

明明小朋友每天早上不肯出门，有各种不开心，妈妈一路安慰，明明仍然哭哭啼啼。当我看到明明时，马上热情地迎上去。可能是和明明在托班待过一段时间，他并不排斥我。于是，我便拉着他的手，边走边和他聊着昨天让他比较开心的话题："明明，等会儿我们一块儿去玩水好吗？你最喜欢玩哪种玩具呀？"聊着聊着，明明的注意力被转移了，哭声停止了，还能和我说上一两句话。到了教室门口，我直接拉着他走进教室，并和他一起寻找他喜欢的玩具并玩了起来。这时，明明已经从不愿意上幼儿园的情绪中走出来了，情绪变得稳定。

之后，我与明明妈妈进行了沟通。明明妈妈问："明明上托班时每天都很高兴地上幼儿园，怎么来到小班开始闹情绪了？"我对她说："这是正常的现象，孩子换了一个新环境，又休了那么长的假期，小班刚开学肯定会有很多的不适应。你也不要焦虑，明明是个比较活泼的孩子，虽然在来园的路上会有哭闹的情绪，但当他进入教室后一会儿就好了。所以，我们现在要帮助他解决的是来园路上的情绪调整。"当孩子在来园路上哭闹，不愿意上幼儿园的时候，家长不要一味地安慰、劝解，这样反而会强化其不愿上幼儿园的情绪。家长可以用一些孩子比较感兴趣的话题转移他的注意力，即使他的情绪一下子没有调整过来，家长也不能顺着他的情绪走，而是继续聊他感兴趣的话题。慢慢地，孩子便会被你的话题吸引，忘记不愉快的事情。

在家园同步配合下，明明经过三天便完全适应了小班的集体生活，来园哭闹的现象消失了，每天高高兴兴地上幼儿园。

图 4-25　开学活动

　　鹏鹏小朋友是个晚熟的孩子，在托班比较懵懂，每天都是乐呵呵的。这次小班开学后，他似乎"开窍"了，对新环境很不适应，早上吵着要去托班部，不愿意来小班部。每次外婆送到茅台园区这条弄堂的时候，他就拉着外婆，怎么都不愿意往幼儿园大门走。这时我便走出校门，走到鹏鹏身边，抱着他说道："鹏鹏，幼儿园是一定要上的。你是要朱老师送你进教室，还是外婆送你进教室？"刚开始鹏鹏有些挣扎，不愿意上幼儿园。可是当他发现只有两个选择，朱老师送或外婆送时，他选择了外婆送。于是，我和外婆一人牵一只手将他送进教室。等进入教室后，他的情绪也基本稳定了。

　　这样的情绪大约延续了一周多。一天下午我和鹏鹏说："鹏鹏，明天我们高高兴兴地上幼儿园好吗？"鹏鹏居然说："好。"我特别高兴，马上和他击掌约定，他也很开心。第二天早上鹏鹏真的情绪稳定了，上幼儿园自然也是开开心心的了。

　　应该说，托班升上来的孩子中会有部分孩子出现焦虑情绪，但是家长要相信自己的孩子，毕竟他们已经有了一年的托班生活。即使在开学初期会有些情绪，但是这种情况很快会有所好转的。只要家长每天坚持送幼儿上幼儿园，一般在一周之后，幼儿的情绪就基本稳定了。

　　对小班新生来说，情绪波动的情况稍显厉害，除了来园情绪不佳外，在幼儿园内也时常会出现不同程度的情绪波动。比如换一个地方，孩子会哭，换一个活动，孩子也会哭。通常我们会抱一抱孩子，安慰一下，还会拿出手机和孩子说："你不哭了，我等会儿和妈妈打电话，让她早点来接你哦。"或者直接带着孩子们一起去玩水、玩滑滑梯，分散他们的注意力。有时候会在满足孩子需求的过程中提出一些小要求。如要午睡了，玲玲看到小朋友往卧室走的时候就开始哭了："我要回家，我不要睡觉，你打电话叫爷爷来接我。"这时候老师先顺应她："好的，我等会儿就给你爷爷打电话，不过你得先到卧室，等小朋友睡下了，我再打电话。"这时孩子会说："我不要睡觉。""好的，你不睡觉，先坐在床上等一下好吗？"老师同意了她的请求，玲玲停止了哭泣，跟着老师进入卧室，并主动脱下鞋子，坐到床上去了，还将被子盖在了腿上。当其他孩子睡下之后，老师对玲玲说："电话打好了，不过爷爷走过来要一些时间，你这样坐着会不舒服，要不先躺下来？等会儿爷爷来了，老师叫你好吗？"玲玲同意了老师的提议躺了下来，不多一会儿便睡着了。

基本上小班新生哭闹比较集中的时间段是来园时，午餐、午睡前。教师在这三个时间段根据每个孩子的特点，采取相应的措施，孩子在园情绪波动的情况会逐渐减少。

有些孩子会因没有家长的陪伴而缺乏安全感，这时可以让孩子带一个依恋物来园，替代家长的陪伴，也能起到稳定孩子情绪的作用。但依恋物的安全性是非常重要的。就如珂珂小朋友的依恋物是一块方的丝巾，由于比较大，孩子抱在手上走路、走楼梯时存在一定的安全隐患。这时教师建议家长将丝巾折叠后用针缝一下，丝巾变小了，孩子拿起来方便，安全隐患也消除了。

这次小班菠萝班的新生相对多些，但经过三天的观察，我发现他们班除了一个新生有点焦虑外，其他孩子的情绪都比较稳定，而且各个环节都比较顺畅。究其原因是教师从儿童视角出发，顺应幼儿的天性。同时，教师还将一些常规要求和玩玩具结合在一起，使过程变得相对比较有序。就如孩子们对餐后搬椅子这件事情，时常会忘记，姚老师就对孩子们说："只有将椅子放好才能来选择玩具。"为了玩玩具，孩子们的进餐变得专注了，搬椅子这个要求也记住了，餐后活动变得井然有序。

无论是新生还是老生，他们从一个熟悉的环境（托班或家庭环境）来到陌生的小班环境，这对孩子来说是一个挑战。作为家长，要认识到当孩子们进入一个新环境，又这么长时间不上幼儿园了，不适应、有点情绪、要哭要闹、不愿意上幼儿园都是正常的现象，因此要以积极、正面的态度去鼓励和引导孩子。比如，可以多说说小班部的好——操场变大了，滑梯多了，还有玩水活动，多好玩呀。同时，也要说说老师的好——你看大妈妈、老师每天早上笑眯眯地欢迎你，她们可喜欢你啦；你现在已经是小班的哥哥姐姐了，本领变得越来越大了。家长也可以与班主任多多沟通，寻找帮助孩子缓解焦虑的最佳方法。家长还要做到坚持每天送孩子来园，这样可以缩短孩子们的焦虑期。

　　"3—6岁儿童发展行为观察指引"在"社会适应——喜欢并适应群体生活"子领域提出的表现行为描述是面对新伙伴、新老师时，能适应所发生的变化；在"身心状况——情绪安定愉快"子领域提出的表现行为描述是能在短时间内缓解消极情绪。在处置入园焦虑中，通过和明明聊喜欢的玩具来转移儿童的注意力，通过让鹏鹏选择朱老师或者外婆送进园来给予儿童掌控感；通过提供安全的依恋物来增加儿童的安全感，通过增加玩具媒介来顺应儿童的天性，这些都是陪伴儿童度过适应期的好办法。面对适应期较长、出现消极情绪的儿童该如何缓解？顺应儿童需求的同时提出一些小要求，并耐心地等待儿童逐步缓解消极情绪。

　　帮助儿童适应社会和处置情绪，需要家长掌握合适的方法。除了入园焦虑外，儿童初次进行各类社会活动时大多都会出现情绪波动。有一次我带女儿参加击剑体验，面对新环境和新活动，女儿并不愿参与并大声叫嚷着要离开。

　　我问："你觉得这个环境不熟悉所以想回家，对吗？"她说："是的。"真诚地认可儿童的情绪是帮助儿童缓解情绪的第一步，儿童在情绪被认可时才会建立情感连接。

　　我问："不熟悉的环境中有什么事情让你担心吗？"她说："我觉得击剑很可怕。"有学员在练习击剑，发出较响的撞击声。

　　我说："好像是有点危险。"询问儿童具体的需求是推动合作的入口，通过顺应儿童需求来开始缓解儿童的情绪。我接着说："我很好奇这么危险的运动，运动员是怎么保证自己安全的。我想去看看他们的面罩，你愿意和我一起吗？"

　　她说："可以啊。"在试戴面罩、尝试击剑、确保安全后，我问："我也是第一次来击剑馆，想穿上装备玩一次，可是击剑需要两个人，你愿意陪爸爸试一次吗？"她说："好啊。"开动脑筋，将活动任务拆解，提出符合实际情况的小要求，以此来推动儿童迈出坚实的每一步。

　　帮助儿童适应社会和处置情绪，更需要家长拥有泰然自若的心态。在适应新环境和调整情绪方面，儿童缺乏的是大量的实践经验。在积累一定的经验后，儿童展现出的环境适应和情绪调整能力并不逊于成年人。在儿童积累经验的过程中，家长耐心、灵活地应对往往是最为关键的一环。

按照成年人的"效率"思维来解决问题会带来各种问题。在孩子面临新的环境并提出要离开时，直接离开是最简单的办法，但是孩子失去了一次进行社会适应的机会；"这有什么好怕的，你看别的小朋友都不怕"——否认孩子的情绪并拿孩子做比较，会让孩子不断地自我否定；"你参加这个活动，结束了给你买玩具"——用物质进行奖励，短期内能让儿童"配合"，长期来看会让儿童丧失自主探索的乐趣和动力。

我们应该相信儿童自我发展的潜力，同时掌握陪伴儿童度过适应期的方法（转移注意力、给予掌控感、增加安全感、顺应儿童的天性等），以及耐心地逐步协助儿童处理好早期参与社会活动的情绪波动。愿每位家长都能愉悦地期待、应对和欣赏儿童在社会适应和身心状况方面的每一个"小变化"，让每一个"小变化"转变为"小惊喜"。

（家长　王龙）

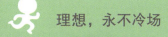

70

放手让孩子
体验成长

大家都知道，春天是万物生长的季节，也是幼儿一年中生长发育最快的时段，因此帮助托班幼儿养成早睡早起的良好作息是非常有必要的。

早上来园后做什么

在早上来园与家长的沟通中，我发现了一些家长的困惑：班级老师总是鼓励我们宝贝早早来园，孩子们早上来园后究竟在干什么呢？早上让宝宝多睡一会儿不是很好吗？

于是，针对家长的困惑，各班老师们在教研时不约而同地想到了家长会。大家一致认为，可以借助此次云上会议，从情景演示到照片演绎，直观地向家长们介绍了我们丰富的来园活动，以及过程中教师个别化的指导、幼儿活动的兴趣点等。

从会后反馈中，我们感受到了家长们对来园参与各项活动的一致认可。很

图4-26　早早来园贴笑脸

图4-27 开展角色游戏

明显，各班从会后的第二天开始，幼儿的来园时间均开始不同程度地提前。祖辈家长笑着说："宝宝吵着要早早上幼儿园。"

作为行政管理者应该善于倾听家长的需求，并能及时传递，同时，放手让老师们自主开展后续工作。这样既能真正帮助老师更好地开展家长工作，也能极大地调动老师工作的能动性。

自己挂书包

我园"激趣健体"课程中，托班下学期重要的一项内容便是托小衔接工作。如何在成人引导下激发托班幼儿有自我服务的愿望？老师们认为，可以在来园流程中让幼儿尝试一些简单的生活自理，如取放书包、拿围兜、自己换鞋等。我发现，别看托班孩子小小的，可是他们也有自己解决问题的方法。就拿挂书包来说，在这个过程中，老师鼓励孩子们自己挂好小书包。可是怎么挂的问题，需要小朋友们自己动脑筋。于是，便出现了以下的画面（见图4-28）。

每一扇门里呈现的"风景"都不一样呢。我很高兴，为避免造成孩子们刻板、固

图4-28 幼儿自己挂书包

定思维的方式，老师们并没有刻意地去教孩子们如何挂书包，而是让他们自己尝试、探索。

自己换鞋子

为了鼓励幼儿来园和离园时自己换鞋，在老师们的建议下，我们的家长非常给力。仔细看，托班孩子的鞋子上隐藏着什么小秘密呢？

细心的家长们在鞋子的内侧都认真做好了标记：一方面可以帮助幼儿不穿错左右脚，另一方面可以让老师知晓是谁的鞋子。"合二为一"的标记，实在是妙！有了家长们的帮助和老师们情境化的演示，孩子们都跃跃欲试了呢。在托班阶段，只要我们大胆放手，相信孩子一定会做得更好！

图4-29 幼儿自己换鞋子

的确，虽然开学只有短短的一个月，我们发现托班萌宝们是真的长大了。很多孩子来园的时候不坐小推车了，不要大人抱了，大手牵小手，路上自己走……期待着萌宝们每天都能高高兴兴地早早来园。

图4-30 幼儿自己走来幼儿园

纪录片《人生第一次》中有一集"第一次上学"，记录了第一次上幼儿园的宝宝们的真实现状。我们家宝宝刚上托班时也有一段时期的分离焦虑，但很快就克服了。这也让我明白，其实孩子的适应能力远超我们的想象。入园是他们成长的必经之路。他们的成长可以有无限可能，不能用我们的惯性思维来界定。

　　在幼儿园学习后，我们可以发现幼儿在潜移默化间不仅学习了不少本领，也学会了许多道理。因为我工作的原因，我们家小朋友一直是每天到园较早的。之前会担心总让他一个人早早到园要经历漫长的等待，但后来宝宝回来说，早到幼儿园可以有机会玩更多玩具。特别是角色游戏开启以后，越来越多的小朋友早早到园，渐渐发现我们都很难获得"最早入园宝宝"的称号了。

　　"放手"是家长一生要学习的事。首先，放手需要一定的条件，是在确保安全的情况下放手，让孩子尝试做一些力所能及的事情，让他们也能感受到成长的喜悦。比如，让宝宝独自从酒店餐厅到客房拿取他的水杯（虽然也没做到完全放手，因为还是悄悄跟在他身后），发现他竟能自己走过弯曲的走廊，独立完成任务。惊讶于他的成长之余也不由得感慨"长大了"，而宝宝自己也很享受自己独立完成任务的过程。其次，"放手"并不等于放任不顾，要教会他们理解和认同公序良俗，培养规则意识，有是非观念，避免成为"熊"孩子。最后，"放手"也源于对幼儿的了解。东展一直提倡"家园联动"，每一个幼儿都有一个家园群。老师经常性的沟通让我们能及时了解幼儿的成长进度，从而对宝贝展现出的特长、优势加以鼓励与培养，对发现的问题即知即改、及时纠正，让宝贝们的成长之路更顺遂。

　　幼儿园是幼儿进入社会的第一站，是幼儿世界观、人生观、价值观形成的萌芽期。希望在这个阶段他们收获的不仅有学习本领、生活技能，还能收获乐观、开朗、坚毅、勇敢的优良品质，这会成为他们一生最宝贵的财富。

（家长　郑弘）

71

放手还需要认真筹谋

冬天到了，可似乎迟迟入不了冬。早晨来园，孩子们都穿得鼓鼓囊囊，几乎个个都将厚外套穿在身上。晨检后，孩子们走到洗手池前，有的很熟练地拉起衣袖准备洗手，有的在很努力地拉、卷自己的衣袖。

有的会走到老师面前说："老师，请你帮帮我！"

可有的却站在那里，两个手臂一伸，一语不发，等着老师过来帮忙。安龙园区的大班小朋友早上 8:00 到 8:20 来园的人数较多，尽管在洗手池边已经配备了 1—2 位老师为孩子服务，但还是有些忙不过来。我看着那位伸长手臂依然站着的小朋友，忍不住走过去帮忙，但他默默看了我一眼，没有任何表达。

"范老师，帮我拉一拉！"刚忙完，身边的中班小朋友叫我。我发现这娃的袖管口很小，衣服面料很硬，我卷不起来也拉不动。想用点力气吧，又怕伤着孩子的皮肤。费了不少工夫，总算替他拉起了衣袖……

来园结束后，孩子伸长手臂站着等帮忙的画面一直浮现在我脑海里：这是个大班孩子，洗手、卷衣袖这种小事情，孩子没有自己去尝试的意识，也不会求助，只是一味地等待。这样的自理能力无法面对明年的小学生活呢。我知道，我园家长的条件都很好，把孩子送入我园自然是希望能受到好的教育。我园也努力为家长提供优质的教育服务，但如果这优质的教育服务仅落实在像保姆一样地照顾孩子，培养出来的孩子没有自我服务的基本生活能力，不能主动表达自己的需求和想法，只会被动等待，我想这都不是我们彼此想看到的结果，这也将是教育的失败。

在我做一线老师带小班的时候，班上一位男孩子叫量量，每天午睡，他总是第一个自己脱好衣裤钻进被窝。当时我就想：能干的孩子不吃亏。都是同年龄的孩子，量量父母在 3 岁前就放手培养了他的自理能力，所以他午睡时不必等，也就不容易着凉了。所以，做老师、做父母的就要放手让孩子自己尝试、锻炼。我也为人母，很理解家长们的"情不自禁"。我们常常会以为孩子还小，能帮就帮，能代他做了就做了吧。然而，却往往忽视了孩子是成长中的人，他在不断长大，需要自己来尝试、体会、经历，从而获得属于自己的各种体验。孩子的天性是好动活泼的，是愿意尝试探索的，但如果我们的教育不能有效地推进他们的发展，帮助他们更独立、更自主，何来"顺天性而教"的优质教育？

刚才我说的是要放手，但放手也是需要有准备的。还是说洗手，冬天衣服穿得多，孩子要洗手，没人帮助了怎么办？这是到小学都会遇到的问题。首先，孩子得有自己主动尝试的意识，成人要给予放手的机会；其次，我们要提供比较合适的服装，方便孩子自理。家长给孩子穿的衣服要件数少、质地柔软且厚实，有弹性，如摇粒绒的面料等，袖口要大点，这样方便孩子自理。从托班开始，家长就要有意识地提供合适的服装。比如，如果最高温度是15摄氏度左右，如图4-31所示的服装就比较合适。因此，对于如何给孩子着装，家长也要费点心思。

再者要在日常生活中鼓励孩子多开口。总园从进门晨检后，孩子们一路自己走进教学楼，每个位置都有老师、大妈妈站位。很多孩子都能主动问好，这不仅仅是礼貌，更是孩子的一种能力。因为他认识的人越多，说不定以后帮助他的人也会越多呢！

每天来园，当小朋友洗完手拿着牌子独自走向教学楼时，家长们的目光都会一直追随，直至看不见孩子的身影为止。这时，我就会想：孩子成长的路上，父母将会有多少次的目送。今后独立走进小学、中学的大门，独自背起行囊走进大学的校园，一个人登

图4-31　衣袖的款式有讲究

机飞向异国他乡求学……真是可怜天下父母心啊！

当孩子长大成人，当他离开我们的时候，已经具备了远行的能力，而远行需要的所有素质需要我们从幼儿园、从现在就开始培养……

是小孩时，会依恋自己的父母。是父母时，会想到将来的小孩。还记得一句话，大体是这样告诉父母的：我们付出了我们的爱、劳动、知识和经验，为了是有一天，孩子长大的时候，能有足够的能力和我们分开。

离别二字，满是沉重与不舍。生命中再紧密的联结，归根到底只是同走一段历程。虽然只是同行者，但在这段过程中，父母是不可替代且极其重要的角色。比起在校园规律性、系统性的教育，父母可以通过在生活中每时每刻的观察，及时发现孩子们的所想所需和状态反馈，并在孩子产生独立性意向时，为其创造良好的条件。

这种独立性的倾向行为可谓与生俱来。好比在物竞天择的自然界，初生的小动物们在还没睁眼或是站稳时，便要开始学习觅食和避险的技能。对它们来说，早一些准备好，就多了一份生存的可能。虽然人类的现代文明让我们不必为生存担忧，但生命的厚度与品质却又变成了新的课题。马斯洛提出五大需求层次：生理、安全、社交、尊重和自我实现。孩子们在成长过程中，需要多层面、多元化地满足体验，而独立行为产生的美好体验，加之为此得到的正反馈和肯定，是无法替代的。孩子们由此获得的自尊和自豪感，会更好地滋养他们的心灵，并激发他们的潜能。也许这就是推动人类向更高层次行为进化和社会进步的驱动力吧。

作为父母，要善于借用孩子在幼儿园老师指导下和集体生活中建立起来的自我服务意识和人格发展轨迹，沉下心来去观察和思考孩子不同的特质，有针对性地调整心态和方法，随时随地帮助孩子筹划好独立发展的准备。我们既要从战术层面珍惜孩子独立性的倾向行为，关注细节行为的把控，也要在战略层面引导和培养孩子自我服务、独立思考等品格特质，并在过程中给予足够的耐心、宽容、赞美与支持，使得孩子们的独立性不断发展。唯有如此，他们才能在起伏不断的人生里活得更有底气、更显光芒。

（家长　鲁艳）

72

家长"麻烦一点"，孩子自信多一点

"我们要去东方广播电台广播啦！"9月，东展幼儿园有一批中、大班小朋友要去电台做"940小超人"的录播了。消息一传出，上上小朋友全家都很高兴。

"你们准备讲些什么呢？"班主任张老师和上上、悠悠开始讨论。这两位小朋友准备成为搭档，围绕一个话题进行录制。"那就说大活动时哥哥姐姐是怎样带我们的吧！"于是初稿有了。

对于根据她们的讲述写出来的800字初稿，如何让上上记住，还要和悠悠熟练地"一问一答"呢？上上和悠悠根本不认识字啊！上上的爸爸妈妈一起分组对话，再录音。然后将这些录音作为背景音乐，在日常生活中播放，让上上随时可以"磨耳朵"。

当上上对每组对话都熟悉了之后，衔接却成了关键问题。上上妈妈正犯愁时，上上开口了："妈妈，我不会写字，可我会画画呀，我都来画下来吧！"于是，上上一笔一画地画出了讲稿的每一步。细心的妈妈还做了点"技术处理"，在上上的画画上批注了上上的话，又增加了编号。这样按照顺序讲，肯定就不会说错了。哇！这真是了不起的"大工程"啊！

就这样，上上拿着三大张画出来的提词纸来到了广播大厦，圆满完成了录制任务。

从此以后，一个从来没有专门学过画画的孩子有了自己的记录方式。老师说："这就是孩子的一百种语言呢！"

这个故事是否对你有启发？虽然过程中的每一步都需要父母费心、费力又费时间，但每个成功孩子的背后一定会有父母的奋力托举。

每个孩子在成长的过程中，都会遇到各种挑战。如何支持孩子应对挑战，形成积极心态和客观的自我认知，是教育的意义和价值所在。在上上的故事里，孩子背不出800字的对话稿，就是一个挑战，怎么办？

　　这个问题同样可以扩展到孩子在成长过程中遇到的各种问题。从幼儿生活中的"不会系鞋带""不会吐鱼刺"到学龄阶段的"不会解题""不会写作"，甚至到社会交往中的"不善表达""不够合群"……作为孩子的父母和教育工作者，我们可以做什么，怎么做更好？让我们回到上上的故事里。

　　首先，降低难度，搭设支架。上上的电台之路上，搭设的第一个支架是录音。这个支架帮助孩子完全熟悉了文稿内容。第二个支架是鼓励孩子用个性化的方式转化文稿。孩子用自己看得懂的绘画语言将文稿完整表达了一遍。拿着自己的绘画稿，借助对文稿的熟悉度，他能做到流利表达了。换句话说，通过搭设支架，降低难度，实现了基本目标。

　　其次，寻求支持，自信通关。当别的孩子都做得到，但你的孩子却缺口气的时候，作为家长和老师，你会焦虑吗？参加电台节目录制的所有孩子，没有一位家长向幼儿园反映过孩子记不住内容。真是如此吗？或许吧。但是上上的家长和幼儿园做了沟通，提出"可否带稿进录音棚"的问题。虽然有点麻烦，但很快得到了幼儿园的支持。而且在老师的指导下，上上还对他的绘画稿进行了升级。最后自然是顺利通关，孩子的自信心被极大地激发。

　　上上的故事，细细读来，有丰富的教育意蕴。无论是家长还是教师，我们需要思考的是：当孩子遇到挑战时，我们如何提供支架？如何客观地理解孩子的个体差异？最后，在共同迎接挑战的过程中，我们的态度、方法和思维方式也一定会潜移默化地影响孩子，因为家长和教师就是孩子们最直接的榜样！

（家长　汪泠淞）

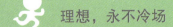
父母的陪伴
缺一不可

2020年5月30日是新一届的新生报到日。"孩子的出生年月？"老师问。"2018年12月几号？"一位爸爸似乎被问住了。确认的老师也在点名板上迅速寻找着，并追问："爸爸，请问是2018年几月？"我不由得上前询问。"哦，是2018年2月。"爸爸翻出了出生证，"不好意思，我没记住孩子的生日！"他难为情地挠挠头。"看来你很少陪孩子过生日吧！"确认的老师笑着解围。"是的，是的。"爸爸尴尬地笑着。本以为这是一个特例，没想到陆续来了四五位爸爸都在出生年月上"卡壳"了，真是令人"大跌眼镜"。

一般雨天孩子们入园的流程会比较烦琐，所有的老师应在早上7:15到位——搭棚、调整站位、捡去入园处的杂物和树枝，一切都是为了孩子们的安全与健康。

我站在园门外，许多家长、孩子穿着雨衣撑伞而来，秩序井然。但也发现

图4-32　雨天来园

了一个现象：部分为孩子打伞的家长，只顾自己撑伞大步向前，完全没有考虑到身边的孩子小跑都跟不上；有的家长自己高高地打着伞，可身边的孩子却淋湿了半个肩膀。总算发现了两位大班的爸爸撑着大伞，带着孩子亦步亦趋、小心翼翼地走来了。

这两天，这两件事一直反复在我脑海里闪现。第一件事反映出爸爸在孩子成长过程中的缺失。我知道，现在家长的工作节奏都很快。将孩子送入幼儿园就大可放心了吗？答案显然是否定的。学校教育是面对群体的共性教育，孩子成长一半的力量来自家庭教育。家庭教育能在学校教育的基础上给予孩子个体有针对性的教育引导。往往孩子会说："我爸爸赚钱去了。"似乎教育孩子的责任全部推给妈妈了。

幼儿期是孩子成长的关键时期，一个完整健康的家庭一定有爸爸的参与。爸爸性格中的勇敢、坚决会给孩子的性格培养带来良好的影响。爸爸与妈妈不一样的思维和教养方式会更全面地影响孩子的发展。的确，赚钱很重要，但希望爸爸们在赚钱的同时，每天能有和孩子们相处交流的时间，有陪孩子过生日的机会，更应该在心底记住每一个属于自己孩子、家庭的纪念日。

第二件事提示我们如何照料好幼儿。幼儿园是"保育与教育合一"的机构。对幼儿来说，身体的各项机能尚在发育中，抵抗力也比较弱，保育是第一位的。保育就是精心照管好孩子，使其健康成长。

在开园的第一周里，我们老师关注的只有一件事，那就是孩子的健康。老师会细心观察孩子的情绪，关注孩子的喝水量，观察孩子的胃口，看看孩子们是否认真洗手，是否玩得开心。

开园第一天，冯园长巡视每个卧室孩子的午睡情况，发现有的孩子喜欢裹着被子睡觉，穿着长睡裤入睡就太热了；有孩子的盖被太厚了，就得提醒家长及时换薄被；等等。芒种节气前后，孩子的日常生活不能贪凉，对脏腑娇嫩的幼儿来说，猛吹空调、吃冷饮都会导致感冒、腹疼、腹泻的发生。所以，幼儿生活的方方面面都需要去悉心照料。

日常生活中需要我们有一双明亮的眼睛。有经验的老师都知道：倘若你在孩子回家后发现他今天胃口不好了，眼睛"流眼泪"了，单眼皮翻成"双眼皮"了，有黑眼圈了，或者哈欠连天地说身上酸了等，则要让孩子多喝水多休息，适当调整饮食结构。大年龄的孩子可以暂停去课外培训班，甚至可以暂时不来园。在家里要开窗通风，双休日要保证午睡，不要带孩子去人多的公共场所。这样做就是观察在先，防患于未然！

生活将逐渐步入正轨，希望每位小朋友都能在家园共同的呵护下都能健康成长！

在探讨育儿问题时，我们常常会很提到"言传身教"，如果说幼儿园的教育更偏向于"言传"，家庭教育通常更多地偏向于"身教"。家庭教育的主角一定是孩子的父母，并且缺一不可。在家庭育儿过程中，父母到底会存在哪些先天差异，父亲的参与又会对育儿产生哪些积极作用呢？

父母之间存在生理差异，妈妈一般通过怀孕、分娩和哺乳等方式和孩子建立亲密联系，而爸爸则需要通过陪伴、玩耍、教育等方式来建立亲子关系。父母之间存在性格差异，一般情况下爸爸的性格比较外向、活泼，而妈妈的性格往往比较细致、耐心。父母之间存在社会角色差异，在传统观念中，爸爸通常被视为家庭的经济支柱和保护者，而妈妈被视为家庭的主要照料者和教育者。随着时代变迁，如今父母的社会角色分配也在逐渐改变。正因为存在这些先天的差异，父亲的参与在育儿过程中更加不可缺失，对于孩子形成健全的人格也起着非常重要的作用。

父亲一般会影响孩子对性别的认知，孩子会通过观察父母，从中获得与性别相关的典型特征，如男孩对男子汉的定义一般来自父亲，而女孩对异性的认识也是从父亲开始的。父亲一般会影响孩子人格的健全，父亲的角色通常具有勇敢、坚强、刚毅、独立、责任感、果断等一些特征，在无形中会带领孩子学会克服困难和挫折。相反父亲的缺位会让孩子产生软弱无力、缺乏自信和过度依赖的情况。父亲一般会影响孩子价值观的形成，对不少孩子来说，父亲是成长过程中最直接的参照榜样，父亲对家庭的责任担当、对妻儿的关心爱护、对老人的尊敬孝顺在一定程度上会代代传递。

因此，父母在育儿过程中任何一方都不能缺位，应该与幼儿园形成有效呼应，共同参与和分担家庭育儿的任务，让孩子在充满爱和关怀的环境下健康成长。

（家长　安梦丽）

保持亲子间平等、开放的交流

一对父子在打羽毛球，胖胖的爸爸看着30多岁，孩子似乎上小学一二年级的样子。两个人一来一去，突然球掉地上了，爸爸气喘吁吁地捡起球，对儿子扬起手臂，做了挥拍的示范："告诉你，你这挥拍的动作再不标准，我可不会再一直陪着你练！"儿子刚刚还神采飞扬的笑脸，一下子就垮了下来。我不由得叹气："本来是一段很愉快的亲子运动时光，却因爸爸的这句话破坏了气氛。"对孩子来说，打羽毛球就是玩，孩子愿意动起来、玩起来，多玩多动就能慢慢体悟其中的奥秘。如果爸爸多用正面的鼓励、示范，孩子或许更能享受到运动的乐趣。

在美发店，身边一位妈妈把手机开着免提，非常气愤地说："老师啊，你已经是第三位老师了。我们家经济是没有问题的，但如果我女儿这次雅思再考不好，我就会用她的成绩来唯你是问！你要盯着她呀！"电话里的男老师也唯唯诺诺地应答。我暗想：在美、英大学申请文书中，分数的确是"硬指标"之一，所以这位妈妈才如此着急。但真的出了钱，给老师下指令，孩子就能考好了吗？既然是第三位老师了，这位妈妈可以和老师具体交流一下孩子的学习情况。很遗憾，我只看到妈妈在发号施令，却没有看到她耐心地和老师交流。在孩子的教育问题上，钱——不是万能的！

孩子从幼儿园开始，一路走上去，父母的责任之一就是陪伴。可是，似乎是现在的节奏太快了，有些父母会用出钱的方式来搞定陪伴。小时候，出钱请月嫂、请保姆。保姆也许能解决婴儿的生活饮食，但她能了解婴儿的需求吗？我们有位大班小朋友，在我看来发展得很均衡。我曾问她妈妈有秘诀吗，她说："小宝宝的时候就是给予足够的爱。"

之前，有位家长说，某一机构可以给孩子从小学一路规划到高中，我们听了都觉得难以置信。总有些家长愿意用钱把孩子的求学之路规划好，自认为很尽力了，但却忽视了孩子是有独立意识、发展中的人。

我一位朋友的孩子是初中生，最近在和我抱怨："你知道吗，我妈一和我说话，就是说学习，特没劲！"是呀，在和孩子交流时，你可否问问孩子的学校生活——谁是他的好朋友，语文老师怎么样，运动会有哪些趣事……这样不就可以了解到初中生的交友情况。因此，保持亲子间平等、开放、互动的交流很重要，而这种交流方式要从幼儿园就开始培养，你需要做的是和孩子交流。你不能太聚焦于目标以及学了什么，而应该竖起你的耳朵，聚焦你的眼睛，认真倾听、关注孩子讲了什么、做了什么，这就是"高质量陪伴"的前提。

《中华人民共和国家庭教育促进法》提到：父母或者其他监护人应当树立家庭是第一个课堂、家长是第一任老师的责任意识……

我提醒各位家长，如果你作为父母对自己的孩子都不能认真陪伴，又怎能希望老师面对全班这么多孩子时对你的孩子"全情投入"。其次在亲子交往的过程中，家长可以更细心地了解孩子的思想动向、情绪状态、兴趣爱好，这也是学校共性教育所不能给予的。

多年来，东展幼儿园始终秉持"为家长提供优质的教育服务"为办园宗旨，孩子需要成长，家长亦是如此。家庭教育是一门学问，在孩子不同的年龄阶段，我们都会提供相应的父母学校讲座，也希望家长珍惜学校安排的这些活动，在不断学习中提高亲子互动的质量，并在幼儿园教师的指导、交流中获得作为新手父母的成长。

范园长的这篇手记充分诠释了"高质量陪伴"的内涵和意义。运动场、美发店里的亲子对话看似令人不适，但却是我们身边随处可见、随时发生的场景。为人父母都知道要"高质量陪伴"，但在育儿实践中，却往往动作变了形而不自知。

首先，高质量陪伴不是有条件的陪伴。这是很多家长容易走进的误区，一定要孩子按照自己的意愿行动，才愿意配合付出时间，而忽视了孩子内心真正的需求。文中的爸爸确实付出了时间和体力，但显然有点心不甘情不愿。因为他认为的陪伴是有条件的，所以陪伴变成了"陪练"。殊不知，在孩子心中，运动不等同于竞技体育，他只是想去享受运动的快乐；爸爸也不是陪练教练，是他想一起共度愉快时光的对象；羽毛球甚至也不重要，它只是一个工具，是连接亲子互动的纽带和桥梁。

其次，高质量陪伴要警惕消费主义心态。在教育培训机构泛滥的今天，家家户户都没少给自己的孩子报各种兴趣班，但往往很多家长完成了购课这一消费行为就认为大功告成了。有的家长每天四处奔波地接送孩子往返各个培训机构而自我感动，认为这就是高质量陪伴。然而，他们消费的目的不是满足孩子的真实需求，而是不断填补自己内心被刺激起来的焦虑。买了课就把自己当成了消费者，让机构提供的服务替代本该自己付出的陪伴。一旦达不到自己的要求，就会出现文中对着家教老师咄咄逼人的一幕。如果我们把注意力放回孩子身上，躬身入局，去用心关注孩子自身的兴趣所在，接纳他们的不足，看到他们的进步，就不会过于依赖外界，更不会随意被消费主义心态裹挟。

最后，高质量陪伴不仅仅是培养知识和技能。很多父母把亲子陪伴等同于知识和技能的教育，他们只关注学科、成绩、分数，肉眼可见的进步仿佛才是亲子陪伴的意义。诚然，在现在的评价体系里，外在表现更容易被看到、被比较，但亲子陪伴更应该回归育儿的初心，关注他们的心理内核，如安全依恋、自我评价，这是他们对这个世界和自己构建的核心模式。它看不见摸不着，却是所有外在表现的基础和驱动力，也是成形后最难改变的。这也就是范园长强调的，孩子始终是个有独立意识、自主发展中的个体。我们的陪伴不是打造一台机器，功利性地应对亲子陪伴是本末倒置的行为，从小和孩子一起构建积极、健康、开放、平等、彼此信任的亲子关系才是正路之选。

孩子的成长只有一次，我们应当珍惜每一次能和孩子身心共处的时间，去倾听、去观察、去了解，不谈条件，不走捷径，不假手于人。我相信每一次高质量陪伴都会在孩子幼小的心灵里播下爱的种子，在将来的成长之路上赋予其蓬勃之力，让他们走得更稳、行得更远。

（家长　胡晓蕾）

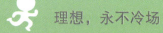

父母的言行是最生动的教材

　　春节前，我园升级了三个园区的来园和离园刷卡系统，目的是更好地保障幼儿安全。在新的系统中，孩子们来园和离园都有摄像功能，一旦有问题，可以及时查询，还能自动统计每天各班的出勤率，班主任、行政、园长都能关注到。尤其是新系统让保健老师改变了以往走到每个班级点名的情况，现在数据一览，各班午餐和午点数自然形成，提高了工作的效率。

　　新刷卡系统需要家长绑定先前已使用的接送卡，一个手机对应一个卡号。安龙园区开学第一周，我们发现部分接送卡未绑定，来园时冯园长和资源室老师站在刷卡机前一一提醒，并要求班主任再次提醒家长绑定。然而，还是有20多位家长未完成绑定，其中有不少是老人接送的，一问到绑定就一头雾水："爸爸妈妈没说呀！""老师，你帮我绑定吧，爸爸妈妈没空关注的。""我很忙的，一直在加班。""我已经来园迟到了，你还让我扫码？"我诧异了：为什么未绑定？家长看到群里通知了吗？或者在绑定中遇到困难了？倘若有困难主动问了吗？

　　这件事引起了我的思考：家长慕名将孩子送到东展幼儿园，对学校肯定有着很高的期望，自然希望自己的孩子发展是好的。但家长有没有想过，你选择了所谓的"好"学校，"好"学校对家长也自然是有要求的：最基本的是你要主动肩负起为人父母的责任，你得尽量自己接送孩子，你得按时参加家长会，你得关注班主任的通知并配合学校，你得不迟到。如果要求更高一些，你得抽出时间参与学校的志愿者活动，或许你更应该接受老师对你孩子不足的提醒，并花时间去改进。这看似在要求你，其实也在提醒你应尽的责任。

　　教育从来不是将孩子送进一个好学校那么简单，学校进行的是共性教育，而家长对孩子的养育和教育更是必不可少的。3—6岁是儿童性格（即人后天的社会行为方式）形成的关键期。一张简单的接送卡，虽是小事儿，但反映出家长是否真正关心我们的孩子。也许你会说我怎么不关心，我关心他吃什么，我带他去学英语、拼音，我带他去旅游长见识。可是家长，你忽视了一点，就是对孩子行为习惯的培养。

每天来园时，你的接送卡一直没有刷上，孩子都看在眼里。他虽然很小，也很依赖你，但无法用语言来表达，也知道"我的卡没有像其他小朋友一样刷上"。他在一旁听到了你和门口执勤老师关于刷卡的对话。在这个时候，你给孩子传递了什么：你关注通知了吗，你认真做事了吗，迅速行动了吗，你是否会意识到因为自己没及时做到位而给别人添了麻烦，而这些都是我们在日常生活中无意识传递给孩子的。你的言传身教、你处理事情的态度无形中在影响着孩子建立、形成行为模式，让孩子知道行为的对或错，继而才能逐渐形成正确的观念。关注周围世界、做事有规矩、执行力强、不懂就问、做错了马上道歉、遇到困难不抱怨，这都是我们在一言一行中应该传递给孩子的良好态度。对幼儿来说，抽象的知识远不及具体直观的行为示范来得重要。

有的家长送孩子入园时说："快，我刷卡，你去洗手！"孩子却很不情愿，因为他想自己去刷卡。为什么不让孩子自己刷卡呢？小朋友自己刷卡，就能在刷卡机上看到自己。今天你放手让他用接送卡刷卡，明天父母来送时可以让他用手机刷二维码，这样孩子们获得的经验就是直接、多元的。家长或许还能和他聊聊为什么要刷卡，安全教育也已经融入了。这都是孩子们的学习，是基于儿童现实生活里的学习——具体有趣、能感知甚至可操作的。

幼儿园是个小社会，学校的通知大到关注到安全，小到参与一次活动，所有的出发点和归宿点都是为了孩子。对我们而言，基于幼儿的年龄特点，学校的课程就是以各种"活动"的方式来呈现的。

都说东展幼儿园对家长是有要求的，即有助于孩子成长。曾有位专家说过："我们希望在孩子的关键期内，家长能有恩于他（家长亲自养育和照料孩子）、立威于他（家长帮助孩子建立好的行为模式）、陪伴于他（家长与孩子进行有质量的互动交流），使孩子成为一个对人有情感、行为有规范的社会人。为此，我们成人——必须努力！"

幼儿园就像一面镜子，不仅能反射出亲子日常相处的关系状态，也能照出父母平时的言行态度和价值观。范园长的这篇手记，生动展示了不同父母的处理方式，剖析了父母言行对孩子成长发展的重要作用。

父母要做孩子的认知榜样。一张小小的接送卡尚且如此，生活中其实处处都是呈现父母自己的价值观和生活态度的机会。所谓言传身教，认知榜样不仅仅是有意识地向孩子传授知识和答疑解惑，很多行为虽然并不直接对孩子产生影响，但会潜移默化地变成孩子未来面对各种问题的参照模板。幼儿园是孩子经历的第一个小社会，父母对待幼儿园的态度，就是孩子未来看待这个社会的第一张模板。

良好的情感基础是发挥榜样作用的前提。父母是孩子最直接的影响者，但前提是，孩子要信任父母，愿意听父母的，我们以自己的各种生活经验和态度去影响孩子。这就需要父母与孩子建立起良好的亲子关系，父母和孩子彼此信任，才能更积极有效地交流。

善于抓住可教时刻，可以强化榜样作用。同样是接送卡，范园长为大家巧妙地示范了什么是抓住可教时刻。既可以放手让孩子获取一手经验，还可以融入安全教育，一举两得，让示范作用发挥了更大的价值。父母要学会观察孩子，敏锐地捕捉合适的时机和切入口，在生活中进行点点滴滴的渗透，比郑重其事的教导更有意义。

3—6岁是孩子性格形成的关键期，父母在其中扮演了最为重要的角色。我们希望将来孩子在这个世界自立、自处，现在开始，就要努力为孩子塑造积极的示范榜样。

（家长　胡晓蕾）

76

理想，永不冷场

耐心·等待，慢慢引导

　　在托班部的六一儿童节游园活动中，5个托班的孩子都由爸爸或者妈妈陪伴来园，我们一起度过了一个愉快的儿童节。

　　经过一年的幼儿园生活，小萌娃都长大了，看着他们大方地带着爸爸妈妈一起参加各游戏区的活动，能独立上下楼梯、大胆表达表现、自主参与游戏，老师们都很欣慰。

　　我很高兴家长们都能抽出时间来陪伴孩子过节，尤其是看到不少爸爸的身影。陪伴是需要花时间的，我们的不少爸爸都是各自领域里的行家能手，工作繁忙，但也能在繁忙的工作中抽出时间来陪伴，说明家长是重视孩子教育的。爸爸这个角色对于孩子很重要，爸爸身上的独立果敢、自信阳光、放手尝试等特质，能弥补妈妈身上的不足，爸爸参与的教育会给孩子带来更全面的性格培养。所以，不仅仅是儿童节，爸爸们每天都应该有15—20分钟的时间，放下工作，放下手机，和孩子互动。

图4-33　爸爸的陪伴

图4-34　托班六一儿童节游园活动

陪伴还需要有足够的耐心，需要有儿童视角。这次托班的游园活动为了保证安全，分为两场，每场75分钟。共有10个游戏区，由于捞鱼、做皇冠、串项链等活动后都有成品呈现，因此有5个活动室是需要完成后敲章的。

也许是为了集满5个章，在洗车区，我看到一个孩子正在很投入地刷车，爸爸有些不耐烦地催着："这有什么好玩的？快到其他地方玩吧！"

玩过洗车区家长一定知道，洗车区提供了三种小工具：套在手上的手套抹布、刷子、抽拉式水枪。洗车对托班孩子来说是生活中看得到但却无法尝试的，尤其是洗这么大的车，这就是游戏所具有的功能。游戏能给予孩子生活中能感知却无法真正操作、活动的机会，能满足孩子的内心需求。水枪、手套抹布、刷子这三种工具对大多数孩子来说是没有玩过的，这就给孩子创造了一个自主探索的机会。一个小女孩拿着水枪，反复抽取拉杆，可水总吸不上来。一旁的妈妈着急地说："你往上就是吸，往下就是放呀！"可孩子听了还是一头雾水。为什么我们不能多些耐心，让孩子自己去多尝试探索几次，慢慢地她就会悟出其中的门道。

这个过程需要孩子自己去尝试领悟，如果我们大人着急地告诉孩子结果，这对他们来说就毫无意义了。成人具有抽象逻辑思维，而幼儿恰恰是以具体形象思维为主，尤其是托班孩子正处于直觉行动思维阶段，所以只有让他们充分去行动、感知、体验，才能获得具体的经验。看似简单的"玩"，恰恰蕴含了教育契机。

在幼儿园，我们主要的学习方式就是"玩"。托班的10个游戏区都蕴含不同的教育功能。有一位来摄影的家长志愿者对我说："原来看似简单的活动都是为孩子们精心设计过的。如送糖果结合了背书包、双腿交替上下楼梯、识别颜色等要求；做皇冠和串手链则锻炼了孩子们的手眼协调能力和精细动作。其实蛮难的，考验了孩子面对挫折的钝感力。"

陪伴还体现在遵守规则方面。捞鱼区是孩子们最热衷的活动区域，灵动的小鱼吸引了无数小朋友的目光。他们睁大眼睛提着小网兜捞鱼，那认真投入的模样很让人喜欢。有好几次我都会担心，他们是否会直接"翻"到鱼池里去。几乎每个孩子都要捞到鱼才愿意回家。比如，咪咪班的二毛来捞鱼时，已接近活动结束了。他不断地追逐着小鱼，好不容易捞到一条鱼，正准备放入小桶里，可他妈妈却说："二毛，不可以，你已经捞到两条鱼了！"我一看，果然桶里已经有两条鱼了，那可是两条极小的"小猫鱼"。二毛说："那太小了！""可是你已经有两条鱼了，老师说过每个人只可以捞两条鱼，要让给其他小朋友呀！"妈妈依然很温柔地回答。我很认真地看了二毛妈妈一眼，她依旧在微笑，二毛只好放走了小鱼。这是一位遵守规则的妈妈，这么小的一件事情，她也坚持做到了。比起捞了八九条鱼的家长，我相信二毛妈妈培育的孩子会更懂事。

遵守规则是我们帮助孩子认识世界的重要内容，也是教会孩子保护自己和学会共处的重要一步。以过马路为例，倘若漠视规则，带来的将是危险。在与人相处的过程中，漠视规则，不考虑别人的感受，后果也会是很严重的。在托班的游园活动中，由于园区不大，园方再三告知一位家长带一个孩子来园，目的就是保证活动流程中所有孩子和家长的安全。我发现有98%以上的家长都做到了，我也看到由于许多游戏区需要等待，家长们都非常有秩序地带着孩子一同等待。

感谢所有家长的陪伴，尤其感谢各班负责摄影的家长志愿者。高大的爸爸们为了抓取小萌娃一瞬间的表情，或蹲着，或趴着，等待、逗笑、反复抓拍，很是辛苦。因为有了他们，才有孩子们瞬间的定格。我想，高质量陪伴不仅需要时间、耐心，也需要儿童视角、言传身教，更需要为人服务的大爱！

每位父母一定都会记得陪在孩子身边，看到他们迈出第一步时的情形：我们蹲在孩子身前，伸出双手，在他们差一点就能够到时，我们用话语轻声地鼓励着，用眼睛紧紧地注视着。当孩子开始尝试，跌倒爬起，跌倒再爬起，摇摇晃晃地走向我们时，他们的脸上洋溢着兴奋的光芒，而我们也为孩子的成功满怀骄傲和激动不已。可这样的时刻，随着孩子们的逐渐长大，似乎越来越少。我们时常抱怨：现在的孩子太难教育；我们总把"快一点，快一点"挂在嘴边，还常常不自觉地开启说教模式，试图让孩子"懂道理，少走弯路"。我们着急地拉着孩子向目标前进，却发现，拉得越用力，他们走得越慢、做得越差，心里越沮丧。我们总是重结果，求速度，却忽略了教育的过程本就是等待。只有慢下来，才会成长起来。

蒙台梭利说："每个人的孩子都有一个程序，他在某个年龄段该领悟什么样的问题，其实是固定的，你没办法强求，过分人为地加以干涉只会毁了他。"父母在陪伴孩子成长的过程中，需要耐心，需要站在孩子的角度理解问题。我们不仅要尊重孩子的成长规律，还需要把握他们的现实情况，包括能力水平、兴趣偏好和情绪状态等，这样才能避免成人的主观臆断，才能与孩子产生"共情"，从而真正地愿意去"静待花期"。

在等待的过程中，我们还应当保持平和的心态，对各种能够培养孩子独立能力的机会保持敏感度，退后一步，等一等，不要插手，允许孩子自己去尝试、去探索。父母处于平和的心态之中，孩子自然也能体会到自由和安全感，才能专注于当下，充分发挥出学习的潜力。孩子学习的过程，特别是学龄前儿童学习的过程，是建立在大量感性认识基础上的。比如一个简单的水枪抽水动作，孩子也需要通过亲手反复操作，才能悟出其中的门道。家长直接给出结果的做法不仅不能帮助孩子获得有效经验，还会剥夺孩子通过自身努力挑战自己、战胜挫折、成就自我的机会。

只要一看到孩子犯了错，就会立刻指正。如果错误的结果会导致危险或破坏规则，我们有必要和义务在第一时间对孩子的行为做出反应，这也是正确引导的一个重要原则。但如果只是努力地在把孩子指向完美，就得反思甚至警惕，因为我们的行为可能导致孩子丧失积极性，对自己的能力产生怀疑，由于变得越来越害怕犯错而失去前进的动力。

此时，我们不妨再来回顾一下当初引导孩子迈出第一步的态度和方法，相信你会发现，原来没有评价、充满鼓励的引导才会激发孩子真正的独立与成长。当孩子犯了错或者没有达到预期目标时，父母要学会把人与事情分开，要认识到孩子的每一次"失败"是由于经验与技巧的不足，与其个人价值无关。要告诉孩子，世界上没有完美而不会犯错的人，只要他们不气馁，学会从失败中总结经验，就能不断取得进步。鼓励孩子，还意味着信任，不替孩子去做他们可以做到的事，表达出对他们自我认知与信念的支持。只有这样，小小的他们才能拥有持续成长的勇气，才能获得足够的自尊与自信去面对成长路上可能遇到的各种挑战。

（家长　李理）

77

一餐一行都是爱

开学的早晨，路上的行人明显多了。我骑车在等红灯，身边停下的都是骑着助动车或者自行车、后座坐着孩子的家长。我仔细看了看，后座的孩子年龄从幼儿园至小学不等。红灯跳绿灯了，可是我前面的自行车却迟迟未动。我侧目一看：原来骑车的是位大约60岁的老人，他奋力踩着踏板，一下、两下、三下，可车始终不动。他着急的脸颊上满是汗珠。"爷爷快点啦，我要迟到了！"后座上的男孩在催促。那男孩长得又高又大，大约小学四年级的模样。

虽然我已经到学校了，但是脑海里闪现的仍旧是爷爷奋力踩着自行车踏板的画面。我这个年龄的人，看到这样上了年纪的老人载着这么大的孙子，是于心不忍的。我不知道这个老人的儿女是否能看到这个场景。想必他们是不知道

图4-35　小班幼儿的日常运动

的，也许爷爷送孙子已经好几年，习以为常了。事实是第三代长大了，而父母开始年迈力衰了。这样高大的男孩子上学，其实可以由大人陪着坐公交或者开始尝试自己上下学。也许你会说目前治安不好，不放心孩子自己走，可是为什么年轻父母自己不能接送呢？

在幼儿园里，我经常听到老人说："现在孩子们很辛苦，工作压力大，每天很晚下班，就让他们多休息一下吧！"老人是这样呵护着子女，甚至是第三代。可是年轻父母是否能逐步意识到爸妈已在不断地老去，是否能意识到接送孩子原本应是为人父母的责任。

工作很忙时，老人可以搭把手，但是否可以每周抽空接送一下孩子来、离园，双休日自己带娃，尽可能地多关心、照顾孩子，体恤一下老人。其实在陪伴孩子的过程中，你也能体会到许多童真和共同成长的快乐。你的孩子，因你们而来到这个世界，在他们成长的最初十年里，需要你的陪伴。待到孩子青春期了，你想再走近，孩子也许已经有了他们自己的世界。

开学前，有位妈妈一早送完孩子后对我说："现在我要陪爸妈去喝茶，他们很辛苦的。"我听了非常高兴。我相信有这样一位体贴的妈妈，将来她培养出来的孩子必定也会是懂得体恤和关爱的。

气温骤降的早晨，早上7点的上班路上，一辆助动车疾驰而过，妈妈和女儿都全副武装，戴着安全头盔。妈妈全神贯注地开着车，女儿坐在车后啃着一块大蛋糕。我顿时心口一紧，迎风而开，孩子坐在车后，尽管有妈妈挡着，但这冷风直灌嘴里，该有多冷啊！更不用说迎面的灰尘，还有万一急刹车带来的安全隐患了。或许是孩子、妈妈都要赶着上学、上班，或许是想让孩子多睡会儿，我想在这繁忙的早晨，很多家庭都会这样，不是在助动车上就是在自备车上给孩子吃完早餐。

看孩子的模样，是小学二年级左右。据我所知，目前小学一般都是早上8点左右进校，午餐时间是中午11:40左右，且上午没有提供点心，下午放学一般都在三四点。所以早餐的重要程度不言而喻。如果早餐的营养不均衡，或者过于简单，如何能支撑孩子一上午4节课的学习生活？

也许有家长会说，"还好，咱幼儿园有点心"。也有些家长认为随便吃点，或者在车上吃些干点心、小零食甚至不吃早饭也行，反正幼儿园有热牛奶。幼儿园的确有"一点两餐"，这是基于2—6岁幼儿的年龄特点和营养需求而设定的。但家长们可曾想过：到小学后怎么办？如果我们在幼儿园没把孩子的早餐习惯培养好，到小学孩子能适应吗？孩子早饭吃不好，到中午11点肚子就饿了，他还能集中精神听课学习吗？孩子良好的身体固然需要锻炼，但是营养保证也是必不可少的。

因此在幼儿阶段，即便上午在园有点心，我们也要注意孩子的早餐。一顿早餐一般要有蛋白质、主食、牛奶或豆浆，最好还要有点粗粮、蔬果；幼儿的早餐品种要丰富，但量可以少点（如香蕉吃一小段即可）。也许还会有家长问："早餐吃多了，到幼儿园还吃得下点心吗？"这又牵涉以下几个问题：孩子几点起床、几点吃早餐、几点上幼儿园。

日本早稻田大学的研究表明：孩子要吃得好，多运动，睡得香，且要形成良好的循环，身体才能健康。如果孩子早晨没精神，晚上就睡不着觉。幼儿的体温在吃了早餐逐步上升，步行15—30分钟后体温会再升高。体温到36.5度左右，人就会有精神，为到园后的运动做好准备。反之，如果晚上体温不降低，早晨又延迟升高，就会早上起不来，晚上睡不着。所以养成早起早睡的习惯很重要，早起后孩子就有充足的时间在家里吃好早餐，在浑身温热的状态下出门。倘若这个习惯没养成，到了初、高中，孩子就会内分泌混乱。

图4-36　运动中的幼儿

因此聪明的爸爸妈妈，如果你们认可这点，就可以自己适当调整一下孩子的起床、早餐和晚上入睡时间。

做父母是需要付出的，这付出不仅是金钱的投入，更要有每天细水长流的付出。比如和孩子交流的亲子时光，还有每天坚持早起，为孩子准备有营养的早餐，送孩子上幼儿园（可能的话多步行）等。去年大班有一位爸爸虽然是公司的老总，但我总能看到他带着孩子步行上幼儿园，然后自己骑共享单车回家，之后再开车上班。他说：每天回家太晚了，没时间和孩子交流，所以宁可自己早起，也要和孩子一起吃早餐，陪孩子走着上幼儿园。这真是一位好爸爸！给大家看一幅画，是的，很像画！我走近

玉米
糯米
黑木耳（馄饨馅）
菜肉大馄饨
虾皮紫菜汤
米仁
肉（馄饨馅）
青菜（馄饨馅）
豆腐干（馄饨馅）
小米
大米

图4-37　营养菜谱

一看：原来是蜻蜓班的皓皓妈妈和孩子一起用彩泥做的菜单。皓皓这周不是生病了吗？又怎么会在班里的？

看到我的疑问，蜻蜓班的小陆老师笑着说："范老师，我们中班值日生工作陆续开始了。皓皓选的是报菜单值日生，这是妈妈和他准备的菜单。你看出中午吃什么菜了吗？""小朋友吃的是菜肉大馄饨（皓皓妈妈和孩子一起把馅料都表达了呢，有青菜、肉、黑木耳、豆腐干）。""那盘子边上都是什么呢？""这是虾皮紫菜。"我恍然大悟。"边上还有什么？""是糯米、玉米、米仁、小米、大米。下午不是吃杂粮粥吗？"原来细心的妈妈悄悄问了老师杂粮粥里有些什么食材。

我不由得被折服了，这么多皓皓能说出来吗？"当然，给你看一段视频！"这是皓皓在周日和妈妈一起制作的菜谱，可没想到周一娃生病了。周二一早妈妈就把孩子拿着餐盘录制"值日生报菜单"的视频发来了，全班小朋友已经看过了，大家都夸皓皓是位有责任心的值日生呢！我不免有点小感动，皓皓妈妈太用心了。

我很好奇，如此用心背后的皓皓妈妈是怎么想的呢？她告诉我：孩子是6月出生，在班上偏小。她看了"学迹365"平台上的菜单，担心皓皓记不住。同时这又是皓皓第一次在园报菜单，想努力支持他。于是用了孩子经常玩的彩泥，和孩子边做边记了整整一上午。尤其是为了让孩子认识馄饨，爸爸妈妈还特地和孩子一起包了次馄饨。妈妈说："没想到孩子念念不忘，看到爷爷奶奶一直在说'爸爸妈妈和我一起包馄饨了'！"

听完皓皓妈妈的话，我突然想起林语堂曾说过幸福有四种，其中一种就是吃父母做的饭菜。是啊，幸福是什么？我也常说幸福就是一家人坐在一起，吃很多次的饭。如今年轻的爸爸妈妈都很忙，可能等他们回家时，孩子已经要洗澡睡觉了，所以由祖辈来接送孩子的情况较多。于是，爸爸妈妈和孩子一起吃饭、聊天、玩耍成了很奢侈的事情。

昨天，我朋友来问我：孩子目前读小班，可在幼儿园午睡一直尿床。他反倒觉得：“现在天冷了，孩子半夜起来尿尿要生病，所以包尿布睡觉更好。”为了不起夜用尿布？我批评了他，一般大多数的小班孩子晚上是不用尿片了。在幼儿园午睡频繁尿床，排除生理原因，家里的“无作为”有很大因素，而其后果是在园午睡时，孩子一尿湿，就得从里到外、从上到下地换衣裤。天一冷孩子不会着凉吗？我顿悟了：“孩子是你自己的，你自己都不愿意来摸摸这孩子尿床的规律，以后这一路上的教育怎么办？教育上有很多事情必须要父母亲力亲为的呀！”

有不少年轻家长认为，只要出钱把孩子送进培训班上课，就能培养出一位“学霸”，认为只须关照好老师，自己就万事大吉了。其实，在教育上钱不是万能的。在集体生活中，老师要面对一个班的20多位孩子，面向全体进行保教是首要任务，自己的孩子父母自己最了解。就像皓皓妈妈，她很了解皓皓的特点，用了孩子喜欢的彩泥，一家三口一起包馄饨，让孩子来切实感知、记忆。皓皓为什么反复提这件事儿呢？恐怕是这温馨的氛围给孩子带来了安全感、舒适感，和睦的家庭、恩爱的父母才是孩子记忆中最美的画面吧！

亲爱的家长，孩子需要的不仅是你出差后带回来的贵重礼物，不是你偶尔带他出去玩一次，不是吃穿住行都是好的。他需要的是寻常时刻的聊天、阳光下的一起奔跑、厨房里看着妈妈做饭、三口之家一起欢笑，需要爸爸妈妈在日常生活中的高质量陪伴！

图4-38 爸爸的陪伴

中班的值日生工作本周全面铺开，我很高兴地发现了很多愿意陪伴孩子的家长。萤火虫班的奕奕爸爸得知孩子是“菜谱管理员”后和孩子一起讨论认识芦笋长什么样，和孩子一起在网上找食物的图片，还把他最喜欢的“功夫熊猫”制成PPT，以帮助其理解，激发娃的播报兴趣。蜻蜓班的元元家长陪孩子共同画了四张菜单上的食物，并且在家反复排练介绍时怎么拿、怎么一张张地介绍给小朋友。

图4-39 和家长一起做的菜谱

　　我看过很多孩子一路的成长，"每一个成功孩子的背后都有着父母的用力托举"。这托举是从小开始的，各位家长，让我们从现在开始、从今天开始，一定不会晚！

　　爱是一餐一食，也是一言一行，更是细水长流的陪伴和付出。

　　爱给孩子无限的滋养。每天坚持早睡早起，带给孩子充满活力的一天，也给孩子树立了自律的榜样。每日的营养早餐，带给孩子健康强壮的身体，也给孩子树立了重视身体健康的榜样。合理安排工作，争取步行接送孩子，带给孩子大运动能力的发展，也给孩子树立了时间管理和体恤长辈的榜样。温馨的亲子互动、托举孩子每一次的"成功"，带给孩子手脑能力的发展和公开展示的自信，也给孩子树立了表达爱的榜样。

　　爱给家长自我的成长。有了一个完全依赖你的小生命，无论是半夜起来喂奶和换尿布，还是准备早餐和接送孩子，都让家长用行动践行了责任；在和孩子互动中，观察到孩子偶尔闪现出的自己的样子，家长才真正感受到了言传身教的意义。看着孩子一天天地长大，细数着孩子一点一滴的变化，这一切的到来也潜移默化地完善了家长的人生经历。

在爱的陪伴和付出中，留下了无数美好的瞬间。一次，我带着孩子完成了"我眼中的苏州河"活动，走到河边时迎来一阵微风。"哇！这些小花真的好美丽动人！"女儿感叹道。我抬起头仔细一看，一朵朵金黄的小雏菊正随着微风摆动，透过小花映入的是河里徐徐驶来的轮船。在和孩子一起烤饼干的过程中，当孩子精心设计的图案呈现出动物轮廓时，孩子会拿起来不停地欣赏，还会邀请其他家庭成员来猜谜，舍不得吃掉一点点"尾巴"或是"耳朵"。参加学校运动会时，作为家长志愿者负责拍照，隔着镜头我都能感受到孩子冲着镜头做鬼脸时的快乐。孩子的每一个笑容、每一次尝试和每一次欢呼一起奏响了生活的幸福乐章。

如果你说工作太忙没时间，加强时间管理也许是个好办法。幼儿园最早7:50可以进园，8点从幼儿园出发去工作，正常情况下应该都能准时上班。制作营养的早餐需要早起半小时，那就试着前一天早半小时放下手机休息。如果亲子互动时间太长，可以将目标分解到独立的小块时间来完成。比如女儿参加亲子执勤时，希望送全班25个小朋友每人一个折纸，我们分成5天完成，每天制作5个，两人一起参与，每天20分钟就足够了。

如果你想陪伴却没有耐心或方法，可以尝试通过家庭成员分工合作来实践。脾气比较着急的家长做起饭菜来也会更快，营养美味的早餐就有了保障；方法有待改进的家长，可以更多地承担家园互动的工作，在了解孩子情况的同时也逐渐提升了教育水平；临时有件事情需要处理，那就主动告诉其他家庭成员自己需要多长时间做什么事，并请求其他家庭成员的帮助，而被需要的家庭成员往往也都能出色地完成任务。这分工合作的过程也让孩子从中开始理解家庭的意义。

家长的陪伴和付出于孩子就如春雨浇灌幼苗一般，让孩子茁壮成长。这一餐一食、一言一行于父母又何尝不是美好的幸福时光呢。在这细水长流的陪伴和付出中，孩子和我们都将成为更好的自己。

（家长　王龙）

78

突破局限，
和孩子一起成长

离园时，我例行做安全巡视，看见蚂蚁班的二毛妈妈带着大毛"大包小包"地走进来。班主任小周老师告诉我：前几天二毛妈妈买了20条蚕宝宝，结果商家送来差不多50条，她就在辣妈群里问哪个小朋友想养，结果有8位小朋友需要，于是就分了8盒，请二毛带到班级。看到小小的蚕宝宝，其他"小蚂蚁"左看右看，又好奇又羡慕……于是就有了今天每人一盒蚕宝宝、一大袋桑叶的"大放送"。

看到这一幕，我觉得自己心底一块儿柔软的地方被轻轻触动了，但二毛妈妈却说："我想来想去，觉得是我没想周到，没拿到蚕宝宝的小朋友会很失落的。"多好的家长啊，一件很普通、微小的事，二毛妈妈却能为全班孩子考虑到，并马上付诸行动。听闻昨天"小蚂蚁"的家长们为此都很感动呢！

我一直以为幼儿教育是一份"真善美"的事业，善良有爱是我们教育者的职业操守。这是因为孩子是弱小的，而我们成人是强势、权威的，强势的我们

图4-40　蚕宝宝"大丰收"

如何去关注到弱小儿童的感受、情绪，呵护好他们幼小的心灵，这是我们育人者需要不断提醒自己的。今天，二毛妈妈给我们做了很好的示范，"老吾老以及人之老，幼吾幼以及人之幼"，东展幼儿园的大家庭就是如此有爱！

在二毛妈妈分发蚕宝宝的时候，许多孩子两眼放光地看着蚕宝宝，也有个别孩子微微有些胆怯。个别小朋友说："我不要，我害怕，我妈妈也害怕！"果然害怕的不仅有妈妈，连我们年轻老师中也有害怕的。最近中、大班中养蚕的孩子不少，有个别老师实在难以接受："我从来没养过，不知道怎么做。""蚕结茧时有点恶心。"果然每个人关于蚕宝宝的经验和感受都是不同的。

于是，我问老师："如果你害怕，那班上倘若有孩子带蚕宝宝来了，可小朋友们又很喜欢，你怎么办？"我问妈妈："如果你害怕、不喜欢，可你的孩子对蚕宝宝却很好奇，你怎么办？"你到底是让孩子观察、饲养，还是将孩子的好奇直接一棍打死？或者因为你害怕的暗示，让孩子从小就对蚕宝宝产生一种莫名的恐惧？

老师和家长一直很重视对幼儿初步逻辑思维能力的培养，也常常会认为培养逻辑思维能力就是做数学、做加减，却不知逻辑思维能力是指正确、合理的思考能力，即能对事物进行观察、比较、分析、综合、抽象、概括、判断、推理，采用科学的逻辑方法，准确、有条理地表达自己思维过程的能力。逻辑思维能力不仅对以后的学习有好处，也是有效应对、处理日常生活问题的基础。

观察、饲养小蝌蚪、小乌龟、蚕宝宝以及种植小植物就是培养孩子逻辑思维能力

图4-41　春天里的油菜花

的一个很好的机会。在幼儿的日常生活中，有许多幼儿能接触到各种大自然的事物。我们完全可以和孩子一起经历生活，观察、饲养、培育、发现，并做好记录。这样孩子们获得的经验就是具体的，而非说教的；是他自己感悟的，而非成人灌输的。你可以让孩子用画画、拍照甚至语言描述的方式将它记录下来。当大班老师讲到"轮回"时，有这样具体观察、感知经验的孩子就能有具体的表象，也更容易理解。到小学后你就不必担心写不出作文了吧！

春天到了，万物复苏，桃花、油菜花都开了。前一阵子我和朋友一起走入田园，竟然发现原来油菜花不仅仅有黄色的，还有橘色的、紫色的、粉色的、白色的……我虽年过半百，竟然还能发现生活的趣味。那对未经世事的孩子来说，生活中怎会缺少丰富有趣的事物呢！

在生活中，我们每个人都有自己的喜好，也有自己的"弱项"。比如：你喜欢绘画，可孩子偏偏爱好音乐；你偏好运动，可孩子却喜欢安静；可能你特别爱干净，可孩子却一直喜欢在泥土里翻找蚯蚓；也许你从小是学霸，可孩子偏偏喜欢动手，想做工匠……我有位朋友，夫妻俩出身于牙医世家，都是出色的牙医。可到高中时，他们的儿子突然提出喜欢音乐。夫妻两人一心想培养他传承家业，没想到孩子因为从小弹钢琴，提出要考音乐学院。反复纠结后，他们终于同意了孩子的选择。果然他们的儿子在音乐方面是有天赋的，如今他很庆幸找到了自己喜欢的事业。

孩子尽管是父母生的，但他可能会有异于父母的天赋和兴趣。生活中我们千万不要因为自己的害怕，无意中让孩子失去了一个学习、观察的机会，也千万不要用自己的喜好来代替孩子的选择。尤其在童年期，我们应该让孩子在生活中全面地感知、观察、发现、探索，而不是我们以为的知识学习。至少在孩子们学完英语以后，可以让他们有时间去种植、奔跑、与同伴嬉戏，而不是让课外培训班全覆盖地排满他们的生活。

有句话是这样说的："幸福的人用童年来治愈一生，不幸的人用一生来治愈童年。"让孩子们在生活中顺天性地发展，而我们则是顺天性而教、循规律而育，我所理解的"快乐而有意义的童年"大抵就是这样的吧！

有一个小故事，讲的是两个砍柴的农夫在挑柴回家的路上觉得累了，就在中途休息一下。其间一位农夫突发奇想，就问同伴："你说这皇帝每天会用什么挑柴?"另一个人回答:"肯定是用金扁担。"

这个故事用一个略显荒诞夸张的方式,向我们展现了人的思维局限。每个人都有局限性,局限在所处的时代环境和实践体会之中,局限在自我认知和价值观之中。在实际生活中,我们自身的局限往往是不易察觉的,反而被我们理所当然地接受。

作为家长,要注意自己生活习惯的局限性。比如有的父母不喜欢宠物或太喜欢宠物,就会在家庭里禁止或鼓励养宠物,便会忽视孩子对宠物的拒斥或喜爱。有的父母在饮食上有长期的偏好,会影响孩子对某种食物的喜爱或拒斥,导致家庭饮食结构不良,忽视了孩子的营养均衡。

作为家长,要注意自己情绪的局限性。人都会有万千种情绪,作为家长,一方面要真诚地接受自己的情绪流露,另一方面也要注意在孩子面前坚持理性的情绪表达。因为孩子的情感世界是有多重发展可能的,所以家长片面的情绪倾向会对孩子的情感发展产生影响。比如有的父母在驾车过程中对加塞车辆经常表达愤怒,这就会影响孩子对此类行为的情绪表达方式。孩子在与同伴相处时,如果发生此类情况,就容易情绪化。

作为家长,要注意自己教育观的局限性。在家族、朋友、同事之间,往往会以孩子的成绩好坏作为评判孩子是否优秀的标准。成绩较差的孩子的父母,时常会觉得自己在亲朋好友当中"抬不起头来",便把这一信息传递给孩子,以达到激励的目的。但是长此以往,这些孩子可能会因此产生自卑心理,甚至失去自我价值的认知以及对生活的热爱。

除此之外,家长还要注意自己的专业、职业、常识、经历,甚至原生家庭给自己带来的局限性,以尽可能宽广的心态、尽可能理性的视角、尽可能开放的思维,为孩子创造完整的环境。

孩子之所以充满希望,就是因为他的未来有着非常多的可能性。作为家长,我们不能让自身的局限成为束缚孩子成长的枷锁。社会在不断地发展,个人的局限性是不可避免的。抚养下一代,则给了我们又一次突破自我局限的机会。对我们而言,要做的就是去拥抱这个机会,和孩子一起成长,一起去体验、热爱、感受这个世界的所有美好。

(家长　顾雯俊)

主动了解幼儿在园生活

　　走进蝴蝶班，一早的区域活动快结束了，孩子们都在陆续整理玩具。突然看见这短发的小女孩一手拿着保鲜膜卷，一手拉开保鲜膜，把保鲜膜盖在装满鸡毛菜的纸盘上。她熟练的手势顿时吸引了我，于是就有了这张照片。

　　"你在家里做过吗？"中班孩子有如此娴熟的手法，我很好奇。"没有！"小姑娘摇摇头。"是啊，听小潘妈妈说，她在家里没做过。前几天为了能到这个蔬菜区玩，她催着妈妈要早点上幼儿园呢！"一旁的班主任姚老师对我说。这个蔬菜区是我们蝴蝶班的姚老师、陆老师针对本班吃饭方面存在的问题精心设计的，目前区域活动中创设的主题是"好吃的蔬菜"。每天，老师提供当天孩子们午餐要吃的蔬菜——鸡毛菜、茄子、土豆、青椒、青菜、豆芽等，让孩子们逐一认识，摘菜、切菜、装盘，再带回家和爸爸妈妈一同烹制、品尝。在小朋友积极动手参与的过程中，让他们知道各种蔬菜原来的样子，从而认识、了解不同的蔬菜，以及初步知道它们所蕴含的营养，鼓励他们在和父母共同烹饪的过程中多吃蔬菜。

　　在日常生活中，经常会有家长问我："范老师，为什么回家后我问孩子在

图4-42　家务小能手

幼儿园学了什么，他都不说呢？"对于这个问题，我想告诉家长：每个孩子的气质类型、个性都是不一样的，有的孩子善于表达，有的孩子比较内敛。即使是同一个妈妈生的两个孩子，他们的个性也不尽相同。其次就看你怎么问这个问题——"你在幼儿园学了什么"，这对幼儿来说比较难以回答。因为在幼儿园，游戏活动是孩子们主要的感知学习方式。老师都会和孩子们说"咱们一起来玩"，而很少用"我们来学什么"。幼儿园的学习方式和小学是不同的，小学比较多的是班级授课制，每节课讲一个或几个知识点。幼儿园老师则是通过创设丰富的环境，如蝴蝶班的"好吃的蔬菜"主题，让每个孩子去动手尝试、体验，然后再做集体讨论交流。因此，每天活动区里的摘菜、切菜、装盘，对孩子们来说都是玩，其实这也就是幼儿的学习。所以，东展幼儿园主张"顺天性而教"，课程的内容是以幼儿的年龄特点和认知规律为依据，用环境的创设和活动的组织实施来呈现的。这对孩子来说就是玩，而不是我们成人传统意义上认为的知识学习。

所以，聪明的家长会来主动了解关心学校、班级里的孩子们最近在玩什么，了解了就会有话题。当天晚上我收到了姚老师发给我的照片——小潘和爸爸妈妈在家里一起炒鸡毛菜。这真是聪明的爸爸妈妈，在生活中不断丰富充实孩子的生活经验，这就是在和孩子共同学习呀！

在托班，当请每位孩子带一个苹果来园时，家长就能知道我们现在的主题是"苹果"，就可以从"苹果"切入这个话题。"班上小朋友都带了什么？和你带的苹果一样吗？"苹果的颜色、大小、种类，你都可以和孩子们聊。前几天，蝴蝶班萌萌小朋友的爸爸一早送孩子来园，看到操场上放着很多运动器具，他就把每个区域都拍下来，然后细心地问我这些区域怎么玩，回家以后就直接和女儿聊开了："这是怎么玩的？这叫什么区域？那个地方你去玩过吗……"第二天萌萌爸爸很高兴地告诉我，他和女儿的话题顿时丰富了起来，他还准备请假来做混龄体育大活动的志愿者呢！这位爸爸悟性很高，他能够主动走进孩子的生活，和孩子们聊共同的话题，经历共同的世界，这样就能形成良好的亲子互动，而这亲子间的沟通无疑将更好地促进孩子的发展。

主动了解幼儿在园课程，是家园互动的一项重要内容。东展幼儿园用了20年时间，打造了一套涵盖事前、事中、事后全过程，线上与线下相结合的家园合作体系，为指导、帮助家长了解幼儿在园课程，深化家园合作提供了可操作、可复制、可推广的有益经验。一是事前有计划。每学期，幼儿园召开园级、班级家长会，告知家长重点教学计划，并就热点话题和家长进行充分讨论，听取意见建议；每周，"学迹365"平台都会发布周教学计划，提前让家长知晓课程内容。二是事中重参与。全园春季运动会，中、大班混龄体育大活动，以及托、小班"小巧手"主题活动，邀请家长志愿者全程参与，为家长走进幼儿园、零距离了解幼儿每日生活、亲身参与幼儿课程提供了广泛机会。三是事后必反馈。每天，家长可通过"学迹365"平台了解幼儿在园课程学习概况，在班级圈里和教师、其他家长进行线上互动；每学期末，教师和家长共同评估幼儿在园和在家表现，形成幼儿在园情况表；针对每一名幼儿在园情况，教师不定期和家长一对一面谈，交换意见，共商对策。有托班家长反映，得知幼儿园"激趣健体"活动正组织孩子体验球类属性后，他们主动创设环境，通过设计各种花样来和孩子玩球类游戏。孩子仅用了一个多星期的时间，就从对球类兴趣一般发展到可以双手接拍球，同时还对单手连续拍球产生了浓厚兴趣。还有家长借当天幼儿园玩"斜坡抓老鼠"游戏的机会，和孩子一起开发了"斜坡滚球"的游戏，既找到了提升孩子手眼协调能力的有趣又有效的方法，又拓展了居家多人游戏的内容，真正做到了寓教于乐，把在园课程延伸到了家庭中，在亲子互动中培育了孩子玩耍学习的兴趣和能力。

幼儿园为家长了解幼儿在园课程搭建了平台。家长在园方引导下，仍有较大自主空间，在诸如主动观察、独立思考、创设情境、提升亲子互动技巧等方面，花心思，想妙招，找到最符合幼儿兴趣、最贴合幼儿当前发展水平的操作方法，写好家园合作"后半篇文章"。这是一个互相促进、互相学习的过程，包括但不限于这些方面。

1. 让孩子讲述幼儿园里的事，可能取决于问题怎么问，也可能取决于游戏怎么玩

我们希望孩子用语言来表达一切，因为这是我们的主要沟通方式。然而，语言并不是孩子的表达方式，而是游戏。因此，假如我们不和他们玩，而坚持要他们说，那么沟通的效果将极其有限。假如我们去玩，尤其是按照他们的方式玩，那么孩子将向我们展示意想不到的感受和想法；如果我们足够耐心，孩子最终会用语言来与我们沟通。

有家长告诉老师，问孩子今天在幼儿园里玩了什么，孩子没有回答。但是，

家长创设了与幼儿园相似的游戏场景，和孩子一起玩，当孩子发出欢乐的笑声时，家长适时地提出某一具体方面的问题，孩子就变得更乐于回答了。

2. 给孩子一些事情去做，不是给他们一些东西去学

美国教育家杜威认为，教育中成功的教学方法，就是给孩子找些事情做。如果今天幼儿园里开展了"好吃的蔬菜"主题活动，家长不妨在放学接孩子回家的路上对孩子说："我们今天回家一起玩'过家家'吧。我们做小小厨师，给爷爷和奶奶烧碗鸡毛菜吧！"也许孩子会很兴奋地告诉大人，今天幼儿园里就和老师一起摘了好多蔬菜呢！

3. 发挥父母语言在提升幼儿思维认知中的重要作用，孩子将因此长期受益

在和幼儿游戏互动时，父母可以尝试着调整语言表达，用言传身教的方式让孩子慢慢学会更受人欢迎、更得体合适的回应方式。不少家长向老师反馈，自己表扬孩子的良好行为时，针对某一具体行为进行评论。和孩子愉快玩耍、共同游戏时，大人不妨微调语言表达，久而久之，幼儿也可以学会，这将让他们长期受益。

父母在给出赞赏的反馈时，如果能将自己从权威的位置上降下来，给予孩子回应，那效果就会好很多。比如，可以把"你画的画很好/你讲的故事很棒/你刚才的分享行为很好"变成描述自己感受的语言，"我很喜欢你的画，画的构图很美/我很喜欢听你讲故事/你刚才给弟弟分享玩具，弟弟很开心"，这样的语言就不再是评价，而是个人的感受，仅代表个人。这样父母就成了一个平等的反馈者，有利于孩子自我独立。

（家长　佟巍巍）

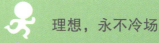
关注孩子的表现，正视存在的问题

在"不忘初心、牢记使命"主题教育中，东展幼支部和复旦大学附属儿科医院儿保科开展了"新眼欣见"家长团体培训课程。此课程旨在促进积极健康的亲子关系，改善家庭氛围，帮助家长正确理解儿童的行为，掌握儿童行为管理的基本策略和技巧，帮助家庭建立常规，为未来做准备。我园中、大班共有20多位家长于每周四参加了这个课程的培训，我支部所有党员都参加学习，同时有许多老师自愿在下班后来总园旁听。

课程内容涉及如何看懂孩子的行为、怎样说话孩子才会听、孩子好的行为怎样越来越多、特殊时刻的家长情绪管理等。应该说，每一讲的方法和策略都

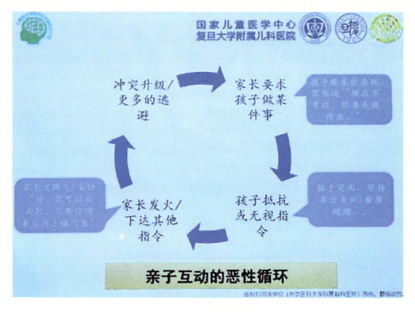

图4-43　讲座内容分享

十分实用，虽然对我来说这些方法并不陌生，但对家长来说却是提出了一定的要求。我们有不少家长十分认真，回去按照医生所讲，每天和孩子进行亲子间的有效互动，并能在每次讲座前进行分享。更有聪明的家长能把握住机会，在培训后拉着医生进行咨询。在实践中，老师们已经发现这些家长的孩子注意力稳定性提高了，也取得了一定进步。

当每个孩子即将出生的时候，作为父母我们都希望他是健康的。当孩子出生后，我相信每个孩子都是父母眼中的"天使"，大多数家长都认为自己的孩子是很聪明的。父母的心理自然可以理解，但当孩子入园后，老师面对的就不是1个孩子，而是全班20多位小朋友。

我朋友的孩子是小班的年龄，作为老师我发现她语言还可以，动作方面有待提高。这娃入园2个月后，班主任就约谈我朋友，说孩子在日常生活的流程中存在一个问题：如小朋友都去玩角色游戏了，她独自坐在一边，即便老师鼓励了也不去；离园前要放玩具，她也迟迟不动。这样的评价，我着实大吃一惊，惊叹我作为一个有经验的老师竟然也没发现。

我知道朋友的工作节奏很快，经常一出差就是一周。在和她细致交流后，才知道这娃在家里几乎都是保姆带的，平时很多事都由保姆包办，日常生活和保姆几乎不分开。朋友即便不出差，每天回家也已经很晚了，很多时候孩子入睡了。孩子和妈妈每天的互动时间太少了，儿科医院的医生建议家长应该和孩子建立亲密的玩伴关系，每天的有效互动时间最好在两小时。显然，在这一点上朋友是欠缺的。

细细想来，儿童的有些行为的确是我们粗浅接触后难以发现的。当孩子进入幼儿园后，他们要在集体生活中面对等待，自己独立选择，学会尝试自理。对在家里一直被父母和保姆宝贝着、包办惯了的孩子来说，是会产生家庭中所看不到的状况。孩子从最初入园的适应集体到逐步学习遵守集体生活的规则，继而慢慢学会与他人和睦相处，再到中、大班开始尝试与人合作，并从中体验相互关爱与协作的快乐。

所以，智慧的家长能够倾听教师反馈孩子在集体生活中的情况，能够正视他身上存在的问题。幼儿期可能会遇到哪些状况呢？通常会出现注意力不稳定，类似于感统失调等状况，目前我几乎能在每个班上都看到一两名这样的孩子。老师们认为这些并不可怕，时代高速发展，工作节奏加快，生活压力加大；许多妈妈育儿时间后延，剖宫产较多；许多孩子出生后没有爬过，直接走，或者在出生的前两年很少接触人，这都是造成感统失调的原因。

我们必须在幼儿期认真给予关注。当老师发现后，要在合适的时候带孩子去儿保科咨询，做适当训练，同时增加和孩子日常相处的有效时间很有必要。5年前，对于我园的某位孩子，老师曾反复建议家长及早认识、干预，可惜的是家长没有上心。如今他妈妈告诉我：这次孩子被确诊为阅读障碍症，在学业上的确存在困难，真是追悔莫及。我很痛心：她真的错过了幼儿园最佳的干预期啊！

之前我和在国外读大学的女儿视频时，她告诉我学校里有一位中国籍同学发了一条朋友圈："尽管我反复纠结，但我还是不得不告诉大家——我刚被医生确诊为重度抑郁。"这个消息太让我震惊了。4年前，从上海出发赴美时，她是个胖胖的、阳光的女孩啊！孩子的妈妈我也认识，为了孩子飞到美国去陪读，全心全意照顾孩子的起居生活。当女儿被确诊患了抑郁症后，妈妈只是嘱咐孩子：你要乐观点、开心些！当孩子说她实在撑不下去了，要放弃这学期所有的科目的时候，妈妈说："还有一个星期就考试了，再坚持一下就会好的！"孩子已经病了，家长却依然不以为意，这不能不说是一种悲哀——家长在认知上的缺失。女儿告诉我，在国外，寻求心理疏导、因心理疾病去就医是很平常的事情。当孩子存在一定的障碍时，医生甚至会将诊断发给学校的老师，让老师知道这孩子和别人不同。如别人考试规定1.5小时，而必须给这个孩子3个小时。甚至是坐轮椅的孩子，学校也会在消防逃生演练时为他单独制定一个方案，老师、家长、学生也是毫不忌讳的。

当然目前，可能我们许多人的认知尚没有达到如此高度。因此在东展幼儿园，率先尝试开展这方面的家长课程，在幼儿期就帮助家长做好面对未来的准备。我们十分强调孩子的运动，拍球、跳绳是我园幼儿毕业的必备技能。我想这不仅仅是运动和体能，更多的还是促进儿童手眼协调、动作协调、注意力稳定的发展。

作为父母，我们都要有面对孩子不够完美的勇气，都要正视孩子可能在某方面的不尽如人意。只有用理性客观的眼光和采用科学有效的策略，才能更好地为孩子未来发展做好奠基。

为人父母，孩子的健康成长是我们的共同目标。然而大多数父母并非教育专业科班出身，即便是有了二孩、三孩，也很难掌握正确、全面、系统的教育方法和经验。作为家长，我们对孩子的认知更多来自日常生活中的"在一起"。范园长笔下的"出差一整周""8点半到家"等句子，反映了一线城市的快节奏工作限制了家长与孩子之间亲密陪伴式的相处时间。因此，关注孩子在父母视线之外的吃、睡、说、学、玩等行为举止尤其重要。

　　及时获取老师对孩子在园期间的反馈，可以在最大程度上弥补家长工作日陪伴的缺失。除了获知孩子的生活日常，老师的反馈更为家长提供了不同的观察视角，有助于形成对孩子全面客观的认知。在家庭生活中，家长对孩子的认知更多源于对自己孩子作为单一样本的个体观察，且多数情况下孩子处于熟人环境中。由于个人的主观色彩，家长难以形成对孩子的全面认知。在幼儿园生活中，两位老师面对一个班的孩子，可以通过横向比较观察到不同孩子在群体生活中表现出的特质，甚至可以参照各自的教学经验与往届生进行对比，样本更大，评价更为客观，通过第三方视角对家长的认知构成进行补充。我们身边不乏这样的例子：孩子在家讲起故事来滔滔不绝，然而一到公众场合就变得金口难开；也有不少家长感觉孩子特别听老师的话，对自己说的就不太认真，甚至还会顶嘴。如此在家与在园表现反差，凸显了及时向老师获取反馈的必要性。家长们要尽量利用到园接送、参加在园集体活动的机会，多去孩子的班级走一走，多看老师与自己孩子交流的语气、语言甚至是语态，知悉孩子成长的方方面面。

　　认真听取老师对孩子成长发展的意见，全面认识自己的孩子，真正接受一切对孩子的客观评价，特别是接受孩子的不完美，这一点对于孩子尚处幼儿园阶段的家长而言尤为重要。进入小学后，家长可以通过各科考试测评了解孩子的优势与不足，设计有针对性的学习计划。在相对缺少量化指标的幼儿园阶段而言，家长们善于通过孩子的点滴进步发掘闪光点，却也容易陷入"我家孩子什么都好"的误区。对于老师们通过在园观察提出的中肯意见，切不可以"孩子还小，长大了自然就好了"的态度选择性忽略，这种掩耳盗铃式的做法不仅无益于孩子成长，且对诸如文中提及的为阅读障碍症等特殊病症所困的这类孩子而言，往往会使其错过最佳干预阶段，导致终身遗憾。因此，把老师说的话真正听进心里，全面地认识孩子并对症下药，方能把各种负面因素扼杀在萌芽状态，为孩子的成长保驾护航。

（家长　丁佐成）

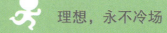

主动融入孩子的童话生活

总园的环保主题大活动开始了，其中"小动物乐园"主题区里的仓鼠、螃蟹、小蝌蚪、蚕宝宝、蜗牛吸引了很多师生的目光。

周二一早，皓皓妈妈突然发现家里的沙发上有条蚕宝宝，是孩子不小心将蚕宝宝粘在衣服上带回家了。于是，皓皓妈妈特地和孩子一起折了一个正方形的小纸盒，并嘱咐皓皓将蚕宝宝放在小纸盒里。说完妈妈就赶着去上班了。

可是，计划总不如变化快。皓皓跟着爸爸到园时，蚕宝宝却不见了。下午妈妈来接时，有些"小生气"。

皓皓妈妈问："蚕宝宝怎么会不见了？"

皓皓说："被风吹走了。"

我在一旁听了暗想：皓皓爸爸一般是开车送娃的，怎么会被风吹走了呢？

皓皓似乎很了解我的心思，说："是放在爸爸的电瓶车上的呀！"

皓皓妈妈说："爸爸今天开电瓶车的吗？"

皓皓说："对，爸爸到车库去拿车时开的。蚕宝宝放在踏板上，然后就被风吹走了。"

"爸爸不好，他不去捡！"皓皓回答。

我说："爸爸开着电瓶车，蚕宝宝被风吹走了，如果一下子停下车来，后面的车可能会撞上来，不安全。而且爸爸肯定要赶着上班，不能迟到的。"（我赶紧为爸爸说话，要树立父母的正面形象，以后家长对孩子说话才会有分量）

"那你觉得怎么才能更安全地把蚕宝宝带到幼儿园呢？"我追问。

"给它装个安全座椅呀，这样就不会被风吹走了！"皓皓说完，大伙儿都不禁笑了。

"装个安全座椅？爸爸车上不是已——"皓皓妈妈话说了一半，我赶紧拉拉她，提示她不要着急。

"是在电瓶车上装呀！"皓皓说。

"可我的电瓶车上已经有你的安全座椅了，蚕宝宝可没地方再装一个啦！"皓皓妈妈说。

"装后面呀，给蚕宝宝装个小点的！"皓皓说。

原来，孩子是这么想的啊！皓皓妈妈和我恍然大悟。"不过好像——还没有适合蚕宝宝这么小的安全座椅吧。"

"那我们就不开车，带好蚕宝宝走着上幼儿园！"皓皓反应蛮快的。

"这主意不错，从家里走到幼儿园要走很久吧？"我说。

"那还是开车吧，我给蚕宝宝折一个正方形。"皓皓说。

"正方形的什么？"皓皓妈妈问。

"盒子呀，上面有盖子。"皓皓说。

"好主意，这样就不会被风吹走了。"我说。

"现在盒子有了，那蚕宝宝呢？"我继续问。皓皓妈妈悄悄告诉我，皓皓爸爸已经在购物网站上买好了。

"那我们再回去找呀！"孩子的回答再次颠覆我们的想法。

于是，当天离园后，皓皓妈妈带着皓皓直奔现场。皓皓认真回忆着走过的路："奇怪，怎么没有了？明明掉在这里的呀！"草地、路边、车底下都没找到。皓皓各种猜测："蚕宝宝会不会被小蚂蚁吃掉了？""小纸盒会不会被扫地阿姨扫走了？我们去垃圾桶里找找吧！""会不会掉到'大嘴巴怪'（窨井盖）里了？"十多分钟后，皓皓丧气而归。

皓皓的蚕宝宝最终回幼儿园了吗？他又是用什么办法带回来的呢？怀着同样的好奇，我们一起等待下一个"惊喜"。

给孩子最好的礼物不仅可以是物质的，还可以是精神上的，比如陪伴、倾听、放手，让孩子有自己去调整的机会。虽然我知道这很难，但咱们都可以去尝试一下！

孩子是有想法的，我们都需要耐心倾听。在和皓皓的交流中，关于如何将蚕宝宝安全带回园的讨论完全超出我们的预料。当我们鼓励孩子大胆表达自己想法时，成人需要做的是极其耐心地倾听，并一直以开放的心态去悦纳孩子不同的想法。这时你的引导才能谈得上适时，所产生的交流才能真正走进孩子的心里，这样才能和孩子产生有效、高质量的互动。

我们要让孩子经历真实、丰富的生活。当成人认为只要在购物网站上买蚕宝宝就能解决问题时，孩子的认知和我们完全不同，他的想法是"再回去找一找"。在找的过程中我们才会发现，原来孩子会认为"丢了的东西还会在原地"。皓皓妈妈明知寻找会无果，但她依然要陪着孩子走一回。成人不需要急切地去告诉幼儿答案，也不必急于去否定幼儿的想法，而是要给予孩子充分的时间、空间，去按照他们的想法寻找、发现、尝试，促进孩子的自我思考与调整。

教育不应该归于模式化和固定化，学生不是生产流水线上的"产品"，要教给孩子批判性思维。我们培养的儿童应该是有自己的想法，并乐于提问、质疑和接受挑战的。所以，别说幼儿园的娃娃还小，在人生的启蒙阶段，我们应该允许孩子脑洞多多，允许他们有天马行空的想法，允许有异想天开的尝试。成人所要做的就是放下控制与指挥、不要急切地帮助和替代，耐心陪着孩子去经历，哪怕这经历对孩子是不那么顺利、不是那么如意的，但那终究是孩子自己的经历与感受。

（家长　姚安艺）

82

孩子在哪里，幼儿园就在哪里

尊敬的家长们：

你们好！从2022年3月12日停止入园以来，你们和孩子们都还好吗？

我在小区里散步时，意外发现小区里竟然还有健身步道，赶紧俯身细看步道上的小动物是不是真的。一抬头，白玉兰已然开放。也许是因为我们平时都工作繁忙，早出晚归，从来没有关心过周围的一切。当我们放慢节奏、缓下脚步，生活里就会有不一样的惊喜。

所以，我想和家长们分享的第一点就是：随遇而安。当我们无法阻挡"大势"时，与其抱怨，不如顺势而为。孩子就在我们身边，我们不妨将这段时间看作是和孩子在一起的亲子好时光。有的妈妈也许会觉得自己每天很忙啊，如要忙娃的一日三餐，要打扫卫生。那范老师建议带着孩子一起干。中、大班孩子有一定的动手能力了，可以帮助一起做家务，比如剥蚕豆、拣草头。大班孩子在学校学过用扫帚扫地，在家里可以让娃继续做。对于托、小班的孩子，可

图4-44 勤做家务的东展娃

以让他们学着卷袜子。生活中还有很多事情，如打蛋、洗碗、用夹子晾袜子，这些可以让小朋友去尝试。家里有二宝的，还能让大宝去照顾呢。

第二，要保证正常的作息时间和一定的运动量。对幼儿来说，最需要培养的就是好习惯。每天定时起床，如果可以到户外的话，还是要去接触新鲜空气，在充沛的阳光下做做运动。春季正是孩子长身体的时候，作为"激趣健体"的东展娃，运动更是助推小朋友身体健康成长的重要一环。只有充分地运动了，孩子们才能胃口好、睡眠质量高。同时要保证孩子的午睡时间，因为充足的午睡是其身体发育的重要需求，也有利于儿童大脑、骨骼、身体各器官的发育和生长。

第三，可以借助学校课程和班主任老师的力量。当在家里觉得娃闲不下来时，可以下载"东展宅家乐"线上微活动，和娃一起看。2020年，东展幼儿园的老师从无到有，联手开发了2020版"东展宅家乐"，在2021年又继续做了不少线上微活动。这套微活动好在哪里？它是东展幼儿园特有的课程，充分体现了"东展"特色。如在小年龄段的"好玩的球"活动中，老师将我园如何引导孩子们玩球的序列呈现了出来。要知道这可是我们的"独家秘籍"啊，而且是免费提供给家长使用的！如果不好好下载、使用、学习，那不是浪费了这独有的教育资源吗？对于幼小衔接微活动，有心的大班家长就能带着孩子一起云游，了解幼儿园和小学的不一样。我们的2022版"东展宅家乐"已经升级了不少内容，涵盖了幼儿生活、运动、学习、游戏四大板块，可以成为您首选的优质资源。

我们的老师在班级圈和家长互动时各展所长，有和孩子对比种植的荷兰豆的长势，引导孩子去测量的；有观察家里饲养的小植物、小动物的；有云上教娃自制哑铃并一起做哑铃操的；有带着孩子剪纸、折纸的（折花、飞机、小桌椅、郁金香）；还有大班孩子分享宅家心情故事；有发挥孩子想象力，用树叶、花朵、树枝来为小可爱做发型的；有指导小朋友给家长讲新闻的……老师的点子多，家长、孩子们跟得紧，创意无限，为你们点赞！

有的家长很聪明，当孩子不愿意睡午觉时，他们会求助班主任。两位班主任一发话，孩子就乖乖躺床上了，一会儿就睡着了。月亮班尧尧的爸爸妈妈最近都宅家，尧尧天天嚷着幼儿园的大班运动会没有了，怎么办？班主任张蕾老师出了个好主意，可以开一个家庭亲子运动会——三个人加上爷爷奶奶一起来跳绳吧！于是全家总动员，尧尧会跳绳，他表扬了爷爷跳绳有进步。可爸爸的花式跳绳瞬间惊呆了尧尧，妈妈赶紧趁热打铁："咱跳绳还要一起努力，我们还要一起多跳跳。"

2023年的1月16日，户外降至冰点，虽然有太阳，但风还是有点大。大家都还好吗？

一路走来，我们都付出了很多。回头思量，我最近有几点感受。

图4-45 将幼儿园的折纸活动融入生活

首先要心存敬畏。一直以来，生活在和平年代，我们常常会以为一切都是理所当然的。这么多年来经济高速发展，科技日新月异，国泰民安、盛世太平。可病毒到来，我们严防死守也躲不过。原来，在大自然面前我们是如此渺小。无所不能的人类也有畏惧的时候，未来我们可能会不得不面对更多的不确定和风险。因此，要心存敬畏。

其次要培养劳动能力。当我们必须宅家，钟点工或者保姆、外卖骑手都没有了的时候，很多年轻父母都焦头烂额，束手无策。当我们要独自带娃、打扫房间、填饱一家人肚子的时候，年轻父母能够独当一面吗？

以前听长辈说：有个会烧饭的妈妈，孩子是有福气的。在家做饭，就能保证食材的卫生和健康，给孩子解馋，还能和孩子一起准备食材，一家人其乐融融地吃饭时，就是家里最温暖的时刻。所以演员黄磊也曾说过："幸福是爸爸手中的大勺，是孩子碗里的饭菜。"当孩子长大后回忆起来家是什么，那他们可能会想到家是妈妈亲手裹的汤团，家是厨房里爸爸炖的鲜香鸡汤。尤其当老人住院时，子女亲手炖出的一锅锅营养汤，就是我们反哺父母的心意。这几年，我们懂得了一日三餐、一粥一饭、一汤一菜、一茶一水就是人间烟火，明白了"父母俱存，兄弟无故"就是寻常幸福。

在这一个月里，我们陆续都生病了，孩子的眼睛里看到了什么？这就是教育引导孩子的最好时机。图4-46是我们中班一位小朋友的绘画作品，画里有三个人，是小朋友的外公、外婆、妈妈和自己。由于孩子的外公生病住院了，孩子的妈妈、外婆忙着送外公入院、陪护、手术。分身无术的妈妈和孩子说了外公的情况，中班娃是能懂的，他哭着说想去看外公，也开始接受妈妈外出不能陪他。这幅画表达的意思就是："草地上有很多美丽的花，这一天，我走在前面带着外公出院回家，外公手上还拿着汗巾给我擦汗（这是孩子平时的生活经验）。天气真好，在下宝石雨，多漂亮呀。"外

图4-46　送给外公的画

公快出院了，他还和妈妈商量要去外公家布置一下，妈妈告诉他要把病人快快好起来的愿望请千纸鹤捎去，于是母子俩折了宝塔、灯笼、蘑菇和兔子一起贴在门上，还买了植物装饰了房间，想必外公出院回家时心情一定能好起来。这就是爱的教育、生命教育。妈妈、外婆的奔忙是为了外公，聪明的妈妈不仅自己在行动，还和孩子做了交流，于是一个人的战斗变成了我们一起面对。小小的孩子是能理解妈妈的，他不仅不闹了，还能一起帮忙，变得懂事了。

　　我有位朋友家有两个儿子都是小学生，当自己的七旬父母都生病起不了床时，妈妈和孩子进行了讨论："外公外婆说，他们可以照顾好自己，不需要妈妈过去，你们认为可以吗？"两个孩子回忆起平时外公外婆对自己的照顾，一致认为必须去。"可妈妈每天一早一晚赶到外婆家去时，你们怎么办呢？会吵闹吗？会有安全问题吗？午饭怎么办？"两个娃向妈妈保证会不吵闹，哥哥说会带着弟弟上好网课，弟弟说自己能用微波炉转热午餐，让妈妈放心。

　　我这位朋友也是教师，她说："和孩子讨论的过程就是把他们看成是家里的一分子，平等地交流，也是在逐步培养孩子的责任感。我相信，我的行动孩子都看在眼里，我对父母的态度就是将来他们对我的态度。"这就是教育啊，育人的根本不就是让下一代怀揣仁爱之心，在疾病面前既勇敢前行又能温暖身边人吗？非常时期对人的培养不应该还是分数、技能，而应是生活中的健康、亲情、一切的至善至美。

孩子在哪里，态度在哪里，幼儿园就在哪里。从教育角度来看，顺境提供的养分要远少于逆境所孕育的机会。大人们在困难面前所展现出的态度，会潜移默化地传递到孩子身上。东展老师们遇到疫情后，利用巧思创设出了"东展宅家乐"，让有心的家长足不出户就能带着孩子享受优质的教育资源。老师们这种顺势而为的逆向，给孩子们树立了绝佳的榜样。与其抱怨命运的不公，不如微笑地尽己所能。智慧的家长们不会天天念叨和"神兽们"形影不离的日子太难熬了，而是珍惜这难得的限量款亲子时光。哪怕每天忙得头晕目眩，他们也在感恩平凡的美妙。俞敏洪说："在绝望中寻找希望，人生终将辉煌。"成大事者，一般都有极强的逆商和对未来的无限希望，孩子则从他们身边习得这些关键的态度。所以，在范园长手记中，大家有和我一样看到这名有态度的幼儿园老师吗？

大人对待孩子的态度，也会影响到孩子的发展和成长。如果大人一直把孩子当孩子，不让他们参加稍有挑战的一些活动，只是一味地以呵护的名义过分保护孩子，孩子也就只会把自己当孩子，不愿意跳出自己的舒适圈，从而失去了很多学习和成长的机会。所以，家长们可以大胆放手，让孩子去做一些家务，比如范园长所建议的扫地、袜子配对、让大孩子照顾弟弟妹妹等事务。罗戈夫在研究美国土著社区和美国主流学校儿童的学习方式时发现前者所倡导的"通过观察和参与学习"（Learning by Observing and Pitching In，简称LOPI）在很多方面比后者所习惯于的"流水线指导"（Assembly-Line Instruction，简称ALI）有优势，土著社区的孩子有更强的适应性。我想这很大程度是因为前者社会中的大人和孩子本人都倾向于把孩子当小大人，而不是仅仅把孩子当作小孩子。所以，大人和孩子都会创造出近侧发展区间（the Zone of Proximal Development，简称ZPD，由苏联发展心理学家维果茨基提出的学习理论）。在此区间里，孩子碰到的任务既不会太简单，也不会太难，而是正好有挑战性但又可以被孩子独立或者受到辅助后完成。所以，在广义的幼儿园里面，还有两位老师，即大人对孩子的态度和孩子对自己的态度。《哈利·波特》之所以风靡全球，我觉得有一部分原因就是，在故事中，大人和孩子都不会小瞧孩子，而是认为孩子可以通过修炼打败恶魔，为世界带来和平。所以，我在范园长手记里还看到了许多"小魔法师"，他们怀揣着大大的梦想！

（家长　杨超）

83

孩子在哪里，教育就在哪里

尊敬的家长们：

你们好！见字如面。

2020年的宅家和2022年的居家很不一样，对未知的不确定，难免会使人心浮气躁。我们该怎样和孩子一起面对呢？以下几点建议供大家参考。

用正念去引导孩子

虽然我们自身也会存在焦虑，但作为成人，要注意自己的情绪，避免把自身的焦虑无意中传递给孩子。

每天我们面对很多资讯，不可否认其中有些直面了一些社会问题。但我们看完以后，请不要在孩子面前随意评论，不要以为孩子小，其实他们都能听得到、感受得到。

也许当我们满腹郁闷时，孩子还要缠着你问："为什么不能出去玩？"我们怎么和孩子解释这件事情呢？是简单处理还是耐心解释？我们可以和孩子说："是呀，爸爸妈妈也很想出去走走，在家里太闷了，但是不能出去呀！因为外面有病毒，这个病毒很厉害，得了病就要发烧、喉咙疼，严重的可能还要离开爸爸妈妈到医院去呢！"要向孩子耐心解释当前的状况，用孩子能理解的方式进行交流。

有一部影片叫《美丽人生》，不知你们是否看过？讲的是一对犹太父子被送进了纳粹集中营，在极其恶劣、随时有生命危险的环境中，父亲依然为孩子编造了一个美丽的"谎言"，用游戏的方式保护了儿子的身心没有受到伤害，但父亲却去世了。这需要父亲拥有何等的克制力和智慧啊！所以，只有我们自己拥有了稳定的情绪和正念，才能给孩子以安全感。

让孩子参与力所能及的劳动

妈妈们也许会忙于一日三餐，是否可以让孩子参与进来呢？冰箱里那么多的食物，孩子是否认识？能说出它们的名字吗？取鸡蛋（托班）、敲蛋、打蛋（小、中班）都可以让他们来试试。当然我们的要求不能太高，比如打蛋弄脏了地面也是挺正常的。

这阶段家里的面食会做得比较多，擀面、包水饺、用勺子在馄饨皮中放肉馅、在苹果派里放馅儿等都可以让娃来试试，大班朋友完全可以学着包了，这也是在锻炼孩子的动手能力。大班的默默和爸爸一起做了小鱼面，还搓出了不同的形状，当孩子品尝到自己做的黄鱼面，同时也能给家人品尝时，该有多高兴啊！

最近家里有很多蔬菜吧，这些蔬菜孩子们都认识吗？它们长什么样？叶子都有区别吗？今天我园的张老师发在朋友圈里的照片上还有每片叶子的大特写，请老师们猜这分别是什么菜。我虽然猜出了好几个，但确实有一个莴笋叶没认出。可能是平时对莴笋观察得不够细致，这可是基本的常识呢！所以生活中处处有学习机会。

之前看到一个我们大班孩子的视频：伊伊小朋友在把肉馅放入饺子皮，学着包起来。可是一不小心，饺子皮破了，她拿起手上的馅儿就往嘴里塞，急得大人叫起来："这是生的，不能吃！"首先，我要肯定这位家长，给了孩子一起包饺子的机会；其次要表扬家长，能看得惯孩子的"笨手笨脚"和饺子破皮。你不让孩子去尝试，孩子怎么会有"饺子皮、肉馅、生馅儿不能吃、饺子要煮熟才能吃"的经验呢？因此，我们要带着孩子一起做，这样他们才能获得直接经验，而直接经验对幼儿来说是具体可操作、能够感知得到的。否则你空说包饺子，孩子脑子里完全没有表象啊！所以，对于幼儿的教育，要少说教，多给体验、操作的机会。

图4-47　让孩子认识更多蔬菜

我在小学二年级时学会了炒蛋、做饭。初中的暑假里，家里的饭菜都是我烧的。现在宅家我也开始继续研究"下厨房"，把不爱吃但异常珍贵的"土豆"烹制成美味佳肴，向"美食高手"张老师学习烧莴笋叶炒饭。

我们平时可以不做，但不可以不会。我烧的菜当然和大厨没法儿比，但家常菜总能果腹吧！尤其现在做了管理者，因为自己做过家务、打扫过厕所，所以在幼儿园日常的管理中也能做到"火眼金睛"。同理，我们也要把孩子培养成首先能生活自理、有基本生存能力的人。

帮助孩子建立一定的社交支持

我最近一直在想一个问题："一个孩子，如果3岁开始，不上幼儿园直接升入小学可以吗？"答案是不行的。幼儿园的功能是什么？是保育与教育合一。首先，孩子们在幼儿园要学会基本的生活自理，学会和同龄小朋友相处，学习共同生活的规则，培养好各种习惯，才能顺利进入小学。

幼儿园里，孩子们形成一个班级集体，孩子和同龄人交往，在集体中学会了等候，知道了玩具要轮流玩、说话要举手，别人讲话不可以插嘴，甚至明白了什么是排队、报数、接力赛，体会到团队合作的力量，在同伴间有矛盾时能感受到他人的情绪和感受，并做适当的行为调整等，这些都是需要在集体生活中不断积累的经验。

如果周边没有小伙伴怎么办？想想成人是怎么交流的。我们通过微信、电话、视频来和外界沟通，在控制孩子读屏时间的前提下，也可以给予他和同伴、老师交流的时间。

2019年9月到2020年8月，我和太太带着两个女儿远赴英国留学。不幸的是，2020年3月新冠疫情蔓延到了英国，所以两个孩子就读的幼儿园和学校被迫关闭。这让我和太太焦虑不安，但我们冷静下来后，想到的第一件事情就是要为孩子建立一定的社交支持。一方面是东展幼儿园的老师们会通过微信来关心两个小朋友的情况，另一方面是我们也会通过照片和视频记录孩子们的成长并分享给老师们。同时，我们也会时不时开车去当地孩子们的同学家，在保持适当社交距离的情况下，尽可能让孩子们有一定的交际网络。我也会抽空带两个孩子去公园玩，有时候会遇到新的小伙伴。我发现了一个比较有趣的现象，那就是在和其他孩子一起玩耍的时候，老大一般都比老二更受欢迎。因为在家里，老二比较"霸道"，老大一般会让着小的。但是到了外头，其他孩子才不吃老二那一套，所以老二有时候就要吃闭门羹了。然后这也会促使她进行反思，对自己的行为做出调整。比如，有时候她哭着来找我们"告状"，说姐姐和其他小朋友不带她玩。我们就会引导她反思是不是她和其他小朋友交流的时候用了很多"你们必须……""我就要……"类似的命令式用语。然后我们就跟她说，下一次可以试一试"我能不能加入你们一起""你们能不能带上我一起玩"这类询问式用语。沟通方式变化后，她惊喜地发现自己比以前合群多了。

除了给孩子们确保社交支持外，我们在他乡"避难"期间，也努力地让孩子肩负起一定的责任，一家人一起面对困难。比如，由于我们租的房子到期了，又找不到合适的新住所，所以我们不得不从原本居住的城市去另一个城市的朋友家落脚。当时我们家养了几株向日葵，平时两个孩子一直给向日葵浇水和施肥。我们非常不忍心把它们丢掉，所以我和太太就带着两个孩子一起把向日葵打包好，让她们负责好它们的安全，千里迢迢驱车前往新的城市。几个月后，原本的小苗长得比姐姐还高了，孩子们的成就感因此被责任感拉满。这一次深度呵护植物生命的经历，再加上回国后幼儿园开展的环保主题大活动，让孩子对自然、对生命有了热爱。她们认识到虽然自己还小，但是已经足以呵护生命。所以在平日照料家中绿植和宠物时，她们都扮演着"小大人"的角色，履行着"监护人"的义务。看到被自己呵护的生命绽放后，她们脸上的笑容和眼中的光芒就是成就感的徽章。

虽说我们努力地让孩子承担起力所能及的责任，但是我们作为成人，还是要时刻给孩子做好榜样，要努力用正念引导孩子。在疫情暴发前，我答应过大女儿会带她去坐一次她喜欢的双层观光巴士，但是突然来临的疫情导致我们一直没能成行。我们本可以把疫情当作借口，同时想着孩子可能也不会在意，就"蒙混"过去，但是，我觉得答应孩子的事情，就要尽全力实现。所以，直到要出发回国的前一天，我和太太终于安排好了一切，准备履行我们的诺言。我们希望孩子明白"哪怕是再困难，也要记得自己向别人许下的诺言"。

（家长　杨超）

欢迎你成为家长志愿者

这几天，妈妈们很感动，老师们也很感动……3月8日，托班妈妈们一早收到娃的祝福视频，下班收到了孩子认真粘贴的花瓶；小班妈妈们和孩子们手拉手一起做亲子活动，享受孩子的服务（剥橘子或香蕉、装扮公主、戴手链），和孩子一起动动手、玩一玩、猜一猜；中、大班的每个班都有两场亲子表演，来表演的妈妈们感受到现场孩子们同唱"妈妈宝贝"的那种震撼，和孩子同台表演时收到无数热烈的掌声；大班的每位妈妈肯定也都收到了由老师带领着孩子用20元采购而来的礼物吧。

这就是我园的"激趣健体"课程，同样是"爱妈妈"的主题，四个年级画出了一个"同心圆"。圆心是一样的，但基于不同的年龄段，那外围的一个个圆是越来越大的，自然孩子们的表达表现也各不相同。2023年的活动中各年级都有不同的创新，托班孩子们的祝福视频煞费苦心，漂亮的花瓶也颠覆了原来的"爱心棒棒糖"；小班完全是"创新版"，首次尝试开展大型活动，5个班级、3层楼面、260位成人和孩子、9间活动室，如何安全有效地"动"起来是我最关注的；中、大班分别有2个专场表演，互动好、质量高，很好地融合了民族文化的传承和爱国主义教育。作为园长，看到开学才短短两周，孩子们和妈妈们

图4-48　三八妇女节活动

呈现出如此高水准的表现，我很为我们老师的功力所折服。

活动后，我园的制作组连夜编辑微信公众号的推文，双休日连续推出小班和中、大班的两篇文章。整个团队挑灯夜战和精益求精，尤其是两位制作的老师还是哺乳期的年轻妈妈，又要哄娃，还要修改，常常为一张照片、一句话而反复斟酌，调整到半夜。公众微信号的文章发布后，读到家长一行行热切的文字，我们都会被深深打动。

周一，我遇到了几位大班的妈妈。心心妈妈激动地说："当初接到要表演的任务时，我很担心，文艺并不是我擅长的。但是通过这次和孩子们反复排练，练手腕绕花的动作，最后到舞台上跳新疆舞，我发现原来我也可以的。"每个人都有自己的长项和短板，但对于短板，如果你一直以为是短的，不去触碰，那它始终是短的，然而如果你去试了，你会慢慢发现，原来它并不那么"短"。

走过大班云朵班，听到刘蕾老师在说："你们看，大人也会遇到困难，我们也会像你们一样，一开始不会，很害怕。但我们慢慢来，试一下，就不会那么难了。"我想，这次亲子表演中，有许多孩子本来是比较内敛的，有的妈妈也并不是那么擅长唱歌跳舞的，但在一起排练中，你做了很好的榜样，让孩子看到妈妈遇到困难时的态度，并共同享受了努力付出后

图4-49　亲子表演

的成就感。有不少妈妈表演了之后，自信心爆棚了，去报了舞蹈班。多好呀，一次这样的亲子表演，让妈妈们遇见了"更好的自己"。

在东展幼儿园，我们欢迎家长走入学校。家长志愿者一直是我们大教育融合的亮点，我想作为志愿者不是要为学校做什么，而是为了给孩子们做些实事。爸爸妈妈来护校，是为了更好地保障孩子们来园和离园；爸爸妈妈进课堂，是希望在专业领域有特长的家长可以给孩子打开"另一扇窗"。中、大班的混龄主题系列活动，要完全打开空间，放手让孩子们自主、有选择地活动，不仅需要我们教师做周密的课程顶层设计与组织实施，更需要家园共同营造一个安全、和谐的氛围。有了家长的加入，孩子们才能有更多的时空和同伴互动、选择、探索、发展。聪明的家长志愿者，不用我多说，来过几次后你就能发现孩子们总体的发展水平，你就能掂量出自己孩子的情况；你可以有更多的时间和老师互动请教，你和孩子交流的话题也会更聚焦、更具体，更能走进孩子们的世界。

还是回到这次的亲子表演，我想凡是前来参与的妈妈们，对于那种扑面而来的现场

感、那一瞬间触动你心坎的柔软，必是深有感触的。对于和妈妈一起登台亮相的孩子们，他们经历了紧张、忐忑和反复排练的辛苦后，最终获得了成就感、自信心和自尊感。现在你还能和孩子共同唱歌舞动，十年后呢？十年后，孩子也许就更愿意和小伙伴交流了。

　　家庭是人生的第一所学校，家长是孩子的第一任老师。在当下素质教育的大环境下，家校共育的重要性日益突出。作为家长，我们应该积极参与学校的家长志愿者活动。

　　参与家长志愿者活动，可以更好地了解孩子的在园情况，更全面地了解孩子的真实情况。记得在托班时，东展幼儿园搞了新年音乐会。对刚刚进入幼儿园几个月的萌娃来说，平均每人要表演四五个节目，这让平时在家将小宝宝捧在手心的家长们不免觉得难以置信。但当我以志愿者身份走进教室、走进礼堂时，我真是被眼前的萌娃们的表现惊呆了。这哪是在家"饭来张口、衣来伸手"的小宝宝，动作、表演、走位，整齐、准确、自信。第一次做家长志愿者的印象就是，我的孩子在园和在家的表现不一样。

　　参与家长志愿者活动，可以为孩子树立榜样，帮助孩子成长。都说父母是孩子最好的老师，而幼儿园孩子会更多地从自己的父母身上进行模仿。记得大班时，有亲子执勤的家长志愿者活动，就是让家长与自己的孩子站在一起与来往的师生们相互问好。也许平时害羞的孩子和不太善于主动打招呼的孩子，有了家长的陪伴，有了家长的榜样，更能学会大人的本领了。

　　参与家长志愿者活动，可以更好地与幼儿园配合，为孩子筑起家校保护屏障。在东展幼儿园，有各种体育大活动、环保大活动、春季运动会等。作为家长志愿者，可以与幼儿园配合，为孩子们提供更多的资源，创造更美好的环境。比如，记得在大班的春季运动会上，有爸爸志愿者表演了足球、篮球、羽毛球的"绝技"，令孩子们大开眼界，丰富、拓展了孩子们的认知领域。

　　现在回想起来，参与家长志愿者活动的点滴，都是今后家长和孩子们脑海中珍贵美好的回忆。东展幼儿园为家长创造了走进孩子们世界的机会，为家长记录下了与孩子共同成长的美好时光。老师说："欢迎你成为家长志愿者。"我们说："感谢您让我成为家长志愿者！"

（家长　纪钱慧）

附 录
FU LU

上海市民办东展幼儿园"学迹365"平台的发展历程

上海市民办东展幼儿园的办园宗旨是"为家长提供优质的教育服务"。如何让优质的服务落实到每个孩子和家长的心里？如何让家长看得见孩子的全面发展？如何让一线老师立足实际，在做好日常保教工作的同时，又能帮助她们科学减负，提高家园沟通的效率呢？

多年来，我园一直坚持依法办园，力求让管理更科学高效。园方的管理团队如何能更细致地关注到三个园区各班级的发展、家园互动情况，切实了解到每名教师的专业服务水平呢？

"学迹365"平台是基于微信的家园服务平台，我园于2016年开始使用，至今已有7年了。该平台的使用大大提高了教师的工作效率，实现了办公无纸化。其迅捷、高效、实用的功能受到了我园老师和家长的欢迎。

一、初始（2016年初夏）

2016年5月，上海市正在进行规范交通安全大整治活动。为了方便我园家长安全接送孩子，园方向交警部门申领了"学校临时停车牌"。为了确保校园门口家长停车的规范有序，每个园区都要邀请家长志愿者在来园和离园时间参与护校。如何让分散在三个园区的家长齐心协力，根据各自的工作时间排出护校时间，高效地完成报名登记呢？

中班的张爸爸提出，可以帮助开发一个专门的"Excel登记表"，便于志愿者们自主选择护校值勤时间。园方同意后，经过2天的紧急开发，5月20日，基于"学迹365"平台的"志愿者中心"模块正式上线。热心的家长志愿者们纷纷积极报名。我们根据实际情况，及时增加了"预约交换""预约提醒""预约实时统计表"等功能，获得老师和家长的一致好评。

"志愿者中心"模块的成功上线，充分展现了"学迹365"平台的高效和灵活，为后续的深度使用建立了良好的基础。

二、发展（2016—2023年）

2016年5月底，全园500多位家长统一接入"学迹365"平台。从"志愿者中心"模块开始，我们逐步把"学迹365"平台的班级请假、班级通告、班级圈以及园级新闻、公告等功能应用起来。

经过对"学迹365"平台一年多的充分试用，我园逐步将以往很多纸质的操作流程成功地迁移到"学迹365"平台上，提高了家校沟通的效率，避免了以前直接使用微信群聊的各种问题，提升了数字信息化管理水平。

2017年9月，我园就"学迹365"平台的租用正式签订了相关合同。随后的几年，"学迹365"平台根据我园的实际需求，做了大量的升级优化，进一步提升了我园信息化的效率和服务水平。

1. 班级通告

"班级通告"是老师们用得最多的功能之一，其中的"签到提醒"模块可以"一键提醒"还没有签到的家长及时查阅、签到通知。

有一天，有老师问：能不能把这个"一键提醒"做成"自动"的？因为虽然点一下按钮就能提醒多个家长，但还得记着去点一下。对有时要在晚上七八点提醒家长的老师们来说，还是有点麻烦。于是，"自动定时签到提醒"上线了。

2. 班级圈

"班级圈"最开始是照搬微信的朋友圈，是用于发布孩子们在园活动的小窗口。之后，根据老师们的建议逐步增加了：定时发送、微信通知开关、分享链接等功能，并且能一次性发30张照片。老师们一般只需要预先准备好孩子们的照片和文字，设置一个定时发送时间就好了。

3. 栏目公告

"栏目公告"是"学迹365"平台中最重要的园级沟通功能之一。

最开始，只能由管理老师统一发布公告。发布的老师很辛苦，发布之前又需要其他老师及时将信息汇总好发给她们，流程比较烦琐。经过讨论，平台很快推出了"栏目公告"功能，每个栏目都可以指定相关老师发布公告，比如，英语老师可以自己直接发布"英语天地"的公告。

"栏目公告"功能后续还做了很多优化，包括"定时发布""置顶""阅读人数""点赞""附件""家长确认"等功能。

4. 在线请假

"在线请假"功能替代了原先的"纸质请假单",既环保快捷,又清晰透明。

经过不断升级改进,"在线请假"从方便家长请假的工具发展成为园方在请假管理方面的重要抓手。请假记录不但可以长期保存,而且避免了家长因幼儿来园天数计算有差异而和园方在收费上产生的误会,大大保障了家园双方的利益。

尤其是贴心的"节假日自动过滤"和按自然月"自动切分"的请假天数统计功能,为家长和园方提供了一个共同、透明的请假数据记录,形成了一个越来越专业的请假管理模块。

5. 园长信箱

园方为了不断提升家长服务水平,专门设立了一个"园长信箱"来收集家长们的反馈,不断优化管理服务水平。

三个园区所有家长的反馈都会第一时间发送到总园园长办公室,这使得原来分散在三个园区的行政管理团队能及时获取、共享到第一手的家长沟通信息,并能在一小时内迅速给予家长回应,充分发挥了"学迹365"平台在家园沟通方面的迅捷特点。

6. 范园长手记

长期沉浸在一线的范园长经常能在和孩子们的互动交流中引发许多感慨。2018年开始,范园长将这些真实生活中的故事写成了一个个小案例,通过"范园长手记"分享给全园家长们,受到家长们的积极关注与肯定。我园年轻的何逸老师发挥特长,特地把"范园长手记"的图标设置为范园长的头像,让这一栏目和家长们又更"近"了一步。近年来,该栏目一直发挥着宣传科学育儿理念的功能。我们可喜地看到园方的管理团队也逐步有老师一起加入,由此成为东展幼儿园的一道独特的风景线。

7. 在线报修

随着"学迹365"平台的迅速发展,它的功能不仅仅局限在家园互动方面,园方希望将它打造成更能服务于管理、服务于教师的综合服务平台。

"在线报修"功能能同时支持三个园区的日常维修。班级老师只需要在线填写一个报修申请,即可继续专心做好自己的工作。后勤老师们在收到申请提醒消息后,能及时、有序地完成维修工作,并且获取申请人的确认和反馈。

从报修的申请到维修完毕的确认,所有的时间点、报修人员、参与人员等记录信息一目了然,还能导出Excel文件,方便存档,充分体现了"学迹365"平台的高效与专业。

8. 教师月末工资单

从2020年9月开始,"学迹365"平台设置了"教师月末工资单"功能,每位老师能收到自己的工资单明细,包括工资的构成、加金的金额、发放的奖励乃至夏天工作的高温费等,让园方依法办园的管理理念落到了实处。

后记

HOU JI

自2003年东展幼儿园创办至今，我一直在这里工作，1年的常务园长、19年的园长、近15年的党政双肩挑。一路走来，我和东展幼儿园共生共长已有20个春秋。投身民办体制，在实践中探索出一条民办幼儿园特色发展之路，是我和团队长久以来的办园初心。

2018年，我们出版了第一本专著《激趣健体——东展幼儿园发展十五年》。这本书全面梳理了东展幼儿园的办园理念和育人目标，以东展幼儿园的课程建设为主线，讲述了东展幼儿园从无到有、从有到优的真实经历。而今，为深入贯彻党的二十大精神，办好人民满意的学前教育，加快实现"幼有善育"，我们将新时代民办幼儿园的办学思考、探索与实践呈现在《理想，永不冷场——民办幼儿园高质量发展之路》一书里。

东展幼儿园发展20年，继承了首任园长、特级教师赵赫先生提出的"对孩子葆有朴素纯真的爱"，以"爱我们的孩子，爱自己的专业"来践行初心。我们将赵赫先生的"综合性主题教育"与"混龄主题大活动"相结合，形成了具有园本特色的"激趣健体"课程。谢谢始终坚定陪伴着、引领着我们的"奶奶老师"。本书的第一篇章就用第一视角讲述了奶奶老师和我们的故事。

作为基层园长，每天我都会面对管理中的各种问题，也会面对一些猝不及防的考验。随着管理经验的日趋丰富，我意识到民办幼儿园园长在脚踏实地办园的同时，也同样需要有大局观、系统观和人情味，这些认识都在本书的第二篇章有所论述。

我的日常是每天和孩子、老师、家长们在一起，孩子们可爱的笑脸、童稚的言语、灵动的想法、有趣的互动，经常会促使我动笔记录下这些小小的片段。2018年起，我开始将"范园长手记"发布在"学迹365"家园互动平台上。没想到在家长甚至教师中都引起了很大的反响，这也是促使我坚持写下来的原因。手记的目的是用学前教育专业工作者的视角讲述发生在孩子身上的儿童发展故事，帮助家长和幼儿园、老师和儿童之间相互理解、达成共识。前者是让家长明白幼儿园为什么要这样做，以及这样做对儿童意味着什么。后者是让老师们知道儿童是用哪些特有的方式来学习的，以及相信儿童也是有能力的学习者，从而更好地促进儿童全面发展。本书的第三、第四篇章基本是以"范园长手记"为蓝本，再辅以我园不同教师和家长的评论解读，供读者参考。

在梳理书稿的过程中，我园的任懿、张晨华、邬绮文、朱菁、朱银琴、张蕾、刘蕾、陆婧、陈佳燕、姚莉、罗丹、魏翔宇、周光洁、黄燕、姚安艺、姚祎鑫、冯蓓莉、温倩影、吴威、周丽林、喻根容、陈娣、宾丹、王丽琴、何逸等老师都参与其中，她们完成了部分文稿和评论的撰写。尤其是任懿、邬绮文、张晨华、姚安艺、张蕾几位老师，她们在组稿撰写、图片拍摄、书稿校对、排版插图等具体工作上付出了大量的时间和精力。感谢冯蓓莉副园长带领的保障团队，为我们团队撰写书稿提供了充裕的空间。我还要特别感谢长宁区教育学院的汪泠淞老师，作为我园的老家长，她非常了解我们，是她的认可、鼓励让我坚持写手记，同时她也为本书的整体构思奉献了智慧。也正是在书稿不断交流研讨的过程中，我逐步意识到自己还有许多需要提升的空间。

20年来，东展幼儿园在面对市场的同时，始终坚持不忘初心，坚持以幼儿发展优先，坚持为老百姓提供优质的教育服务。我很感恩，长宁的"活力教育"给予我足够的空间来实践教育理想，长宁区教育局、新长宁集团和东展教育集团的领导们给予我充分的信任、大胆放手、积极扶持，让我们用专业来绘就东展幼儿园发展的蓝图。尤其需要感谢上海市教育委员会、上海市托幼协会、教育部中学校长培训中心和长宁区教育学院干训部及相关专家团队。上海市开展的三轮民办优质幼儿园建设，以及各类民办优质园、公民园之间的学习观摩给我们搭建了发展的平台，也让我这个年过五旬的园长能不断与时俱进、研究学习，让我觉得自己永远在成长！

20年深耕不辍，20年潜心沉淀，20年坚持不懈，20年初心不变！民办幼儿园高质量发展之路还很长，我们不仅仅要有爱，更要用智慧、行动、服务、专业去积极践行，为每个孩子健康成长和国家长久发展奠定坚实基础。

不忘初心，砥砺前行！

范　怡

2023 年 10 月 30 日

图书在版编目（CIP）数据

理想，永不冷场：民办幼儿园高质量发展之路 / 范
怡著. — 上海：上海教育出版社，2023.12
ISBN 978-7-5720-2413-9

Ⅰ.①理… Ⅱ.①范… Ⅲ.①幼儿园 – 管理 – 研究 –
中国 Ⅳ.①G617

中国国家版本馆CIP数据核字(2023)第246428号

策划编辑　公雯雯
责任编辑　袁　玲
封面设计　毛结平

理想，永不冷场：民办幼儿园高质量发展之路
范　怡　著

出版发行　上海教育出版社有限公司
官　　网　www.seph.com.cn
地　　址　上海市闵行区号景路159弄C座
邮　　编　201101
印　　刷　上海锦佳印刷有限公司
开　　本　787×1092　1/16　印张 18.75
字　　数　366 千字
版　　次　2024年1月第1版
印　　次　2024年1月第1次印刷
书　　号　ISBN 978-7-5720-2413-9/G·2143
定　　价　98.00 元

如发现质量问题，读者可向本社调换　电话：021-64373213